人才盘点

盘出人效和利润

李祖滨 汤鹏 李锐◎著

TALENT REVIEW

UNEARTH PROFIT AND PER CAPITA EFFICIENCY

机械工业出版社
CHINA MACHINE PRESS

图书在版编目（CIP）数据

人才盘点：盘出人效和利润/李祖滨，汤鹏，李锐著 . —北京：机械工业出版社，2020.6（2024.4 重印）

ISBN 978-7-111-65619-7

I. 人… II.① 李… ② 汤… ③ 李… III. 企业管理 – 人才管理 IV. F272.92

中国版本图书馆 CIP 数据核字（2020）第 084757 号

如何用最少的人创造最大的价值，持续做大企业利润？本书提出人才盘点整体运用框架与操作流程手册，纠正一系列人才盘点中的理念与操作误区，列明正确的人才盘点预期、原则、操作方法，让人才盘点结果真正应用在人才管理的方方面面。本书在理论框架中穿插大量实战案例，让企业既能快速理解，又容易上手实践。

人才盘点：盘出人效和利润

出版发行：机械工业出版社（北京市西城区百万庄大街 22 号 邮政编码：100037）

责任编辑：冯小妹　　　　　　　　　　　责任校对：殷　虹

印　　刷：保定市中画美凯印刷有限公司　版　　次：2024 年 4 月第 1 版第 8 次印刷

开　　本：170mm×240mm　1/16　　　　印　　张：19.25

书　　号：ISBN 978-7-111-65619-7　　　定　　价：69.00 元

客服电话：（010）88361066　68326294

目　录

总　序

2040 年，让中国人力资源管理领先世界

南丁格尔的启示

　　因为我出生在国际护士节 5 月 12 日这一天，还因为我的母亲做了一辈子的护士，所以我对被称为"世界上第一个真正的女护士"的南丁格尔一直有着好奇和关注。2018 年 10 月，我在英国伦敦独自一人参观了南丁格尔博物馆。博物馆在圣托马斯医院内，面积约 300 平方米，里面不但模拟了当时战场上的行军床、灯光，还模拟了枪炮声以及战场伤员痛苦的叫喊声。博物馆内一个展柜吸引了我的注意，上面写着"She is a writer"（她是一位作家），她一生留下了 20 多万字的有关护理工作的记录，其中不仅有南丁格尔记录护理经历的 63 封书信、札记，还有她的《护理札记》《医院札记》《健康护理与疾病札记》等多部专著。这给了我很大的触动：南丁格尔也许并不是第一个上战场做护理的人，也不是救治伤员数量最多的人，但因为她是记录护理工作最早、最多的人，她以事实、数据和观察为根据，总结了护理工作的细节、原则、经验和护理培训方法等，并把这些记录写成书流传下来，向全球传播，

为护理工作发展和护理科学做出了重要的贡献，所以她是当之无愧的护理学奠基人。

这一年，我和我的团队已经完成了"人才领先战略"系列第三本书的写作，参观南丁格尔博物馆的经历更加坚定了我写书的信念，我们要写更多的书，为中国、中国企业、中国的人力资源管理做出我们的贡献，不辜负这个时代赋予我们的使命！

"人才时代"已到来

从增量经济到存量经济

改革开放40多年，中国经济发展可以粗略分为"增量经济时代"和"存量经济时代"两个阶段。

第一阶段是1978～2008年，是需求拉动增长的"增量经济时代"。此阶段中国经济形势大好，很多企业即使不懂经营和管理，也能做大规模，获得经济大势的红利。企业似乎只要能够生产出产品，就不愁卖不出去，轻易就可以获取源源不断的收入和利润。在这个阶段，规模、速度、多元化是企业的核心关注点。内部管理是否精细并不重要。

第二阶段是2008年之后，中国转向"存量经济时代"，城镇化和工业化增速放缓，造成整体市场需求增长趋缓，竞争越发激烈。过去那些不注重内部管理只追求规模的企业，那些为做大规模过度使用金融杠杆的企业，那些仅靠赚取大势红利生存的企业，这时都遭遇难赢利甚至难生存的危机。特别是中美贸易摩擦和新冠疫情让企业的可持续增长面临越来越大的压力。如何调整自身以应对新时代的挑战？如何在新时代找到增长与竞争的新的成功逻辑？这是所有企业都需要解决的新问题。

时代给出了答案并做出了倾向性的选择。在"存量经济时代"，越来越多的企业意识到人才的重要性，对人才的渴望也达到了空前的水平，企业家们发现唯有充分利用"人才红利"才能实现企业在新时代的突围，企业在新时代乃至可预见的未来应该倚重的不是金融资本、自然资源和政策，而是越来越稀缺的各类人才。

个体价值崛起

2014年，众多公司开始推行"合伙人计划"。自万科推行事业合伙人以来，"合伙人"一时风靡于各行各业，被大大小小的企业所追随。"合伙人计划"的背后，是将"人"作为一种资本，"人"与物质资本、金融资本一样，能够平等拥有对剩余价值的分配权，不仅如此，还可以参与企业的经营和决策，这是一种个体价值的崛起！

企业家们发现，在这个时代，"人"靠知识、能力、智慧对企业价值的创造起到了主导甚至决定性的作用，"人"的价值成为衡量企业整体竞争力的标志。人与企业之间从单纯的"雇佣关系"变成"合伙关系""合作关系"，这也体现了企业家们重视并尊重"人"创造的价值。海尔实行的"公司平台化、员工创客化"组织变革渐渐让我们看到了未来"不再是企业雇用员工，而是员工雇用企业，人人都是CEO"这样的雇佣关系的反转。

从以"事"为中心转向以"人"为中心

在人和事之间，传统的管理理论一直认为人处于"从属"地位，我们认为这是工业时代的管理思维决定的。在工业时代，因为外部环境的变化较小，不确定性不是那么强，对"事"的趋势性预测相对比较准确，外部的机会确实也比较多，人对企业发展的作用相比物质资本、金融资本确实会小一些，所以大部分企业家在企业管理上仍以"事"为中心。

但是，到了"存量经济时代"，外部环境风云莫测，不确定性和不可预测性显著上升。同时，随着个体价值崛起，人才对企业发展的重要性已经显著超过其他资本。我们发现，那些优秀企业也早已在积极践行以"人"为中心的管理战略。谷歌前CEO埃里克·施密特在《重新定义公司》中讲道："谷歌的战略是没有战略，他们相信人才的力量，依赖人才获得的技术洞见去开展新业务，不断地进行创造和突破，用创造力驱动公司的增长。"在国内，华为、腾讯、字节跳动、小米等标杆企业在践行"人才是最高战略"的过程中构筑了足够高的人才势能，它们通过持续精进人才管理能力，重金投入经营人才，不断强化人才壁垒，获得了越来越大的竞争优势。

很多企业家说他们缺兵少将，我们研究发现这是非常普遍的现象，而造成这一现象的根本原因是"重视人才的企业越来越多,加入人才争夺的企业越来越多,而人才供应的速度跟不上企业对人才需求的增长速度",所以人才缺乏问题就比较严重。当今的企业在人才争夺上,面临着前所未有的挑战,我们发现那些优秀的企业都在竭尽所能地重视人,不计成本地争夺人,不顾一切地投资人,千方百计地激励人,人才正在向那些重视人和投资人的企业集聚。

所以,在新时代,企业要生存、要发展,"以人才为中心"不是"要不要做"的选择题,而是"不得不做"的必答题,否则人才将离你远去。

即使很多企业已经开始转向以"人才"为中心,但是很多企业在人力资源管理上的思维仍然停留在工业时代,存在着诸多误区。

人才管理的三大误区

误区一:不敢给高固定薪酬

纵观当下,采用低固定薪酬策略的企业通常都沦为普通企业或者昙花一现的企业,而优秀企业通常采用高固定薪酬策略。从低固定薪酬转向高固定薪酬的障碍就是中国人力资源管理转型的最大鸿沟,如图 P-1 所示。

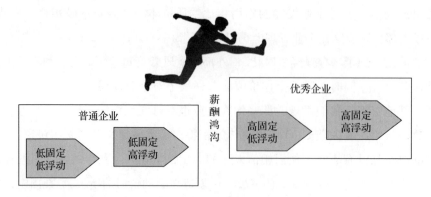

图 P-1　中国人力资源管理转型的薪酬鸿沟

误区二:以考核取代管理

这个误区的根源是长期对"以考核取代管理"路径的依赖,以及由此产生的一系列人力资源管理的做法。这种路径依赖让企业习惯基于绩效考核的结果来发放薪酬，这种薪酬发放方式自然而然地产生"低固定、高浮动"的薪酬结构。

这种路径依赖也让企业产生"雇佣兵"思维，缺人就紧急招聘，做不出业绩就没有奖金或提成，而以这种薪酬结构又极难招到优秀人才（见图 P-2）。久而久之，企业就失去了打造优秀组织能力的机会和能力，使得企业在当前和未来的新经济形势下举步维艰。

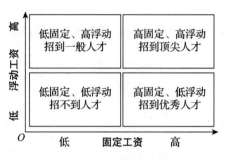

图 P-2　不同薪酬策略吸引不同的人才

误区三：以人才激励代替人才选择

激励的目的是让员工产出高绩效，很多人在研究激励，企业也在变着花样地优化自己的激励体系。然而我极少看到有企业家对自己企业实行的激励机制感到满意，那些对激励机制感到满意的企业往往不是因为激励本身，而是因为企业打造的人才队伍和组织能力。

事实上，员工的绩效在你聘用他的那一刻就已经基本确定了。我经常做一个类比：如果农夫选择了青稞种子，那无论如何精心地耕种和照料，也无法产出杂交水稻的产量。基于长期大量的观察、研究和咨询实践，我发现企业选择员工就像农夫选择种子，在选择的那一刻也就基本确定了收成。

21 世纪第一竞争战略：人才领先战略

人才领先战略是什么

"人才领先战略"是一个完整的管理体系，它包含了企业成为领先企业的成功逻辑，其所要表达的核心思想就是"如果在人才方面优先投入和配置，那企业的发展将会有事半功倍的效果"。

我们认为，基于长期主义的思维，如果企业能够聚焦于人，将资源优先投入人才管理，企业就会获得成倍于同行的发展速度、成倍于同行的利润收益；随着企业规模的扩大，企业家和管理者的工作量不仅不需要成倍增加，反而会更加轻松和从容。我们把"人才领先战略"翻译成英文"talent leading strategy"，这是一个先有中文后有英文的管理学新词，在西方成熟的管理体系中还未出现过。

完整的"人才领先战略"体系包括四大部分（见图 P-3）。

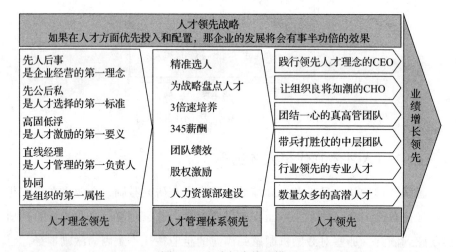

图 P-3　人才领先战略模型

1. 人才理念领先

优秀企业领先于一般企业的关键是拥有领先的人才理念和足够多的优秀管理人才。

企业家和企业高管需要摒弃陈旧的、过时的、片面的、错误的人才理念，使用符合时代特征和要求的人才领先战略的理念武装自己。

在新的时代背景下，我们为中国企业家萃取了领先的人才理念：

- "先人后事"是企业经营的第一理念。
- "先公后私"是人才选择的第一标准。
- "高固低浮"是人才激励的第一要义。

- "直线经理"是人才管理的第一负责人。
- "协同"是组织的第一属性。

2. 人才管理体系领先

为了使中国企业做大做强，我们帮助企业建立了领先的人才管理体系：

- 精准选人。
- 为战略盘点人才。
- 3 倍速培养。
- 345 薪酬。
- 团队绩效。
- 股权激励。
- 人力资源部建设。

拥有领先的人才管理体系，企业相比同行和竞争对手：

在人才选择方面，能吸引、识别并选拔出更多优秀的人才。

在人才决策方面，以基于战略的人才盘点作为公司人才决策的主要依据。

在人才培养方面，更加精准与快速地培养出公司战略发展需要的人才。

在薪酬方面，能以同样的激励成本获取更高的人效。

在绩效管理方面，能提高促进团队协作、组织协同的团队绩效。

在股权激励方面，企业要慎重使用股权激励，以"小额、高频、永续"模式让股权激励效果最大化。

在人力资源部建设方面，更能够让人力资源部走向台前，成为组织能力建设的核心部门。

3. 人才领先

企业拥有以下六个方面的人才，就做到了人才领先：

- 践行领先人才理念的 CEO。
- 让组织良将如潮的 CHO。
- 团结一心的真高管团队。
- 带兵打胜仗的中层团队。

- 行业领先的专业人才。
- 数量众多的高潜人才。

4. 业绩增长领先

企业拥有了上述六个方面的人才领先就能做到：企业良将如潮！业绩增长领先！

谁能把企业做强做大

未来市场将经历洗牌的过程，在无数次给企业家讲课时，我明确说道："未来20年，一家企业如果没有进入行业前十就没有生存权，如果没有进入行业前三就没有安全感。没有进入前十的企业都会被淘汰出局。"

在供给过剩的经济环境下，每家企业都在拼命地奔跑，做强做大才能长久生存。那么谁能将企业做强做大呢（见图 P-4）？

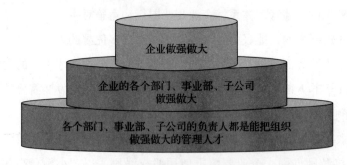

图 P-4　企业做强做大逻辑模型

第一，企业做强做大，一定取决于企业的各个部门、事业部、子公司能够做强做大。企业一定不可能出现这样的情况。各个部门、事业部、子公司没有做强做大，结果企业却做强做大。这种情况不符合逻辑。

第二，企业的各个部门、事业部、子公司能够做强做大，一定取决于各个部门、事业部、子公司的负责人都是能把组织做强做大的管理人才。企业一定也不可能出现这样的情况：各个部门、事业部、子公司的负责人不善管理，不具备让自己的部门、事业部、子公司做强做大的能力，结果他负责的部门、事业部、子公司却做强做大了。这种情况也不符合逻辑。

第三，能把自己的部门、事业部、子公司做强做大的人是优秀的管理人才，他能不断从外面吸引招聘人才，他能持续在内部培养出人才，他能激励人才做出贡献，他能把人才团结到一起，实现高效协同。

第四，能把企业做强做大的是管理人才，能领导自己的部门、事业部、子公司做强做大的人是优秀的中层管理人才。

企业家面对人才管理问题时，重心是什么？从哪里入手？我的观点是："擒贼先擒王，招聘先招将；打蛇打七寸，重点在中层。"

因此，企业要做强做大，需要关注的人才是：第一，管理人才；第二，专业人才；第三，高潜人才。其中70%的重心应该在中层管理人才。

能把企业做强做大的关键是拥有数量充足的优秀中层管理人才。

为使命而写书

从第一本书《聚焦于人：人力资源领先战略》开始，我们历时数年陆续写了《精准选人：提升企业利润的关键》《股权金字塔：揭示企业股权激励成功的秘诀》《345薪酬：提升人效跑赢大势》《重构绩效：用团队绩效塑造组织能力》《找对首席人才官：企业家打造组织能力的关键》《人才盘点：盘出人效和利润》《人效冠军：高质量增长的先锋》《人才画像：让招聘准确率倍增》《3倍速培养：让中层管理团队快速强大》等一系列人才领先战略图书，2023年我们还会陆续出版《双高企业文化：让企业文化简单有效》《校园招聘2.0》等书。我们秉持每一本书的每个理念、方法、工具和案例都聚焦于人，努力向企业家详细介绍如何系统实施"人才领先战略"，为企业家指出事半功倍的企业成功路径。

曾有企业家和朋友问我："你们写这么多书的动力是什么？"我发自内心地回答说："是为了2040年的使命！"实际上，我们写书有三个动力。

让勤奋的中国企业少走弯路

多数中国企业的快速发展依赖于勤奋，但疏于效率；中国的企业家很喜欢学习，但学习的课程良莠不齐难辨好坏。近几年，中国的企业家对人力资源管理的关注热情越来越高，然而人力资源书籍要么偏重宏观理论，要么偏重操作细节，基于企业家视角，上能贯通经营战略，下能讲透落地执行的人力资源图书十分匮乏。为此，我将德锐咨询的书的读者定位为企业家。

　　我之所以能自信于我们德锐团队对中国企业人力资源管理的需求、痛点、难点的洞察，之所以能自信于我对全球领先企业的成功做法与实践的识别，一方面因为我在沃尔玛从事人力资源管理的工作经历，让我能够识别国内外优秀企业的共性特征。此外，德锐咨询善于整理案例，萃取精华，建立模型，撰写成书，然后向更多的企业进行推广，让更多的企业能够更方便地学习、掌握并运用先进的做法，避免经历过多的寻找、试错、再寻找的重复过程并减少浪费。

　　另一方面因为我们每年都会接触上千位企业家，与数百位企业家进行深度交流，我也特别重视主持和参与企业家私董会的问题研讨，这让我们接触到各种类型的企业、各个发展阶段面临的组织发展和人才管理的各种问题。这确保了我们对问题、需求有充分的了解。

　　我们以最广泛的方式学习、收集世界 500 强企业的领先做法和中国各行业头部企业的成功实践经验，也包括我们每年咨询服务的上百家企业，它们大多是各行业、各细分领域的领先企业，虽然有各自需要提升的方面，但也都有自己的优秀做法。我们利用自己快速学习、提炼归纳的优势，总结组织发展和人才管理的各种方法论。

让更多企业用上世界领先的管理方法

　　在写书的过程中，我反复向创作团队强调：不要保密！不要担心同行学会了和我们竞争抢业务，不要担心企业家和 HR 读懂了我们的书并且会做了，就不会找我们做管理咨询。德锐咨询要对自己的研发有自信，我们不断研究和创新，研究企业新遇到的问题，研究出行业中还给不出的解决方案，这是"人无我有"；我们还要对行业中另一种情况进行研究，比如，有咨询同行在提供咨询服务，但是理念和方法落后，对企业效果不佳，德锐咨询研究出比同行更与时俱进、更能解决企业实际问题的解决方案，这是"人有我优"。总有优秀的企业希望建立人才先发优势，用到我们领先的咨询产品；总有优秀的企业能拨开迷雾，识别出我们从根本上解决问题的系统性解决方案。以"不要保密"的开放精神去写书，是要让更多的优秀企业和想走向优秀的企业知道，德锐咨询能帮助企业找到更好的方法。

　　我们写书创作时秉持的宗旨是：让读者在理念上醍醐灌顶，操作上读了就会。我们坚持：总结西方管理的领先理念、世界 500 强企业的成功经验、中国头部企业的经典案例、中小企业的最佳实践，萃取其成功背后的逻辑，构建普适性模型，将应用方法工具化、表格化、话术化。

让中国人力资源管理领先世界

写书过程的艰难、痛苦只有写了书才知道。在德锐咨询的各种工作中，写书是最艰难的事情。我们过去能坚持下来，未来还将坚持下去，皆因德锐咨询的使命——"2040 年，让中国人力资源管理领先世界"。我们希望在不久的将来中国能成为世界上最大的经济体，不只是规模上的世界领先，更应该是最强的经济体，应该是人均产值、人均利润的领先。这就需要更多的中国企业成为效率领先的企业，成为管理领先的企业，成为人力资源管理领先的企业。作为一家专注于人力资源管理领域的咨询公司，德锐咨询决心承担起这一使命，呼吁更多的企业家、管理者一起通过长期的努力奋斗，不断提升中国企业的人力资源管理水平，直至实现"让中国人力资源管理领先世界"。

我们的用心得到了很多企业家朋友和读者真诚的反馈。现在，我经常会收到一些企业家、企业高管发来的信息：

"这次去美国只带了《精准选人》，深刻领悟了你的观点。"

"我买了 100 本你的《聚焦于人》，我把这本书当作春节礼物送给我的企业家朋友。"

"我给我的所有中层都买了你的《人效冠军》，让他们每个人写读书心得。"

"我们企业家学习小组正在读你的《重构绩效》，15 个人每周读书打卡。"

"感谢李老师的《股权金字塔》，我们公司正在参考你的书做股权激励方案。"

"谢谢你们无私的奉献，《人才画像》里面写的方法、工具，是我招聘时一直在寻找却一直没有找到的，你们把这种方法写了出来，很实用！"

"以前我总以为我的一些想法是错的，看了你的书，验证了我的一些成功实践，在人才管理方面有了新的思路。我个人不太喜欢看书，但你的书我特别喜欢！我已经买了你所有的书，已经读完了 9 本，两个月内能全部读完。"

这些反馈让我和我的同事感到十分欣慰，这又成了我们持续写书、持续为企业家写书的动力。

为此，2019 年我和合伙人团队达成一致，坚定地把持续研究、撰写"人才领先战略"的专业书作为公司一项长期的战略任务。我们已经在"十三五"期间完成了 13 本书的翻译和撰写。2020 年底，当我们在制定"十四五"期间的规划时，也制订了一个宏伟的研究写书计划："十四五"期间写 25 本，"十五五"期间写 50 本，到 2030 年我们总计要完成"人才领先战略"系列丛书 88 本的写作。

决心和勇气

每家企业都想成为优秀企业，但并不是每家企业都有践行优秀企业做法的决心和勇气。在过去的十年中，我向上万人介绍过"人才领先战略"，很多人听到后认为它逻辑合理，但我们发现真正要践行的时候，很多企业又开始犹豫了。

为什么会犹豫？很多企业家说："周围的企业都还在用'低固定、高浮动'的薪酬结构，我要冒这个风险吗？我如果用'高固定、低浮动'"的薪酬结构，给错人怎么办？给了高薪酬人又离开了怎么办？给了高薪酬之后他依然做不出更大的贡献怎么办？公司的人力成本过高，影响经营怎么办？"甚至有的企业家说："如果我给了高固定工资，别人都托关系把人推到我这边安排工作怎么办？"之所以产生诸如此类的担心和顾虑，是因为大多数人对变化带来的风险损失进行了过多的考虑和防范，而对于已经蒙受的损失，却有着过高的容忍度。

企业家要跨越鸿沟，需要有决心和勇气。

其实企业家不缺乏决心和勇气。企业家有买地、建厂房、买设备、并购企业的决心和勇气，但这些都是没有腿、没有脑，自己走不了的：厂房坏了还在那儿待着，设备旧了还在那儿趴着，并购的企业烂了还在手中。

很多企业家缺乏的是招聘和培养人才，给出高固定工资以及让不合适的人离开的决心和勇气。因为人是有腿有脑，有主观能动性的，当对象发生变化的时候，我们就会被成功的概率所困扰。因此在人的方面，企业家要用概率思维去估量得失，不能只关注损失，更要关注获得。比如人才培养，我们不能只看培养后走的人，更应该看培养后留下来的人，看到那些已经成为栋梁、为企业创造价值的人。如果我们不培养，就很难有收获；如果我们在培养上下了功夫，即使有人走了，我们还收获了留下来的。

企业家对人要有信心，要去信任和激发人性中积极的方面，在人的方面要勇于尝试，只有勇于承担用人造成的损失，才能赢得人才战争的胜利。

为什么有些企业家缺乏分享的勇气？这是因为他们想当富豪。为什么有些企业家不敢淘汰人？这是因为他们想当"好人"。真正的企业家，应该放弃当富豪、当"好人"的想法。当真正处于企业家角色的时候，放弃这些都是轻而易举的，践行领先人才理念的决心和勇气会油然而生。

今天的"人才领先战略"能否在企业实施落地，关键看企业家面对现在的经济环境有没有决心和勇气。

德锐咨询"人才领先战略"所介绍的理念、工具和方法，都是持续优秀的卓越企业的做法，并不是大众企业的做法。但这是不是意味着德锐咨询的研究不符合大众企业的利益和需求？

每当我们问企业家"你想让自己的企业成为一个昙花一现的企业、垂死苟活的企业，还是成为优秀的企业，或者持续优秀的卓越企业"？所有企业家都说，希望自己的企业能成为行业领先企业，成为区域领先、全国领先企业，甚至成为世界领先企业，所有的企业家都怀着要打造优秀企业、打造卓越企业的情怀与梦想。所以德锐咨询为大众企业提供了如何成为优秀企业、卓越企业的领先理念、正确方法、有效工具，这正符合了大众企业的真正需求。但是，能成为优秀企业和持续优秀的卓越企业的并不多，原因就在于许多企业缺乏在人才上下赌注的勇气，没有投资于人的决心。

德锐咨询把优秀企业、持续优秀的卓越企业的做法，通过管理咨询的实践验证、分析研究，提炼、总结成图书、文章，公之于众，帮助更多的中国企业成为区域标杆、行业标杆、全国标杆乃至世界标杆，这就是德锐咨询的责任和使命。

吉姆·柯林斯的新书《卓越基因》中有这样一句话："没有伟大的人才，再伟大的愿景也是空想。"这是很多企业愿景落空的根本原因，而这和德锐咨询"人才领先战略"系列丛书所想表达和强调的思想是高度一致的。我们希望"人才领先战略"系列丛书的出版，真正能够帮助中国企业家提升人才管理能力，增加在人才上的决心和勇气，成就企业伟大愿景。

以上，是为序。

李祖滨

德锐咨询董事长

前　言

三位董事长的人才盘点故事

"人才盘点"逐步成为通用电气（GE）、宝洁、华为和阿里巴巴等国内外优秀企业管理的重要抓手，作为人力资源界的高频词，"才人盘点"越来越频繁地被董事长、CEO们提起。当追根溯源分析企业家面临的困惑时，最终都会落到"人才队伍"上。在不同领域的企业家私董会上，我们也越来越多地听到企业家们相互给出这样的建议："你们公司应该做一次系统的人才盘点。"

专注于人力资源领域的德锐咨询在统计过去八年中为254家企业提供的咨询服务时发现：

- 98.2%的企业客户选择接受人才盘点的咨询服务。
- 100%企业的董事长参加了TOP100关键人才盘点的全过程。
- 在董事长眼中，人才盘点的结果能帮助企业全面、系统、准确地了解自身人才现状。
- 人才盘点是企业客户满意度最高的项目之一。

人才盘点之所以受到董事长青睐，并且赢得董事长认可，主要是因为做了以下关键动作：

第一，坚持要求董事长必须亲自全程参加！这是德锐咨询在人才盘点过程中的铁定要求。

第二，坚持董事长至少"评一层，再看两层"，这是我们建议董事长人才盘点要关注的最小范围。

第三，坚持人才盘点结果在三个月内必须有一个结合业务的实际应用：用于人员的淘汰，将利润消耗者剥离组织；用于股权激励对象的选拔，确保激励到合适的人；用于晋升，给合适的人提供发展平台。

在德锐咨询接触的企业中，曾有部分董事长认为人才盘点是"人事"工作，不在自己应该关注的范畴内，因此第一次人才盘点基本上是被德锐咨询顾问说服参与的。但看到人才盘点的结果，并应用到实际管理工作中之后，董事长们深刻认识到：人才盘点是人才管理的利器。以下是三位被隐去真实姓名的董事长的人才盘点故事。

故事一："原来我们并不那么缺乏人才"

薛永华（化名）董事长凭借其对中国市场需求的敏锐把握，认定了以企业运作的方式替代原来由事业单位提供服务会是未来的发展趋势，于是毅然离开了原来的事业单位，创立了华原纵横公司（化名），成为国内首批进入该行业的企业。由于是蓝海市场，企业前期发展势头迅猛，三年营收超过2亿元，第五年已经接近5亿元，但较高的利润很快引来了大批行业跟随者。新进小企业或低价竞争，或提供更精细的服务，蚕食了华原纵横的客户。华原纵横成立以来经历了一路风光后，还是遇到了"七年之痒"，营收开始锐减到2亿元上下，利润明显下滑，甚至临近亏损。

薛董内外征求意见，不断反思，在咨询公司的协助梳理下，有了这样的发现：

1. 七年来公司一直在"跑马圈地"，没有注重产品的打磨，已无法满足客户更高标准的需求，逐渐被同行钻了空子。

2. 组织规模迅速扩张，作为直接利润创造者的一线销售、服务人员长期短缺，而后台的管理、风控体系和研究员不断增多，导致后台臃肿。

3. 选人用人失误，虽然引进了不少行业精英、高薪牛人，但他们普遍创造的价值并不高，导致牛人被换了一批又一批，最终公司价值还是薛董瞧不上的"土鳖"创造的。这造成了真正干活的人心有不满，部分中基层员工对公司也颇有微词。

在咨询公司的推动下，华原纵横从战略梳理、组织结构、人才盘点、薪酬体系调整、绩效体系设计五个方面进行了系统优化改进。

薛董全程参与了 19 天的人才盘点：

- 接受访谈（1.5 小时）。
- 参加战略共识会，明确业务规划。
- 参加组织架构商讨会，明确关键岗位。
- 参加会议讨论，确认人才标准的素质框架（45 分钟）。
- 参加素质模型研讨会（3 小时）。
- 给自己直管的 12 位副总和总监做线上 360 度评价（2 小时）。
- 参加 3 个整天的人才盘点会议（有两个晚上会议进行到夜里 12 点半）。
- 听取咨询顾问的人才盘点分析报告，分析讨论（3 小时）。
- 与副总、人力资源总监、咨询顾问确定人员晋升、解聘和导师制实施方案（2 小时）。

薛董在人才盘点会议进行到第三天下午时，感觉困扰自己近三年的用人疑惑拨云见日，明确了哪些人要放弃、哪些人应该重用、哪些人应该给予机会去锻炼培养……薛董想到这些，激动地从椅子上起身，在会议室里踱来踱去。最后，他走到会议室中央，面对几位核心高管，讲出了他心中的感慨。

"公司成立七年多以来，这是我第一次参加人才盘点，我们华原纵横的管理层，从我本人，到我们总经理、副总经理、总监、大区经理、省级经理、城市经理，在三天内，累计用了 30 多小时，作为评价人评价了自己的直接下属和间接下属，我们全体 320 名管理人员和员工，既作为评价人，也作为被评价对象接受了盘点。这三天我们每个人都产生了很大变化，第一天我们对素质模型的应用都很陌生，标准也不一致，评一个人要讨论近一个小时，今天，我们可以用不到 10 分钟做完对一个人的系统评价。用统一的人才标准、合议的评价方式、规范的流程对每一个人进行评价，我认为结果是客观的、公正的。可以说这次人才盘点是我们华原纵横有史以来最全面、最系统、最认真、最严肃的一次对人才的梳理、分析、评价。过去我说过很多次要重视人才管理，但直到今天完成人才盘点，我才真正认识到人才管理要做的事情还有很多。

"这次的盘点过程让我有三点很深的体悟。

"**第一，我们更需要'好人'，而不是'牛人'**。我过去喜欢用所谓的'牛人'，有光鲜的背景，有很大的架势，但事实上他们通常能说不能做。这次用人才盘点清晰地照出了价值观不符、做不出业绩的人，这些人不是'牛人'，而是'摆设'。德锐咨询进入以来反复强调不能仅用业绩来评价人，要用冰山下的素质能力和业绩进行双维度评价。对于一些有光鲜背景但价值观不符的人，我们不再抱以幻想，不能再去期望改变他们的价值观。这次我们也达成了清晰一致的决定，对于价值观不符的人，一定要及时放弃。我要更加重用价值观相符的人，我们的业务并不需要多高智商的精英牛人，只要真诚待人、持续学习、用心服务就能赢得客户的认可，这次盘点结果也表明，我们的明星员工，多数是价值观相符、未来有成长可能性、业绩突出的'好人'。

"**第二，原来我们并不那么缺乏人才**。两年多来我总是盯着你们这几位总监，还有自己熟悉的经理和骨干，一有任务，我也只能想到你们这些人，这是因为我用人上的路径依赖。事实上，你们已经个个都身兼数职了，有的已经不能再兼、不能再加任务了，更大的权责不但不是激励，反而可能是压力和折磨，可能再加任务，就有人要逃走了。可事情越来越多，这让我时常觉得公司没人可用。现在用九宫格盘点出的50多位超级明星和核心骨干，大多在基层、在外地，在我们的经理、主管甚至一线员工中，他们是有能力、有意愿接受更多任务和挑战的，他们有很大的成长空间，我们要把他们充分激发出来，要用好。通过这次人才盘点，我看到了这些明星员工和核心骨干，发现我们原来并不是那么缺乏人才，我们需要做的是花点时间把中基层的优秀人才充分用好，对这50多名超级明星和核心骨干，我们要用导师制一对一进行培养。

"**第三，人才盘点要坚持每半年做一次**。这三天的人才盘点会议是在咨询公司的引导下完成的，我相信他们做了多年的总结和很多背后的工作，我们今后需要自己掌握人才盘点的方法和流程，并且把人才盘点做成每半年一次的周期性人力资源工作。但人才盘点不应该只是人力资源部的工作，公司高管和中层负责人都参与人才盘点，才能保证结果公平、公正和有效。所有的管理人员要把人才盘点作为管理的重要工作。"

此后，薛董持续推动人才盘点，并协同战略梳理、组织结构、薪酬体系、绩效体系，逐步做整体调整和改进，让华原纵横的人才结构得到了优化。在一批核心骨干的带领下，公司逐步实现了业务聚焦和服务品质提升，业务营收开始了逐年20%递增的趋势，且人效在同行当中一直处于较高水平。

故事二："我终于找到了扩张失败的根源"

五年前联家乐连锁酒店（化名）因为在华南区域的快速发展而成功上市。但在董事长肖华云（化名）的记忆中，上市带来的风光日子其实很短暂，似乎就只有敲钟后的一个多月。公司确实通过上市融到了大量的资金，并购协议的签订也曾让肖董喜上眉梢，但并购后的效果喜少愁多。五年过去了，公司规模增加了三倍，利润却止步不前，原因是华南地区之外并购的酒店盈利状况大多不理想，有一大半甚至还没有盈利，并购后的业绩上升遥遥无期。

事实上，为了做好上市后快速扩张的准备，上市前肖董专门组织人员花费一年多时间对标准化体系和信息系统做了整体升级，公司的业务流程体系也非常完善，在酒店连锁行业中处于领先水平。这期间肖董也在不断地反思，他认为并购后的业绩问题并不出在业务体系和流程制度方面。随着一些信号逐步显现，肖董将产生问题的原因聚焦到"人"身上。

- 同样的资源，区域之间的差异越拉越大，但同行并没有如此明显。
- 对于个别区域，收到客户的投诉信息越来越多，人员流动越来越大。
- 区域之间的人效差异也在逐步扩大。
- ……

回想这五年来，肖董在人身上花费的精力确实有限，就连公司内部每年由人力资源部主导的人才盘点也较少参与，因为肖董感觉人才盘点的价值不大，每年的盘点结果都是你好我好大家好，一幅皆大欢喜的景象，看不到真正的问题。

想到这些，肖董即刻决定从人的角度入手，不管年度预算的限制，联同德锐咨询启动了人才盘点项目，并将此次人才盘点的范围界定为包括新老门店的店长、省级高级经理、大区总监、职能部门总监、副总经理、事业部总经理和副总裁在内的176人。在常规战略研讨会之前，增加了整整三天的人才盘点会议。

在人才盘点会议之前，咨询公司和人力资源部做了一系列的准备工作：

- 进行人力资源全面诊断。
- 确立人才标准的素质模型。
- 由1120人参加对176名管理人员的360度评价，176名管理人员进行性格测试。
- 肖董两天全程参加对省级高级经理、大区总监、职能部门总监、副总经理、事业部总经理和副总裁的盘点。

在三天人才盘点会议结束后，咨询公司就盘点结果向肖董进行了两个小时的汇报。

报告中一张华南以外地区与华南地区销售管理人员合格率比较的统计表（见表0-1）引起了肖董的注意。从这张表中，不难看出联家乐公司上市后，为什么华南地区继续保持盈利，而华南以外地区大多数持续亏损。据悉，华南以外地区的销售管理人员中有10%是从华南地区派出的，30%是保留下来的并购公司的，60%则是当地新招的，而按统一标准进行盘点后，华南以外地区的销售管理人员合格率（人才盘点结果为1、2+和2类人数占总人数的比例）仅为35%。

表0-1 华南以外地区与华南地区销售管理人员合格率比较

| 人才盘点九宫格定位 | 华南地区店长、省级高级经理、大区总监九宫格定位 | | | |
| | 华南地区 | | 华南以外地区 | |
	人数	比例	人数	比例
1（超级明星）	2	3%	1	1%
2+（核心骨干）	8	13%	15	13%
2（中坚力量）	37	62%	41	35%
合格人才数量合计	47	—	57	—
3（业绩不佳但素质尚可）	10	17%	44	38%

（续）

人才盘点九宫格定位	华南地区店长、省级高级经理、大区总监九宫格定位			
	华南地区		华南以外地区	
	人数	比例	人数	比例
4（素质不佳但业绩尚可）	2	3%	8	7%
5（失败者）	1	2%	7	6%
不合格人员数量合计	13	——	59	——
总数	60		116	
人才合格率	78%		49%	

咨询顾问通过其他数据分析发现：

- 华南以外地区人才合格率（35%）明显低于华南地区人才合格率（62%），可以看出，并购和新开店的管理人员并不是联家乐能力强的团队。
- 前台人才合格率明显低于后台，一线战斗的优秀干将较少。
- 后台缺乏领军人才，不利于总部优势的打造。
- 管理人员年龄呈现老化趋势，且上市后逐步丧失创始期的奋斗精神，整体士气不如上市前。
- 整个管理团队在培养他人、学习进取、计划统筹等影响绩效达成的关键素质能力方面得分较低。
- 中基层员工整体学历水平低于竞争对手，公司缺少管培生的培养机制，管理人员后劲乏力。
- 人员规模增长较快，但人效与竞争对手相比偏低。

咨询公司直言不讳地指出：联家乐当前增长的疲态源于长期人才供给能力不足，前期在人才的招聘和培养上下的功夫不足，导致人才的供应支持不了联家乐连锁酒店的快速扩张，联家乐需要将重心从并购和开店的外延式增长转到人才精选招聘和人才快速培养的内生式增长方式上来。

咨询公司分析的结果在肖董的预料之中，但他还是发现问题的严重程度超出了自己的想象。肖董表达了他对人才盘点结论的赞同，也说出了他的决心。他说："本次历经两个多月的人才盘点，让我终于找到了扩张失败的根源。咨询公司建议我们将重心转向人员招聘和培养，这个方向我是很认同的，也需要公司上下高度达成一致。我们还要依据这次管理诊断和人才盘点的结果，向我们的合作伙伴和股东做出说明，要把并购和开店速度降下来，让大家接受可能出现的股价下跌。各级管理者近两年要花费更多的精力把人才招聘和培养体系建立好，提高队伍的整体水平。我想等到我们调整好步伐，人才充分到位，能为公司提供稳定的输送，两三年后联家乐再次进行扩张并购时，一定是不断盈利的良性发展。我赞同咨询公司的分析和建议。"

故事三："人才盘点是确保股权激励公平客观的依据"

距离鸿翼公司（化名）上市越来越近，为了向创造价值的人进行股权激励，夏董（化名）早在三年前就开始筹备。股权激励这项工作本身涉及一系列复杂工作，比如选择激励方式、成立持股平台公司、确定股份来源和激励总额、计算股份价格、约定退出机制等，尽管这些问题都已逐步清晰明了，但在激励对象的选择上夏董仍有很多疑虑：

"究竟激励对象确定为哪些人？"

"激励对象的选择到什么范围？是总监级以上，还是经理级以上？"

"有几个年轻的技术骨干虽然还未到经理级，但对公司贡献很大，也很忠诚，本次股权激励也想将他们考虑进来。但如果给了他们股权，还有很多职级比他们高、资历比他们老的老员工，他们要如何处理，也都要给吗？"

"目前的管理团队中有些人是因为顾及他们的面子，或者为了内部平衡才晋升的，但到了相应的岗位上后，并没有创造出应有的价值，如果对他们进行了股权激励，不仅会有很多人不服气，我也觉得不甘心。"

针对夏董的这些疑虑和鸿翼公司的情况，德锐咨询给出了明确的解决方案——**用人才盘点选择激励对象**，并为此设计了一系列配套任务，帮助进行股权激励对象的筛选。

- 出于股权话题过于敏感的考虑，鸿翼公司以"人力资源体系的优化提升"为项目主题请咨询公司进场。
- 德锐咨询与鸿翼公司用一周时间建立人才盘点标准。全公司 620 人在线上问卷中选择素质项目，就人才判定标准对 20 位关键人员进行了访谈，并组织 40 多名中高层管理人员和业务骨干共同研讨了素质项行为标准，再向全公司员工发送线上问卷征求意见，最后确定了"鸿翼公司素质模型"。

- 根据素质模型的 360 度评价和近一年的业绩，对每个人进行九宫格定位。经过三天的人才盘点会议，对 120 多名主管、工程师确认了最终的九宫格定位。在这期间，夏董全程参加了这三天的人才盘点会议。
- 基于人才盘点结果，最后筛选出 18 位股权激励对象。在德锐咨询的建议下，本次人才盘点结果为 2 及以下的人员不纳入激励对象。

从表 0-2 中可以看出，鸿翼公司最终确定的股权激励对象为：

- 总经理和 4 位副总经理都符合标准，均成为激励对象。
- 7 位总监中，有 6 位符合标准成为激励对象。
- 10 位高级经理中，有 3 位符合标准成为激励对象。
- 2 位经理、2 位工程师（激励对象均为工程师，无主管）作为核心技术骨干符合标准，成为激励对象。

表 0-2　鸿翼公司基于人才盘点的股权激励对象确定人数

职级	职位	股权激励对象的九宫格定位标准	激励对象人数	各职级总人数	激励对象同级占比（%）
9	总经理	1（超级明星）和 2+（核心骨干）	1	1	100
8	副总经理	1（超级明星）和 2+（核心骨干）	4	4	100
7	总监	1（超级明星）和 2+（核心骨干）	6	7	86
6	高级经理	1（超级明星）	3	10	30
5	经理	1（超级明星）	2	22	9
4	主管、工程师	1（超级明星）	2	67	3
3	班级组长	无	0	89	0
2	资深员工	无	0	128	0
1	员工	无	0	292	0
合计			18	620	3

另外，盘点中 1 位总监和 2 位经理九宫格定位为 4（素质不佳但业绩尚可）或 5（失败者），将 1 个月后被解聘处理。

通过人才盘点确定的激励对象与夏董心中原本看好的人选几乎一致，且整个人才盘点的过程让被激励者看到了严谨的筛选过程，也让没有进入激励范围的人心服口服，清楚地知道自己未来努力的方向，同时也为说服被解聘的人提供了有力的证据。

由于管理者都参与了人才盘点会议，知晓整个过程，而且全体员工都参与了标准的制定和评价环节，这让大家对最终确定的股权激励对象也发自内心地认同。员工看到自己身边优秀的经理和技术骨干工程师也能成为公司股东，备受鼓舞，坚信只要自己努力工作、积极成长，未来也有成为被激励对象的机会。

在最后的股权激励方案沟通会上，当18位被激励对象看到自己的名字、获得的股份额度和未来股份价值时，每个人都为自己得到组织认可而感动欣喜。特别是2位经理和2位工程师，能够成为公司的股东完全出乎他们本人意料，让他们对公司非常感激。当让18位被激励对象轮流表达对激励方案的看法时，更是有4位感动到讲话哽咽。

夏董对本次人才盘点这样评价："过去我们在工作中只根据业绩评价人，业绩好的话就给予奖励和晋升机会，但事实证明，只根据业绩进行评价并不客观，因为业绩经常受到外部环境、产品更新、市场品牌等非个人因素的影响，这个道理我虽然一直都知道，但始终没找到更客观的标准去补充评价。本次的人才盘点将个人价值观、素质和潜力这些'软性'维度与业绩维度结合，对每个人进行了综合全面的评价。这样的人才盘点过程公平、标准客观、结果公正，通过这样科学规范的人才盘点选出的股权激励对象都是各级员工中的先进代表，也得到大多数员工的认可。人才盘点在我们这次股权激励工作中是意外收获，今后要成为鸿翼公司每年进行的常规性人力资源管理工作，我每年都要亲自参加人才盘点会议。"

这三位董事长的人才盘点经历与他们的感受并非偶然，人才盘点在人才管理中具有重大意义：①承接公司战略目标，挖掘内部优秀人才，更好地进行排兵布阵；②帮助企业厘清现有人才结构，识别组织中创造业绩且符合公司价值观的优秀人才，予以重任，识别不合适的人，让其快速下车，降低企业损失；③用人才盘点结果筛选合适的激励对象，确保激励的公平、公正。

但人才盘点这一工具的价值还未在中国企业中得到真正广泛的认识，有些企业认为人才盘点是从西方引进来的工具，在中国企业中应用会水土不服，干脆不用；有些企业想应用，但还未找到合适的切入点。德锐咨询本着将最有价值的管理方法不断研究和输出的原则，萌生了撰写本书的想法，并希望达到以下目的。

（1）为中国企业人才盘点正本清源。人才盘点有完整的操作模型与系统的操作方法，并不是照搬西方，本土化企业应用更能发挥其作用。

（2）提供一本领先的人才盘点实战手册。本书不仅提供了适合中国企业的人才盘点操作模型，还结合德锐咨询对国内外标杆企业的研究和上百家企业的人才盘点实操案例，总结出系统的人才盘点操作方法、工具和不同适用场景的注意要点，确保读者阅读完就能在企业内部落地实施。

（3）帮助企业家走出人才管理的旋涡，成为人才管理的高手。人才盘点不仅包括完整科学的盘点操作过程，更包括利用盘点结果帮助企业家发现人才、识别庸才，从而更好地支撑业务发展。企业家参与盘点的过程也是锻炼其识人、用人能力，帮助自身逐步成为人才管理高手的过程。

（4）让人力资源工作者更好地从企业业务出发，开展人才盘点工作，真正成为业务伙伴，更有针对性地开展人才管理工作。

基于此，2019年年中，德锐咨询团队启动了《人才盘点》的撰写。启动之初，我们曾自信地认为，我们具有丰富的人才盘点经验和心得，且人才盘点是客户认可价值最高的项目成果之一，故成文应该比德锐咨询的《聚焦于人：人力资源领先战略》《精准选人》《股权金字塔》《345薪酬》《重构绩效》和《找对首席人才官》这几本书有更多的项目案例和实操素材。但真正开始动笔时，我们才发现并没有比之前轻松，写书小组一遍遍反复讨论，对国内外文献进行了大量的研究，经历了一次次的框架构建、颠覆、再形成的过程，反复打磨与推敲，历时大半年才比较放心地将这本书呈现给读者。

本书的顺利出版承蒙很多人的支持，此处谨对他们表达诚挚的感谢。

感谢机械工业出版社张竞余老师和他的团队的支持。

感谢参与写书的同事，他们是汤鹏、李锐、贺耀慧、刘星、刘刚、赵芳华、杜若芸。他们利用项目之余的时间辛勤写书，经过多次集体交流、探讨、研究，才有了本书。同时感谢写书小组之外的同事承担了大量的其他工作，给予写书小组成员时间上的支持。感谢参与本书校对的同事，本书是我们团队通力合作的智慧成果。

最要感谢的还是一直关注德锐咨询的伙伴们，你们的认可——"德锐咨询的书非常有价值，希望你们一直出下去"是我们不断创作的动力。

我们期望本书能给企业家和人力资源从业者带来一些对人才盘点的启发和帮助，这也必将鼓舞我们在人力资源领域的研究中继续前行，怀着激情持续不断地向读者输出更有价值的人才管理方法。

李祖滨

第 1 章

企业需要人才盘点

人才盘点已经变成人员选、育、用、
留体系的一个"标配器官",如果做得好的话,
这个"器官"的功能是非常强大的。

——房晟陶

人才盘点作为人力资源的管理工具,最早由通用电气公司发明并推广应用。人才盘点可定位为通过对战略与组织发展的审视,从多角度对内部人才做出评价,帮助企业管理者了解组织人才现状及与未来业务发展要求之间的差距,进而采取针对性的措施缩短差距,以满足战略发展的需要。

作为通用电气发展史上最伟大的 CEO 和人力资源高手,杰克·韦尔奇每年都会主持参与人才盘点工作,对全球的 5000 多名核心人才,他坚持逐个见面、聊天、做笔记,对于核心人才的个人档案了然于胸。如果通用电气全世界的子公司中任何一个 CEO 离职,韦尔奇都能在 24 小时之内挑选出继任人选。

人才盘点这一管理利器保证了通用电气在战略实施和关键战略转型中的人才供给,后来被许多企业学习与引用。从联合利华、花旗银行、沃尔玛、迪卡侬等国外知名企业,到阿里巴巴、华为、京东、联想等中国知名企业,不仅纷纷引入了人才盘点这一人才管理工具,更是将人才盘点作为每年的日常管理工作。阿里巴巴甚至将人才盘点与战略研讨、财务预算一起列为阿里巴巴每年必做的三件大事,由此可见对人才盘点的重视。

　　人才盘点的价值在很多优秀企业的实践中得到证实，但大多数国内企业还没认识到人才盘点的重要性。有些企业即使有人才盘点，也未真正把人才盘点做精、做好。因此，我们认为有必要帮助更多企业了解人才盘点的必要性，厘清人才盘点的常见误区及后果，使企业充分认识到人才盘点的价值，树立对人才盘点的科学认识。只有这样，才有可能让更多的企业重视人才盘点，并科学地开展人才盘点。

人才盘点为什么越来越重要

企业更多依赖内生式增长

　　2019年11月，德锐咨询董事长李祖滨先生参加了由许小年教授带领的中国企业家重走德鲁克之路的学习之旅。在维也纳，许小年教授讲出了中国企业面对转型时的症结，他说："中国企业面临的最大挑战是市场环境正从增量市场转向存量市场，但许多中国企业还没有学会如何在存量市场中生存和发展。依靠过去那种通过扩大规模和成本控制而获得利润的方法已经很难活下去，企业要依靠创新、靠专注自身优势去转型。虽然中美贸易战对中国企业而言是雪上加霜，但这最多也就是'霜'，真正的'雪'是许多企业还没有学会在存量市场中通过内生式增长、通过研发创新寻求生存，学会在存量市场生存与发展才是关键。"

　　在增量经济时期，由于市场需求不断增长，同行企业之间还能"共同发展、共同盈利"，每家企业都可以在变大的市场蛋糕中得到自己的那部分，只存在增长得快与慢的区别。而在存量经济时期，市场需求总量增长缓慢或不再增长，甚至还可能下滑，同行的竞争演变为"我增你减、你死我活"的状态。此时企业便不能再过多依赖扩大规模换取生存空间的老方法，而是要通过更优质的产品和服务取胜。而产品和服务品质的提升，更多依赖于"人"，要求企业具备足够多的能提供优质产品和服务的员工。

　　德锐咨询"人力资源领先战略"指出，企业在所有资源中如果优先投入和配置人力资源，企业的发展将会事半功倍。因此，企业应通过领先的人才选择、培养和激励体系去识别和培养足够多的能够给企业带来优质产品和服务的员工。而要想让人才的激励、培养、选择等措施更精准到位，就必须明确人员现状与战略要求之间的差距，人才盘点就是帮助企业明确这个差距的测量工具。

企业需要精准掌握人才状况

要想在战场上取得胜利，就要对自己的兵力有足够的了解：有多少领军大将？谁可担当重任？哪支队伍打仗让人放心？哪里兵力薄弱？哪里可能战斗力不足？哪里需要补充兵力？哪些兵力需要再训练？当今市场竞争的激烈程度已不亚于战场，企业在市场竞争中要想脱颖而出，同样要精准掌握自己的人才状况，方能精准部署，百战不殆。

- 基于战略需求，目标人效有没有提升？
- 要加大市场开拓力度，企业是否具备开拓市场的骨干人才？
- 要加快产品研发进程，现在的研发队伍是否胜任？
- 要全面提升产品质量，生产运营和质量管理的负责人目前的水平如何？
- 5年后公司业务将覆盖全国，未来20多个省级总经理人选从哪里产生？内部能够派出的管理者有多少？异地增补的人员是否胜任？
- 并购过来的公司人员整体水平如何？哪些可以继续重用？哪些需要放弃？
- 在现在的中高层成员中，谁可能成长为企业接班人？
- 现有团队中有多少不创造价值的人在侵蚀公司的利润？

企业利润的增加需要更精细的管理和更准确的数据，对人才数量、质量、匹配度、贡献度、准备度和流失率也需要越来越精准地衡量，企业需要实时掌握这些数据来判断是否拥有足够的高质量人才。如何精准评估企业自身的人才状况？这个必备的能力就是"人才盘点"，它是企业提升组织能力的必修课。

中国员工需要更强的"公平感"

（1）**中国人对公平要求更高。**中国集体主义的国民性使得中国员工更关注别人眼中的自己，"不患寡而患不均"的现象要求对人的评价更公平，这种公平既要体现在结果上，也要体现在过程中。

中国人对公平性的追求，集中反映在对领导者"公平"品质的期许上。根据敏捷领导力（CAL）研究，受人尊敬的领导者身上经常性出现的品质有 20 种，全球范围内的调研结果显示真诚、有前瞻性、有激情、有能力是领导者最受人尊敬的四项品质。而在中国进行的调研结果显示，有前瞻性、有激情、公平、气量大是领导者最受人尊敬的四项品质。其中，公平这一因素在中国调研的占比为 61%，而在全球范围内的占比仅为 39%。由此可见，在中国，员工对公平的要求远高于全球平均水平。

（2）**单纯业绩考核衡量个人能力与贡献不够公平。**德锐咨询在咨询项目的实践中发现，很多企业在进行人员评价时，仅用业绩这个单一维度，但这并不公平。一方面，业绩的影响因素很复杂，除了个人的努力和能力之外，业绩还可能受到市场因素、政策因素、产品因素等多方面的影响，并且这些因素的不确定性较高，这使得业绩很可能是机会主义的产物，并不能直接体现个人能力与贡献。

另一方面，由于业绩考核仅仅着眼于过去，单纯用业绩评价会导致人才任用的不公平。比如，很多过往业绩不错的员工经常会在新岗位上出现能力危机，或未来在更高岗位出现潜力不足现象。盲目根据业绩选人容易导致错用"天花板"员工；同时，很多能力较好且潜力较高的员工则可能由于工作环境还不适应、工作方法还未掌握、工作方式尚不合适等因素导致目前业绩暂时不佳，"业绩为王"的用人方式容易导致高素质、高潜力的员工因感到不公平而离职。

（3）**"素质能力—业绩"双维度评价更客观准确。**单纯从业绩维度进行评价只能衡量过去一段时间的工作成果，而过往业绩难以保证未来持续的工作成果。因此，一个多维度、动态视角的人才管理工具就显得格外重要。

首先，人才盘点具有常规的业绩评价维度，通过绩效评价客观呈现员工过去的工作业绩。其次，人才盘点会通过素质能力维度的评价，衡量员工目前高绩效行为的表现程度。最后，人才盘点还会通过潜力维度评价，衡量员工未来产生高绩效表现的可能性。这样一来，人才盘点就实现了对员工过去、现在、未来全时间轴的评价，对员工的评价结果更加客观准确，更好地实现了人岗匹配。

（4）提升员工参与度，增加公平感。人才盘点各个环节的操作，并不是单纯的上级对下级的评判，其每个步骤都经过了巧妙的设计，确保全体员工自上而下地参与进来，每个人都对人才盘点做出贡献，而参与盘点的过程也是增加员工公平感的方式之一。

- 制定人才标准（素质模型）时，面向全员征集意见。
- 员工参与人才标准（素质模型）的制定。
- 管理者参与人才盘点标准共识的研讨会。
- 组织全员参加素质模型学习。
- 员工、管理者进行360度相互评价，充分了解360度评价的标准。
- 给全员介绍人才盘点的理念、方法和流程。
- 人才盘点结果公布后进行发展建议反馈。
- 人才盘点后，对于不同定位的人才采取差异化的管理措施，分别进行招人、减人、激励或培养。

通过上述方法，人才盘点最终做到了标准制定的共同参与、评价标准的分享学习、评价方式的公开透明、发展建议的坦诚沟通以及盘点后不同管理措施的介入，让更多员工从被动的被评价者变成了人才盘点过程的参与者、标准制定者和决策拥护者。这样，便增加了员工对人才盘点过程的了解、感知、理解和参与，让更多的员工感受到公平。

提升组织能力的要求

近年来，组织能力已经成为企业与学术界的热点话题，越来越多的企业家开始关注如何打造和提升组织能力。但对于组织能力到底是什么，仍然众说纷纭、莫衷一是。美团联合创始人王慧文认为组织能力包括组织形态、组织驱动力与组织心态，58 到家集团 CEO 陈小华认为组织能力偏向商业模型与业务创新，杨国安认为组织能力包括员工思维、员工能力和员工治理，戴维·尤里奇提出组织能力包括人才、速度、共同的思维方式、问责制、协同、学习、领导力、客户链接、创新、战略一致性、精简化、社会责任、风险、效率 14 项指标。

通过分析可以发现，对组织能力的界定都包含人才这个共性要素，组织能力提升的关键载体是人才。一个研发能力领先于同行的企业，需要拥有领先于同行的研发专业团队；一个营销能力领先于同行的企业，需要拥有领先于同行的营销高手和营销团队。因此，提升组织能力的关键，是重点关注战略关键岗位上的人才现状。这些岗位上未来 1 年、3 年、5 年、10 年人才状况如何？他们能否支持公司战略的实现？

如何识别组织的战略关键性岗位和人才成了组织能力提升的抓手，企业必须通过对战略目标、业务模式的深刻洞察和分析盘点出组织的关键性岗位，加大对这些关键性岗位的人才选择、激励、培养，对于岗位上不合适的员工则需要快速进行调岗、降级、辞退等。

通过这些措施可以激活关键岗位的个体，打造和提升组织的核心能力。就如龙湖集团原执行董事和 CHO 房晟陶所说，人才盘点的一个重要关注点就是个体视角和集体视角的平衡，最终目的是帮助组织明确保留、调整、增加哪些组织能力，实现战略目标。

认清四类“残缺的人才盘点”

在德锐咨询过去的经历中，当我们问到一些企业是否定期进行人才盘点时，很多企业回答“是”，在询问它们具体怎么开展时，它们的回答通常就是：根据业绩给员工一个评价。当我们追问“评价员工的标准是什么”“管理者评价的标准是否统一”“评价过程是什么”“谁来评价”“评价结果是什么”“评价结果怎样应用”时，许多企业都给不出明确的答案，人才盘点变成了一个“黑箱子”，没有人能讲得清道得明。我们通过总结发现，现在大多数企业进行的人才盘点或多或少存在以下问题。

没有一把手参与的人才盘点

在完整的人才盘点中，一把手、直接上级和人力资源部三个角色缺一不可，但很多企业一把手认为人才盘点是人力资源部的事，和日常的入离职办理、薪酬发放、绩效考核等工作一样，自己不需要亲自参与到具体盘点过程中，只要最后听人力资源部汇报盘点结果就行了。

人才盘点其实是"一把手工程"，基于战略和组织的需求出发，最终为组织运行和战略实现服务，而一把手是对公司战略目标、业务方式、组织体系理解最清楚、最深刻的人，所以在人才盘点标准建立阶段，需要一把手充分表述自己的经营思维、价值观和用人理念，只有这样才能确保人才盘点的标准符合组织需要。此外，一把手要亲自参与人才盘点会议，不仅因为一把手是被评价对象的直接上级和间接上级，还因为一把手的评价会影响管理者的用人导向，是用人理念的传递。

首先，一把手不参与会让整个人才盘点工作缺乏权威性，导致各部门管理者不够重视，人力资源部组织推动起来也会比较困难。其次，没有一把手参与的人才盘点缺乏用人导向的锚定标准，容易造成管理者之间用人理念分歧，增加决策成本。最后，一把手不参与还会导致人才盘点欠缺高度，很有可能演变成人力资源部的"走过场工作"，致使人才盘点失去应有的意义。

没有人才盘点会议的人才盘点

很多企业在搜集人才评价信息后，就直接由人力资源部和被盘点对象的直接上级商量确定最终结果，完成被评价人的九宫格定位、优劣势、任用建议等人才档案。这种操作方式虽说简单快速，一定程度上节省了管理成本，但没有经过人才盘点会议的人才盘点会为后续工作的开展埋下隐患。因为不经由人力资源部、被盘点对象的直接上级和间接上级共同讨论会导致盘点不够精准，在落地时缺乏公信力，也难以形成统一标准的识人、用人文化。因此，人才盘点会议是人才盘点中非常重要的一环，我们在本书的第 8 章中详细展开讲述。

没有结果应用的人才盘点

对于人才盘点，很多企业止步于人才盘点九宫格的确定及盘点信息的搜集与确认，但事实上，人才盘点的目的是找出人员现状与目标需求之间的差距，进而采取相应的措施去缩短差距。这些措施包括因关键岗位人才不足而启动的招聘计划、针对素质或业绩不合格员工的淘汰优化计划、针对人才梯队培养的继任者计划、针对不同盘点结果的员工激励计划等。如果不将盘点结果应用在人才管理中，就等于将前期的盘点成果束之高阁，不仅达不到人才盘点的目的，还造成了管理成本的浪费。

因此，各企业需要制定正确完整的人才盘点流程，从一开始就要注重人才盘点结果在后期应用的价值。当然，人才盘点结果的后续行动计划实施起来难度较大，比如不合适人员的优化策略和技巧、关键人才招聘与培养实施计划等，这不仅需要人力资源部作为组织者直面问题，也需要高层的支持以及直接上级共同推进落地实施。只有各方通力合作，才能确保人才盘点结果的有效应用。

没有素质模型的人才盘点

在人才盘点的操作中，多数企业只用业绩评价人。这是因为，一方面，业绩评价可以直接参照员工平时的绩效考核，操作简单，主观性小，特别是销售类业务岗位，更可以通过简洁明了的销售额、回款额等业绩数据衡量员工的表现。另一方面，管理者本身不清楚除业绩之外的其他人才评价维度，或是认为其他评价标准没法进行量化，于是就干脆不做变化，觉得这样至少不会出现大的管理纰漏。

但事实如前面所述，业绩只能衡量一个人过去的价值产出，并且这个产出还会受外界多种因素的影响，"唯业绩论"容易产生很多人才任用中的不公平，没办法留住优秀的人。另外，单一的业绩评价会造成管理者过度依赖量化标准，弱化管理能力，造成管理者的"怠政""懒政"。久而久之，部门管理者自己就变成了团队的天花板，不仅不利于团队的打造，也无法为组织输出优秀人才。

做不好人才盘点常见的后果

上述是最常见的人才盘点操作误区，在实际操作过程中，由于没有建立正确的人才盘点体系而走入的误区远不止这些，由此也会出现一系列不良后果。

关键岗位，错用"素质不佳但业绩尚可"

科学的人才盘点常用素质能力和业绩两个维度将人才分为六类（见图1-1）。而如果只采用单一业绩维度评价，没有判断素质能力维度，往往会忽略企业中的"4"类。这样的员工虽然短期内能在岗位上产生不错的业绩，但由于价值观和能力与公司不符，长期来看会损害公司的利益。而且这类员工会传播负能量，极易影响周围的员工，破坏组织氛围。

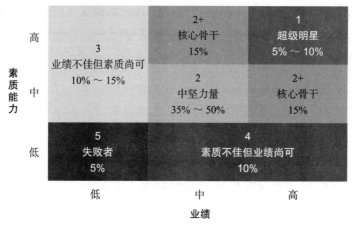

图 1-1 人才盘点九宫格

如果这类员工没有被识别出来，那么他们很有可能会因不错的业绩被配置在企业的关键岗位上，比如通信公司的研发经理、连锁经营公司的店长、咨询公司的项目经理……这就相当于在公司的关键岗位上埋下了一颗定时炸弹，随时可能引爆，给公司带来巨大的损失。更有甚者，一个业务老大带走整个团队，让公司陷入发展困境，甚至一蹶不振。

滥竽充数，懒人藏身

如果企业在人才盘点过程中，没有进行人才盘点会议，不仅可能导致评价结果有失公允，而且会导致直接上级包庇善处人际关系的平庸员工，企业无法再从间接上级、人力资源部等其他渠道获得对盘点对象的客观反馈意见。这样，人缘好，但工作上喜欢偷懒、浑水摸鱼、不出业绩的"懒人"就有了藏身之地。这类员工在阿里巴巴被称为"老白兔"，经常处在"3"类的位置（见图1-1）。对于这类员工，一般要给他们制订限期业绩改进计划，如果他们长期"混日子"，不仅影响业绩，还会在组织"繁殖"，产生更多的"小白兔"，这是对组织的严重侵蚀。

忽视基层，人才埋没

企业家在用人的时候，常常会习惯性地指派身边的员工，如高层领导班子和部门负责人，大部分企业家对间接下级都很少了解，更不用说优秀的基层人员了。不做人才盘点就无法掌握人才结构的全貌，也就错失了了解间接下级、发现基层人才的好机会，导致基层优秀员工或"黑马"失去了被高层发现的机会。人才被埋没，对于企业来说是一个很大的损失，所以阿里巴巴的人才盘点强调要通过向下看两层来打造人才梯队。

不分好坏，一刀乱切

人才盘点中一个关键角色是直接上级，因为他对人才盘点结果和后续应用有直接影响，但很多企业在做人才盘点时会默认直接上级都是合格的，忽略了对他们进行理念和操作方法的宣导与培训，导致一些缺乏管理技巧的管理者或者不想得罪人的管理者充当"老好人"，对团队成员的评价结果趋近一致。长此以往，这样"齐头式""一刀切"的假平等会引发部门内部"劣币驱逐良币"现象，优秀员工由于未受到公平的对待而另谋高就，平庸的员工却越来越多，最终导致团队的战斗力越来越弱。

机会来了，无人可派

不做人才盘点，企业经常会遇到"机会来了，无人可派"的尴尬处境，可是更糟糕的是，有些企业在做完人才盘点之后，仍然觉得无人可用。

产生这种情况的原因之一是人才盘点操作方法不规范，在确立标准和进行评价的时候走形式，既没有认真准确盘点员工的素质能力和业绩表现、岗位发展优劣势、现有岗位匹配度、任用发展建议，也没有认真梳理组织的关键岗位、继任者计划。这样的人盘点结果是不可能精准的，无法真正把握组织的人才需求，也无法清晰知道手里有多少牌可用。

另一种原因是，尽管人才盘点的核心产出很精准、很有价值，但发现人才储备不够后，企业没有积极采取弥补短板的措施，始终让企业处于用人的紧张状态，从而错失发展的良机。

人才管理，缺乏依据

人才盘点作为人才管理的利器，为人员淘汰、选择、激励和培养提供了科学的依据，让人力资源措施能有的放矢。

如果人才盘点结果不够精准，企业在人才盘点结果实施时效果不理想，那么会存在诸如"招什么样的人""辞退什么样的人""什么样的人是明星员工""什么样的人素质不佳但业绩尚可"等人才选择的困惑，还会导致诸如"该员工调薪幅度是多少""该员工该不该晋升""该员工该给多少股权"等人才激励的困惑，也会导致诸如"培训资源给谁""谁作为关键岗位继任者""该给谁配备导师"等人才培养的困惑。

如果人才管理方法缺乏科学依据，那么后续的实施就会出现很多偏差，甚至"吃力不讨好"，无法有效支撑业务发展的需要。

人才盘点的价值

事实上，科学的人才盘点操作并不难掌握，很多公司在实施过程中之所以会出现上述误区，根本上是对人才盘点的价值还没有正确理解。德锐咨询结合多年的理论研究和项目实践，对人才盘点价值做出了系统说明，为人才盘点正名。

价值一：对人才状况形成全面共识

人才盘点作为对人才的一次全方位扫描，可以帮助企业更加全面、系统地认识内部人才数量和人才质量现状。在人才数量方面，通过人均销售收入、人均净利润、单位人工成本产出效率等了解人效情况。通过基础分析人员总数、人员性别比例、年龄分布、司龄分布、学历分布、职级分布、职类分布、地域分布、管理幅度统计、流失率统计等判断人才数量结构的合理性。

在人才质量方面，企业可以了解不同序列、不同层级、不同岗位员工的九宫格定位、潜力、岗位匹配度等信息。通过这些数据能够精准地认识到企业人才管理现状与人才需求规划之间的差距，进而推动企业采取行动来缩短差距。

从建立标准到进行评价、盘点结果的应用，在整个过程中一把手、中高层管理者、基层管理者和基层员工或多或少都参与了人才盘点的相关环节。这一过程使大家对企业的人才标准、用人导向等更容易形成一致共识，也就更有利于后续管理措施的落地。

价值二：发现优秀人才

当企业的规模不大、管理幅度较小时，组织可以通过管理者的识人慧眼去发掘优秀人才。但当企业的组织规模逐渐扩大时，管理幅度也相应增加，这时候如果仅凭个别管理者的主观识别去发现人才，就会显得心有余而力不足，埋没很多"黑马"员工。

人才盘点这一利器，可以从整个组织层面系统地将人才状况全面呈现，让组织能够对人才情况有全局认识，更精准地识别优秀人才。人才盘点借助360度测评，可以看到被盘点对象的上级、同级、下级和本人的全方位意见，更好地反映被评价人的优劣势，发现可能被遗忘的优秀人才。通过人才盘点会议，直接上级的介绍可帮助高层管理者了解间接下级的表现，进而在基层管理者甚至基层员工中发现优秀人才，识别出更多的明星员工。

价值三：精准淘汰有依据

不合适的人是企业利润的消耗者，请不合适的人下车是绝大多数企业家的共识。然而，很多企业家的困惑是不清楚哪些员工不合适。德锐咨询通过素质能力和业绩双维度的九宫格工具，定义三种不合适的人：第一种是"3"类业绩不佳但素质尚可，也就是素质能力尚可，但业绩较差的员工；第二种是"4"类素质不佳但业绩尚可，也就是业绩尚可，但素质能力较差的员工；第三种是"5"类失败者，也就是素质能力和业绩都较差的员工。同时，也会识别出基于业务而进行的人员结构性调整，针对这些不同类型的不合适员工，我们可以分别制定相应的淘汰策略，本书第10章将会详细介绍。

当然，企业的实际情况比较复杂，不合适的人往往有不同特点，比如不胜任的高管、掌握公司机密但价值观不符的敏感人员、掌握关键客户资源但价值观不符的营销人员、因业务调整而产生的冗员等。但是无论什么情况，我们都可以通过做实人才盘点来识别这些不合适的人，使后续的淘汰有据可依，确保留下的员工都是精英。

价值四：精准激励有依据

很多企业付出大量资源进行激励，但最终不但收效甚微，甚至带来一些负面效果。其中一个重要原因就是激励的依据不够明晰，导致产生了很多的不公平现象，引发员工不满。而人才盘点通过素质能力和业绩的双维度评价得出结果，让激励既考虑到了过去的贡献，也考虑到了未来创造价值的能力。盘点结果可以应用于定薪、调薪、年终奖分配，以及股权激励对象的选择、股权激励额度的确定、退出依据的确定等环节。除了物质激励，盘点结果还可以应用于评优、晋升、培养等非物质激励，让激励资源向价值创造者倾斜，保障激励的公平性。

价值五：人才驱动业务

人才盘点从战略需求出发，最终目的是支撑战略实现，从而实现人效。企业通过科学的人才盘点，可以发现人员现状和人才需求的差距，从而进行一系列人才管理措施，确保人才供应充足，支持未来业务发展。

要保证充足的优秀人才供应，一方面要结合盘点结果，对冗余人员和与企业发展不匹配的人员进行有效的淘汰，同时梳理未来的重点招聘需求，对关键岗位进行持续的招聘投入，运用各种招聘渠道进行招聘，通过人员的进出盘活组织活力。另一方面，企业在人才盘点后，应采用盘点结果对业绩不佳者进行针对性的反馈与辅导，对现有员工进行激励和培养。同时，基于战略需求进行继任者和关键岗位的定制化培养、管培生计划等措施，为业务不断输送人才，以人才驱动业务发展。

价值六：提升管理者的能力

管理能力的提升对于业务和团队的发展至关重要。戴维·尤里奇曾提出，"直线经理是人力资源的第一负责人"。华为有一种说法，"华为的每一个直线经理都可以去担任任何一家公司的人力资源经理"，因为华为的直线经理长期深度参与到人才盘点、任职资格制定等人力资源工作中。

人才盘点结果的精准达成，需要企业各级管理者的深度参与，整个人才盘点的过程也是直线经理锻炼和提升自己管理能力的过程。管理者通过360度评价和人才盘点会议，可以清晰地了解下属的优劣势、素质业绩表现、任用发展方向，提升自己的识人用人能力。管理者既可以通过与下属反馈人才盘点结果，学会如何在面谈中表扬和批评，提升自己的反馈能力，也可以通过人才与岗位、组织、战略的匹配度分析，提升自己的战略思维和全局意识。

价值七：形成公平的用人机制与文化

人才盘点以其科学、严谨的操作流程，帮助企业建立公平的人才评价机制。全员共同构建人才盘点标准，保证了全员对标准的公平认知；以素质能力和业绩双维度进行的常规人才盘点、针对不同情境的特殊人才盘点，保证了人才标准的公平性；上级、同级、下级、本人共同参与的360度测评，保证了评价主体的公平性；人才盘点会议对人才评价结果进行校准，保证了评价结果的公平性。

随着人才盘点机制在企业逐年运行与深化，人才评价的公平性、价值导向而非成本导向的激励方式、资源向优秀者倾斜的激励理念就会慢慢在员工脑海中生根发芽，并从价值观、制度规范，再到行为上逐渐深化，最终形成崇尚公平、价值导向的企业文化。

终极价值：提升人效

总结来说，人才盘点为企业发展找到了优秀人才，留住了想要留住的人才，同时也让不合适的人离开，确保留在企业的都是"精兵强将"，以最少的人创造出最大的价值，确保人才对业务的驱动性，即人效最优化。人效受到个体因素（性别、年龄、学历等）、组织因素（人—岗匹配度、人—组织匹配度等）、环境因素（经济视角、产业结构等）等影响，企业常常会通过改善这些因素来提高人效。人才盘点作为战略性的人才管理工具，就是通过各项人力资源管理和组织优化的措施，作用于影响人效的个体和组织因素，最大化地提升人效，更好地实现战略目标。因此，人才盘点的终极价值是让人效趋于最优，这也是检验人才盘点工作的最核心标准。

■ 关键发现

- 存量经济时期，企业的成功更多依赖于"人"，这取决于企业是否具备足够多的能提供优质产品和服务的员工。
- 人才盘点通过"素质能力—业绩"双维度评价和员工在各环节的全程参与，大大提升了人才评价的"公平性"。
- 中国企业常见的人才盘点操作误区：没有一把手参与，没有人才盘点会议，没有结果应用，没有素质模型。
- 正确地实施人才盘点对企业有诸多益处：可以实现对人才状况的全面共识，帮助企业发现优秀人才，精准激励和淘汰，驱动业务发展，提升管理者的能力，形成公平的用人机制。
- 人才盘点的终极价值是让人效趋于最优，这也是检验人才盘点工作的最核心标准。

第 2 章

人才盘点模型

人才不是企业的核心竞争力，
对人才的有效管理才是企业真正的核心竞争力。
——任正非

　　优秀企业的人才盘点操作方法，被越来越多的企业效仿学习，但事实上"画龙画虎难画骨"，大多数企业还未真正掌握人才盘点正确的理念、操作方法与科学的实施步骤。在这种情况下，企业几个月轰轰烈烈的人才盘点工作很可能会演变成一场劳民伤财、怨声载道的数字游戏。

　　纵观国内优秀企业，在人才盘点中的操作方式会有一定的差异，因为发展阶段不同，企业遇到的人才管理重点略微不同。如华为的人才盘点，不只是对员工本身进行盘点，更是把人才盘点上升到了战略高度。人才盘点是为了匹配公司战略、传递核心价值观、树立正确的价值导向、提升员工效率、建设健康氛围，梳理员工发展体系仅是最基础的部分。

　　阿里巴巴的人才盘点分为公司、组织和个人三个层面，公司层面关注年度的战略目标和关键人才；组织层面希望"树挪死，人挪活"，通过人才流动来激活组织发展；个人层面，"看人才本身是否增值"。而京东的人才盘点主要是助力京东人才观（4S）的落地，选拔和培养高潜力人才。

　　从人才盘点的目的来看，德锐咨询将人才盘点工作分为两类：一是普适性目的的人才盘点，我们称其为例行性人才盘点，盘点的核心目的是发现并解决影响战略目标实现的组织问题和人才瓶颈，通过人才管理和资源配置支撑公司战略的达成，这也是大多数年度例行人才盘点重点解决的问题。并且在这个过程中，也能达到塑造企业文化、发现关键继任者等效果。

二是特殊目的的人才盘点，我们称其为非正式人才盘点，也可称特殊情境下的人才盘点，即基于组织特定需要而开展的人才盘点。这些特殊目的可能是某个关键岗位人员离职，公司急需挑选继任者；可能是公司准备启动一个新的业务领域，想要挑选一个领军者；可能是选拔式的人员竞聘选优；也可能是为应对突发情况启动组织变革，进而调整人才配置等。非正式的人才盘点基于特定情景下的需要而开展，没有特定的时间限定和计划，在保障盘点结果准确性的前提下，更讲究时效性和灵活性。比如腾讯的人才盘点就分为年度盘点和随时盘点两类，年度盘点一般始于 12 月，结束于次年 1 月，服务于战略和组织的需要，而随时盘点是根据业务发展的需要，不定期进行的人才盘点。

人才盘点目的的差异直接决定了人才盘点的步骤、盘点技术和方法、盘点内容、盘点人群范围、时间周期等内容的不同，所需投入资源和成本也会有很大差别。本书重点从例行性人才盘点视角阐述人才盘点体系，此情境下的人才盘点体系最为系统、完整、科学和严谨，在此基础上企业可根据不同情境的需要，对人才盘点体系做灵活的变化和调整。

对大多数企业来说，人才管理的理想结果是由最精干的人才队伍创造出最大的价值，即人效最优。因此，人才盘点不能仅就其字面上的含义，简单理解为围绕"人"开展的工作。完整的人才盘点体系是以组织的战略目标实现为目的，基于未来公司战略对内部组织能力的要求，系统分析公司当前组织架构能否承接战略的需求，并以此为基础分析出人才需求（这包括人才数量与人才质量的需求），同时，找到需求与现状之间的差距，并通过组织优化、人才招聘、人才发展和任用等方面的系统管理，达成支撑组织战略目标实现的效果。

德锐咨询根据几百场人才盘点项目实施的经验，结合标杆企业的先进实践，总结出了人才盘点模型。模型中包含为提升人效、创造组织价值、达成成果的人才盘点所需的全部实施路径和内容（见图 2-1）。

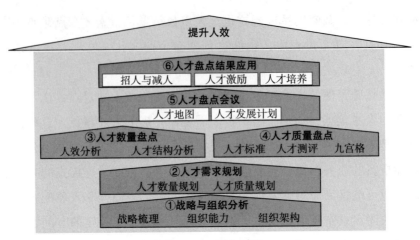

图 2-1　人才盘点模型

第一步：战略与组织分析

从完整的人才盘点模型中可以看出，以提升人效为目的的人才盘点需要从战略与组织的视角导入人才盘点的需求。战略与组织分析作为启动人才盘点程序的输入项，指引盘点工作的开展，直接决定人才盘点准确度。因此，人才盘点工作的第一步就是分析当下的战略需求方向，寻找组织能力及组织瓶颈在哪里。为了这个目的，进行战略梳理与组织分析至关重要。

战略梳理

战略就像组织运行的锚，指引着内部的管理动作，企业只有清晰了战略方向，才能确保采取的管理动作是有价值的。从长期来看，公司需要明晰战略定位、未来十年甚至更长远的发展规划；从短期来看，战略梳理的任务主要是阐释公司三至五年的战略目标、战略实施路径和需要匹配的战略举措及保障措施。

从人才盘点的需求来看，短期意义的战略梳理需要持续进行。当然，有些公司的战略可能是比较明确表述成文的，有些公司的战略仅停留在老板的脑子里，有些公司还未真正理解如何做战略梳理。不管是哪种情况，在操作人才盘点时都要想方设法创造各种条件，尽可能清晰地呈现公司未来的发展战略。特别是那些没有系统梳理战略但又要启动人才盘点的公司，需要先在更广的范围内实施战略梳理，这一过程不仅需要企业家参与，必要时还需结合高管访谈和研讨等形式。

通常人才盘点的组织者多为人力资源部，但多数公司人力资源部在公司战略的制定中处于从属地位。要明确和梳理公司的战略，人力资源部就不能再只是从属，而是要作为教练和引导师，策划一轮或多轮战略研讨会，组织企业家及公司的核心中高层管理者共同参与，必要时集中封闭两三天的时间，共同讨论并明确公司未来一段时间的发展战略。

德锐咨询也非常建议各位企业家在自己的公司采用战略研讨会（参见《重构绩效》一书）的方式来定期审视和梳理自己公司的战略，这不单单是为了人才盘点工作的开展，更是为了确保自上而下思想的一致性，保证公司各项工作的有效开展。

不同成熟度的公司采用的战略梳理方式各有不同。如阿里巴巴会在每年10月份组织高层召开战略共识会，在此之前，战略发展部会做大量的内外研究工作。也有些小型公司，战略其实就在老板心中，由老板来主导，将战略描述出来并向下传递到位即可。

不管采用哪种方式来梳理公司的战略，战略梳理的总体逻辑是一个从外向内的分析过程、从内向外的实现过程，一般情况下都会经历以下几个步骤（见图2-2）：从外部市场环境出发，基于目前公司的优势，确定未来的战略目标，结合现状差距找到实现上述目标的战术，明确组织内部的关键动作应该有哪些。战略梳理的具体步骤和方法将在本书第3章详细介绍。

图 2-2　战略研讨会八大步骤

组织分析

战略的实现一定是依赖组织的支撑，组织的作用就是将各类资源，比如人、财、物系统地联系起来，让其发挥最大效用，这就是我们常说的系统价值大于个体价值。用马克思政治经济学来解释，组织就是生产关系，生产关系所能容纳的生产力空间是有一定限度的，当生产关系不能促进生产力发展甚至变成生产力发展的桎梏时，需要通过变革来改变生产关系，促进社会的发展。因此，组织应根据战略的需要进行不断的审视与分析，持续进行组织能力的优化去支撑业务的发展需要，即通过生产关系的调整与优化去促进生产力的发展。

组织分析就是基于战略实现的需要，分析公司需要具备和提升的组织能力，审视目前组织架构、岗位设置对战略的承接力和支撑力如何。通常组织分析主要包括组织能力分析、治理架构分析、层级结构分析、职能设置分析等几个方面。

（1）组织能力分析：为匹配未来战略实现，当下组织应该具备的技术、市场等关键能力是否到位，以及具备哪些优势或不足？

（2）治理架构分析：企业所有权和经营权在企业经营中的分配情况如何？治理架构是否合理、完善？

（3）层级结构分析：纵向的管理层级有多少？层级是否过多或过少？信息的传达和决策是否高效？是否存在管理的错位现象？

（4）职能设置分析：部门和岗位的设置（支撑战略实现的职能在横向上的设置，体现为部门和岗位的设置），特别是战略实现的关键部门、关键岗位设置是否有缺陷？部门间的权责衔接和协作如何？

不难看出，通过组织分析可以更加明确组织能力建设、组织架构、关键岗位调整和设置的方向，进而明确组织未来的人才数量和人才质量需求，这些信息都是后续开展人才盘点的基础。

第二步：人才需求规划

不同发展阶段公司战略和组织发展需求不同，对于人才质量与人才数量的要求也有所不同，当然这里的人才质量和人才数量也包含人才结构分布的合理性，因此基于战略和组织发展需要的人才需求规划也要动态调整。人才需求规划就是一种以发展为导向的人才需求分析，明确未来对人才的需求目标，它如同衡量标尺，洞察目前组织人才状况的优劣，进而有方向性地进行调整，它是人才盘点具体实施的基础。

人才需求规划工作的成果主要是确定未来人才数量和人才质量的需要。人才数量规划即明确组织需要多少合适的人，其输出结果一般是岗位编制标准，同时包含人才数量结构的合理性；人才质量规划即明确组织需要什么样能力的人，其输出结果一般是素质能力标准，同时包含达到合格人才质量标准的人员分布是怎样的。

这里需要特别提醒的是，在人才需求规划确定的过程中，重点要关注关键岗位的人才需求规划。这些关键岗对应的是公司为实现战略目标所需要的关键能力，这些岗位人才数量、人才质量需求能否得到满足，会直接影响未来战略目标的实现。

关于人才需求规划的方法会在本书第4章和第6章进行详细介绍。

第三步：人才数量盘点

只有用公司现有人才的数量与公司需要的人才数量进行对比找出差距，才能更好地缩短差距，满足业务与组织发展的需要，因此对人才数量的盘点至关重要。人才数量盘点是指对现有人员从不同维度进行人效分析和基础分析，并对照人才数量规划找出差距，看其能否支撑和适应组织未来发展需要。人才数量盘点的初步结论可能是"人员紧缺""人浮于事"或"数量匹配"，抑或是前后台人员的配比合理、不同职级人员配比合理等。在实际的人才数量盘点过程中，具体分析内容如下。

（1）人效分析，相关指标包括人均净利润、人均销售额、单位人工成本产出效率，以及驱动人效的人员敬业度、管理人员晋升比率、关键岗位人才离职率等。用直观的数据反映人才数量的健康度，确立人才数量现状的预警值。

（2）基础分析，相关指标包括人员总数、人员性别比例、年龄分布、司龄分布、学历分布、职级分布、职类分布、地域分布、管理幅度统计、前中后台分布、员工流失率统计等。基础分析可以判断人才数量在不同维度的结构是否合理。

基础分析侧重于公司自然人口特征数据的分析，是相对浅层的分析维度；而人效分析，更多是从价值维度分析，将人效作为基础分析的指导线，能使基础分析更具有针对性，令结果更有价值。不难发现，人才数量盘点可以直接从人效的角度审视企业人员数量和结构的合理性，这对于分析企业内部人才结构、人才质量都有重要价值，对于判断人才数量的多寡，以及后续人员增减方案的设计等也都有直接的指导意义。需要提醒的是，对人才数量的盘点需要企业结合自身所处行业特点进行分层分类的结构性分析，并将分析结果与标杆企业进行对比，从而找出问题。对于同一家标杆公司越是全面精细且持续地进行分析，越有机会找到公司最佳的人才数量参考值。

具体操作方法和分析角度会在本书第 5 章进行详细介绍。

第四步：人才质量盘点

提升人效的潜在含义要求企业具备高质量的人才，因此针对公司人才现状进行质量盘点是非常有必要的。所谓人才质量盘点是指对照公司各层级、各类别人员需要具备的业绩和素质标准，对公司现有人员的素质能力、业绩乃至潜力状况进行评价，通过统计和分析，对照人才质量规划找出差距，以此判断能否支撑和适应组织未来发展需要。人才质量盘点，从个体层面来说，初步结论可能是"力有不逮""能力过剩"或"人岗匹配"；而从组织层面来说，结论可能就是人才结构的合理或不合理，比如明星员工占比明显偏少，关键岗位优秀员工占比不足等。

从对人才质量盘点的含义界定来看，不但应该就个人现阶段的业绩做出判断，而且应该结合决定价值创造的素质能力，综合两方面对人才进行盘点。业绩维度反映的是个体过去的价值创造，从长期和稳定性的角度看，真正决定一个组织长远发展的是员工的素质能力。

人才质量盘点步骤如图 2-3 所示。

图 2-3 人才质量盘点三步骤

人才标准包含业绩标准和素质能力标准。业绩标准可以根据其能否满足绩效来进行判断，即依据绩效责任书或工作计划完成情况进行定量评价，也可根据其工作能否满足岗位需要、工作完成质量及工作完成的及时性来进行定性判断（具体可见本书第 6 章内容）。素质能力标准俗称素质模型，一般来源于战略目标对组织能力的需求和企业核心价值观（有时也称企业文化）的要求。

当然，基于不同的盘点目的和考察需求，企业会构建不同的素质模型。比如，阿里巴巴构建了价值观和领导力模型，华为和联想在盘点时比较强调潜力和领导力模型等。有了人才标准后，便能用以 360 度素质测评和 90 度业绩测评为主的测评工具对公司每个人的素质能力以及业绩状况进行精准的识别和评价。

当然，测评工具可以根据盘点对象的不同进行灵活的组合使用（具体可见本书第 7 章内容）。在测评结束后，综合所有人员的素质能力及业绩评价结果进行组织层面的汇总分析，出具人才九宫格和人才评价信息，并初步审视人才质量与人才需求规划的匹配度。简单来说，这就是人才质量盘点的过程。

人才质量盘点在素质能力评价的难度、评价结果精准性的要求上都要比人才数量盘点更高，这是整个人才盘点实施工作中的重点和难点，一般需要花费更多的时间和精力。本书会在第6章和第7章对人才质量盘点的操作方法、各类测评工具的使用场景等内容进行详细介绍。

第五步：人才盘点会议

所谓人才盘点会议（又称人才盘点圆桌会议），是一个由多方人员（一般包括被盘点对象的直接上级、间接上级、斜线上级，以及人力资源、主持人等）共同参与的针对被盘点对象的信息讨论会。会议就前期梳理和盘点的各方面材料及数据展开讨论，包括战略、组织架构、人才基本信息、人才数量和结构信息、人才测评信息、九宫格数据等内容。在论证这些信息准确可靠的前提下，从人员个体和组织层面整体考量人才需求规划和人才现状之间的匹配度，识别中间的差距，提出系统而全面的改善措施，并据此制订出详细的改进实施计划。这个实施计划将成为未来一段时期内人力资源工作的核心指南。

人才盘点会议示例如图2-4所示。

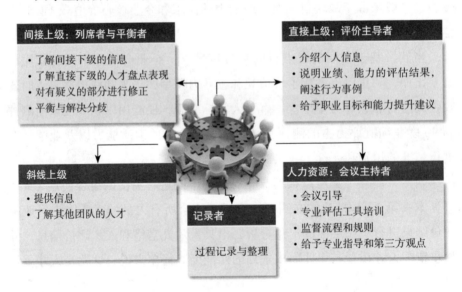

间接上级：列席者与平衡者
- 了解间接下级的信息
- 了解直接下级的人才盘点表现
- 对有疑义的部分进行修正
- 平衡与解决分歧

直接上级：评价主导者
- 介绍个人信息
- 说明业绩、能力的评估结果，阐述行为事例
- 给予职业目标和能力提升建议

斜线上级
- 提供信息
- 了解其他团队的人才

记录者
过程记录与整理

人力资源：会议主持者
- 会议引导
- 专业评估工具培训
- 监督流程和规则
- 给予专业指导和第三方观点

图 2-4　人才盘点会议示例

人才盘点会议的主要内容和产出结果如下：

（1）各级管理者共同讨论员工的素质能力、业绩评价的结果，确定个人九宫格定位和组织层面的九宫格数据。很多的人才盘点会议会在此部分花费大量的时间，这也是人才盘点会议的重点内容。

（2）分析组织的人效数据与人才数量数据，判断现状与公司人员数量需求的匹配度。

（3）通盘考虑人才数量、人才质量的情况，综合组织架构的调整优化，分析形成人才地图（见图2-5），了解各级组织的岗位匹配度。

（4）基于人才数量、人才质量和人才需求规划的差距分析，形成组织调整和人才管理计划。

（5）重点识别出关键岗位、关键人才和高潜力员工的个人特质信息，同时针对性地制订人才培养发展和调配、任用计划。

从上述人才盘点会议的成果可以看出，许多人才盘点工作的核心成果都在人才盘点会议上产生，所以人才盘点会议的质量至关重要。当然，人才盘点会议并不是一次性的会议，而是根据需要逐级分类召开。一般情况下，会议需要根据盘点目的和需求在公司内部分级分类进行，即不同的职位层级和不同的职能体系分别组织各级管理者来召开多场人才盘点会议，讨论盘点结果。

因此，有些公司的人才盘点会议开十几场就覆盖了相应人才的校准，有些公司则需要召开几十场乃至上百场。从诸多人才盘点项目的实践经验来看，此阶段对人才盘点组织者的组织协调能力要求非常高，他需要统筹协调全公司各级管理者，让大家在规定的时间内完成人才盘点的所有工作，这中间包括被盘点对象基础资料的收集整理、人员培训、盘点会议规则培训、人才盘点结果确认与分析等各项工作合议，对盘点会议的每个环节精准度要求都非常高，非常考验组织者的能力。

本书将会在第8章对人才盘点会议召开的具体方法和流程进行详细介绍。

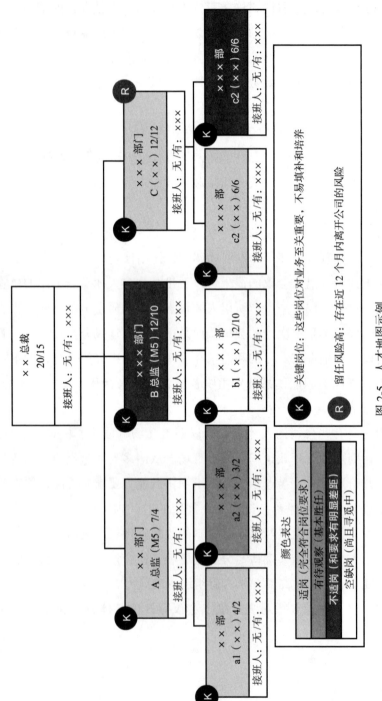

图 2-5 人才地图示例

第六步：人才盘点结果应用

人才盘点的重大意义不仅仅是呈现出人才数量、质量的现状，更重要的是通过识别人才现状和人才需求规划之间的差距，开展一系列人力资源管理活动来缩小这些差距，这包含人员淘汰、人才选择、人才激励和人才培养。

人才盘点的后续应用使得整个人才盘点真正落地，让员工充分感受到人才盘点的价值和人力资源工作的针对性，有力地维护了人才盘点的公信力，避免日后的盘点工作流于形式。更为重要的是，人才盘点结果的有效应用使整个人才盘点工作形成闭环，让人才盘点最初的需求得到满足，真正对企业发展和战略目标实现产生推动价值。如果人才盘点止于人才校准会，缺乏后续的人力资源管理活动，就会使前期很多工作付之东流，浪费了大量的企业管理资源。

从结果应用本身来看，人才发展和任用的有效性也是检验人才盘点工作成果的重要方式。企业需要基于人才盘点结果做到提前有针对性、计划性地进行对外的招聘和获取；对内的人才淘汰、选拔、激励、培养和任用调整，可以解决人才数量、人才质量的问题，满足人才需求，从而为组织能力的提升和战略目标的实现提供坚实的人才保障，最终实现提升人效的目的。本书将在后续章节中对盘点结果在人员淘汰、选择、激励和培养等方面的具体操作意义和方法做详细的介绍。

招人与减人

人才盘点的结果会清晰地呈现出公司各类岗位的人才数量和质量缺口，这也为后期的人才选择提供了指导方向。作为弥补人才差距最为快速的解决方案，招人一般是最先被想到的人才管理方式。但为了确保企业人才池的活力和流动性，人员的淘汰与招聘同样重要，没有让不合适的人离开是让合适人才进来的最大障碍。因此，基于人才盘点结果识别出的不合适的人，要快速采取措施让其离开。

人才盘点发现的不合适的人主要有以下两种：第一种是基于业务调整

而出现的一般性人员冗余；第二种是人才质量盘点时，在业绩和素质能力维度有至少一方面不符合岗位标准的人。对于不同类别的人员采用的淘汰方法不同（详见第 10 章内容），但无论哪种，我们都坚持"一旦发现不合适，当机立断"的原则，优化人才结构，提升人才密度来强壮组织。

经过人才盘点发现人才数量缺口后，可以用外部获取和内部选拔两种方式进行人员补充。从实施顺序上来说，我们建议先通过内部发掘，解决人才供给缺口，如果内部人才无法供应或来不及培养，再寻求外部市场。

外部获取最重要的是根据人才数量和质量的要求，针对性地制定人才招聘策略和招聘渠道。外部获取要善用九宫格管理思维，从招聘环节就关注人才质量，杜绝"3、4、5 类"人员进入企业。同时要注重对中基层人员的选择和培养，降低对空降管理者的依赖，结合人才需求规划，提前开展可预见的招聘。对于关键岗位，要持续招聘，避免紧急招聘，尽量缩短招聘周期，缩减招聘成本，提高人才的录用率，快速满足人才供应。

本书第 10 章会详细介绍这部分内容。

人才激励

人才盘点的重大指导意义在于可用于人才的激励，且盘点结果在人才激励方面的应用能让公司激励资源的分配更加精准和高效，让激励更具公平性和合理性。相比很多公司习惯用单一业绩进行激励而言，人才盘点除了强调激励对业绩有贡献的人之外，还从更长远的角度考虑了员工的价值观、能力甚至是潜力，不仅能提升现有价值创造者的满意度，还能激励合适的人创造更大的价值。

所以，德锐咨询建议所有企业都要尽可能发挥人才盘点结果对激励（包括正激励和负激励）的导向作用，从而保障人才激励效用的最大化。盘点结果不仅可用在定薪、调薪和年终奖的分配上，还可以延伸到福利体系的设计、评优等其他非物质激励中，让薪酬向价值创造者倾斜。人才盘点结果还可以用在股权激励中，帮助企业家选择股权激励的对象，确定激励额度以及约定退出机制，在实施"小额、高频、永续"的股权激励模式时，确保激励到合适的人，让股权激励创造的价值最大化。

本书会在第 11 章和第 12 章详细介绍人才盘点结果如何应用在人才激励上。

人才培养

通过对培养对象进行不断的输入和培养，可以构建企业内部的人才蓄水池，为企业不断输出相应的人才，从而实现内部人才持续、稳定的供给。人才培养需要长期持续投入才能见效，一旦方向出现问题，将造成巨大的管理成本浪费。而人才盘点结果可以帮助企业明确培养的数量需求，对培养对象的选择、培养能力的识别、培养方案的制订和培养周期的限定等也都有非常明确的指引作用，让培养方向更具有针对性和有效性。

在人才盘点结束后，人才培养的重点工作包括：①向全员进行 360 度反馈，让员工认识到人才盘点之于本人的意义，找到在未来工作中需要提升的内容；②加大对管理层团队的关注，让领导班子"后继有人"；③培养资源优先向支撑公司战略目标的关键岗位倾斜，让关键岗位人才"活水不断"，从长远来看，需要对源头人才重点关注，从源头打造领导力；④对业绩不佳者采用 PIP（业绩改进计划）进行辅导。具体的培养方式遵循"271"的培养原则，本书将在第 13 章中详细介绍。

从以上内容可以看出，人才盘点是严谨的闭环系统，科学的实施不光能满足当前战略发展的需要，更重要的是，能在企业内部建立一种人才密度、厚度、质量不断提升的良性循环，使企业的组织能力和竞争力持续增强。正如任正非所说："对人才的有效管理才是企业真正的核心竞争力。"

对很多企业来说，一次人才盘点不意味着结束，人才盘点模型的每一步都需要有精密的操作方法和流程，需要不断打磨，因此我们更希望企业能在内部形成人才盘点和人才科学管理的机制与文化，每年定期开展人才盘点，就像华为、阿里巴巴、腾讯、京东等优秀企业一样，真正让人才管理驱动企业的快速发展。在本书的后续章节中将详细为大家介绍每一步具体的操作方法与关键要点。

■ 关键发现

- 人才盘点不能脱离业务开展，盘点的最终目的是确保组织战略目标的实现，达到人效的提升。

- 人才盘点是个系统性工程，每一步都环环相扣。第一步是战略与组织分析，第二步是人才需求规划，第三步是人才数量盘点，第四步是人才质量盘点，第五步是人才盘点会议，第六步是人才盘点结果应用。
- 基于战略与组织需要的人才需求规划，让组织更加明晰需要的人才数量标准和人才质量标准。
- 对于人才数量盘点，需要注重对人效的分析及基于人口统计学的基础分析。
- 对于人才质量的盘点，需要从业绩标准和素质能力标准两个维度进行分析，从而识别出优秀人才和公司利润消耗者。
- 人才盘点的最终价值体现在为缩短与目标人才需求规划的差距而采取的人才淘汰与选择、人才激励和人才培养等一系列人才管理动作上。

第 3 章

从战略出发

组织的一切活动都是为了该组织的绩效。

——彼得·德鲁克

人才盘点的目的是帮助企业在战略目标实现的同时提升人效，为组织创造更多利润。因此，人才盘点是从战略出发，通过对战略的梳理更好地审视人才现状与战略实现的匹配度，进而通过系统的措施优化组织和人才管理，支撑企业战略目标的实现。

战略作为人才盘点工作的输入项，对其理解的深刻程度和准确度尤为重要。一旦对战略理解得不够全面和完整，那后续人才盘点的侧重点和各项动作就会逐步变形和走偏，最终可能导致公司人才管理动作"失之毫厘，谬以千里"，不仅花费了大量的管理成本，还会导致人才无法匹配战略的发展要求，最终错失发展时机，影响业务发展。

誉美公司战略转型的隐忧

誉美公司（化名）成立于 2001 年，是一家集设计、生产、销售于一体的家装五金生产制造商。凭借敏锐的市场机会把握能力、多品种小批量生产模式下的品控能力以及满足客户需求的技术服务和及时响应能力，在过去的 20 年，誉美实现了快速发展，利润水平出色，成为行业知名企业。

由于国内家装五金行业技术壁垒不高，近年来市场低价竞争日趋激烈，众多中小家装五金企业快速崛起，誉美遇到了前所未有的挑战。与此同时，消费者对家装五金的个性化需求越来越盛，智能家装产品如智能门锁、智能衣架、智能感应水龙头等前景广阔。誉美公司高层决定进行战略调整和转型，从原来的传统家装五金企业向智能家居解决方案提供商转变，并期望通过转型变革，销售规模在未来五年突破30亿元。

虽然战略转型对于誉美来说是个正确的选择，但在战略转型进一步落地执行之前，还需要澄清支撑战略转型需要具备哪些能力，以及内部是否具备这样的能力。经过讨论，最终确定誉美战略转型突破的三大引擎分别是：市场布局、开拓应用场景和设计创新（见图3-1）。

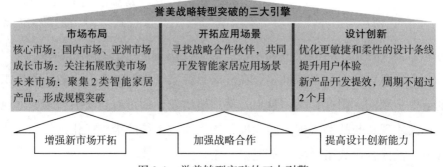

图3-1 誉美转型突破的三大引擎

无论是市场布局、开拓应用场景还是设计创新，都需要强大的组织能力来支撑。据此，德锐咨询首先做的是帮助其厘清组织能力的需要，识别组织能力和组织结构能否支撑这样的战略布局，输出组织能力构建和组织架构调整要求。就组织能力而言，誉美需要至少重点关注以下四大能力：

（1）新市场的开拓能力。

（2）新产品设计能力和项目管理能力。

（3）内部质量与成本控制能力、供应链管理能力。

（4）匹配未来扩张的高管领导力。

当下需要明晰誉美在以上四大能力方面的水平，找出差距在哪里。基于上述需要，德锐咨询对誉美展开了全面系统的人才盘点，通过为期一个月的盘点，总结发现目前誉美的人才数量、人才质量与未来战略转型的需要存在如下不匹配情况：

（1）组织架构的16个部门中，后台部门如人力资源部、财务部、行政部、法务部、审计部、总经办等部门占到9个，且后台人员占比较多，存在大量的冗员。

（2）销售模式更多体现为"坐商"模式，重存量维护，轻增量开拓，拓荒意识缺乏，市场开发人员严重不足，无法支撑新增市场和大客户的布局与开拓。

（3）设计人员相当不足，设计人员占总人数的10.5%，与竞争对手27%的比例相差甚远，不利于未来持续性的研发创新。另外，智能家居设计的关键岗位人才几乎没有，在组织架构中也未体现出这一职能，这会影响未来智能家居产品的开发。

（4）多品种小批量的生产方式使供应链管理难度增加，但目前供应链管理的最高责任人为主管级，且价值观维度还不满足公司的要求，属于"4"类人员。另外，批量化精益生产、成本控制和工艺技术等人才也比较少。

（5）销售、设计、生产管理等关键岗位的"1"类和"2+"类人员占比不足5%，火车头动力明显不足。

（6）在素质能力方面，整个誉美管理者队伍在人才培养和团队管理两项上的平均得分不到3分（满分7分），领导力意识和能力都不强，也就导致了誉美人才梯队建设严重落后。

看到人才盘点的结果，誉美董事长钱总陷入了深思，他说："找到战略转型的方向并不难，但真正想要快速实现转型，就誉美现在的组织架构设置、关键职能与岗位设置、人才储备和人才管理状况来看，距离目标还有很大的差距。此次人才盘点的结果对于誉美来说是个警醒，整个公司都需要升级调整了。"

德锐咨询随后立即协同誉美人力资源部，在钱总的全程参与下，针对上述人才盘点发现的问题，在组织架构、关键职能与关键岗位设置、人才结构优化、人才引进、内部培训培养和激励方面提出了具体的解决方案，加快解决上述人才管理中的问题，为誉美即将到来的战略转型保驾护航。

从上述案例可以看出，做好人才盘点，要从精准明晰地解读公司的战略开始，这是整个人才盘点系统的输入变量。从不同的战略目标出发，公司人才盘点的方向和结果的应用就会有很大不同。思考清楚战略需要和痛点，进而建立起"战略—组织—人"三者之间的强关联性和承接性，让人才盘点工作遵循图 3-2 所示的逻辑，发挥其支持战略目标实现的作用。

图 3-2　人才盘点的逻辑

明晰战略，指引人才盘点方向

有关战略明晰的方法，经典的战略管理理论有诸多说明，而且有很多的战略分析模型可以借鉴阐述，比如 IBM 的 BLM 模型、战略四层级模型、科利斯模型、商业画布等，也有些企业结合自己行业的特征设计出了适合自己的战略分析模型。不管用哪种模型或方法来明晰战略，基于指引人才盘点方向的要求，企业家和高管团队们至少要回答下述几个方面问题。

洞察内外部环境

"不要只顾埋头做事，还要抬头看路"，企业的发展亦是如此。所有战略的研判和调整一般都来源于企业家对内外部信息的处理，企业家对市场信息越敏锐，洞察越深刻，那后续的战略选择就会越有的放矢，成功的概率也会越大。

市场洞察的核心在于有目的地通过对企业内外部环境的分析、研判，收集不同维度和层面的信息，最终形成企业对未来市场机会和战略打法的判断与认识。一般来说，市场洞察可以从以下三个层面来分析考量。

（1）宏观分析：经济周期、技术趋势、政治政策、社会发展等。

（2）中观分析：行业发展趋势、产业结构、竞争格局、客户分析等。

（3）微观分析：企业家的理想和追求、竞争对手、标杆企业、自我优劣势分析等。

为了做出全面且精确的市场洞察，需要对宏观环境动态、行业趋势、竞争态势等信息进行收集整理并长期积累。通常情况下，企业管理者可以借用一些更为结构化的工具来辅助思考，从而确保洞察的维度更加全面和完整，比如战略大师迈克尔·波特的五力模型、波士顿咨询集团（BCG）提出的波士顿矩阵等。国内企业中，阿里巴巴、华为都在使用的"五看三定"模型也是市场洞察分析工具的代表。"五看"具体解释如表3-1所示。

表 3-1 "五看"具体解释

五看	具体内容
看行业趋势	政治、经济、技术、社会等方面的变化与趋势，对企业未来的影响是什么
看市场/客户	客户是谁，客户买什么，需求是什么
看竞争	我们的竞争对手会有什么样的发展战略，它的定位是什么，我们跟它有何差距
看机会/用户	我们在客户领域有怎样的投资机会
看自己	我们自身的优势与需要弥补的内在不足有哪些

华为的"五看三定"模型

华为连续十几年在战略上成功抓住业务机会点，与敏锐的市场洞察力密不可分。其中"五看三定"模型的应用，对其战略的审视与制定具有重大价值。

通过"五看"，输出战略机会点：

- 看行业趋势。
- 看市场/客户。
- 看竞争。
- 看机会/用户。
- 看自己。

通过"三定"，输出机会点业务设计和中长期战略规划：

- 定控制点。
- 定目标。
- 定策略。

从表3-1中我们可以清晰地看到，借用"五看"的步骤对内外部环境进行分析和研讨，可对企业内外部环境进行系统梳理，从而形成精准的市场判断，为下一步定目标和策略提供充分的依据。

需要提醒的是，市场洞察是每个人基于对行业发展的历史与关键事件的深刻理解而形成的对未来的精准判断。这种判断不仅要基于完备而准确的信息，更要基于一个人对市场、行业的洞察力与判断力，这对做出判断的人有着极高的要求。

对于很多公司而言，这些洞察见地可能就在老板一个人的心中。即使这样，德锐咨询仍建议企业家通过高管团队研讨共创的方式，进行充分的信息互通和共享，就企业家关心和思考的问题深度研讨。这样不仅可以很好地弥补企业家本人在市场洞察方面的盲区和不足，而且能有效培养其他高管的大局观和市场洞察力。

也正是有了对内外部市场的洞察，企业可以用市场作为参照，与竞争对手相比较，更加清楚自身需要改进和提升的能力，并对需要改进和提升的方向更好地达成共识，为后续人才盘点奠定基础。

回到本源，明确目标

市场洞察的主要目的是帮助企业更加明确发展目标，也更便于基于目标进行相应的资源配置与协调。因此在充分洞察市场的前提下，企业家需要从企业的终极目标出发，思考和确定企业的远期目标、近期目标和当年目标。

（1）远期目标：企业的使命、愿景、价值观。

（2）近期目标：未来三至五年的战略目标。

（3）当年目标：年度业绩指标、财务目标和管理目标。

所谓的远期目标，是指企业的使命、愿景和价值观，它是企业的终极追求，定义了企业是谁，因何而存在，去向哪里，以及在走向未来的过程中，需要坚持什么样的判断标准和优先性排序。马克·利普顿在《愿景引领成长》一书中提道："在众多战略规划失败的案例中，导致企业未能成功实现快速增长的部分原因是组织过于依赖战略规划，而缺乏一个强有力的'成长愿景'。"他在书中进一步解释道："愿景可以团结人，愿景可以激励人，愿景是拨开迷雾指明航向的灯塔，愿景是困难时期或不断变化时代的方向舵，愿景是可用于竞争的有力武器，愿景能建立起一个命运共同体。"

所以，很多企业在讨论未来战略时，都会从终点看现在，通过不断审视企业的远期目标，更有效地帮助企业制定中短期目标。比如阿里巴巴，每年都会拿出三天时间组织高层召开战略共创会，其中他们会用一整天的时间来共同讨论公司的使命、愿景和价值观。正是由于不断对愿景进行审视，2019 年，阿里巴巴将自己的愿景从"成为一家活 102 年的公司"升级为"成为一家活 102 年的好公司"——"我们旨在构建未来的商业基础设施。我们的愿景是让客户相会、工作和生活在阿里巴巴。我们不追求大，不追求强，我们追求成为一家活 102 年的好公司。"

近期目标是企业对三至五年的战略定位，企业在近期目标中需要回答：我们要达到什么样的市场地位，对应的业务领域是什么？客户群体是谁？企业竞争优势是什么？如何才能建立并保持这种竞争优势？业绩指标是什么？即使当今社会环境瞬息万变，但讨论三至五年的近期目标仍然非常有必要。也正是在回答上述这些问题的过程中，企业才能有充分的时间查缺补漏，为即将到来的机遇做好准备。否则就像誉美公司一样，因为缺少预见性导致没办法即刻实现战略转型。

当年目标，则是企业制定的年度业绩指标，比如销售额、利润率等，以及年度管理目标，即当年度全体员工都需要明确且为之奋斗、必须达成的目标。

对于上述目标的阐释，德锐咨询通常会建议企业用三阶段的表述方式（见图 3-3，以誉美公司为例）来进行目标的明确，帮助企业从终局出发，来倒推企业不同发展阶段的战略目标和关键举措，从而形成由远及近的层层对应，以及由近及远的层层支撑，确保各阶段的目标成为紧密联系的关联体，避免各阶段目标脱节。

愿景：成为中国最值得信赖的家居品牌
使命：让每个家庭都用上具有性价比的家居产品

图 3-3　誉美公司的未来目标

阐释业务设计逻辑

业务设计逻辑是企业内部业务层面及战术层面的设计和选择，是明晰战略的第三步，在此基础上公司和个体会更加清晰做什么、如何做以及需要具备什么样能力来确保目标的实现。在这一步，需要对下述六个问题做出回答。

（1）**客户需求：**企业能给客户创造的独特价值是什么？客户群体是谁，有何特征？

（2）**业务选择：**企业通过什么核心业务或产品来满足客户需求？未来的产品和业务机会在哪里？如何进行业务或产品的优化创新？

（3）**竞争策略：**企业怎样获取收益？市场渠道是什么？怎样才能赢得竞争优势（靠差异化、规模化还是专业化）？如何持续保证收益的来源和获取？

（4）**生态关系：**企业怎样才能取得价值链主导地位？获得价值是否需要合作伙伴？与合作伙伴应该保持什么样的合作关系？

（5）**风险防范：**企业外部存在哪些潜在的风险（市场、对手、技术）？如何进行管理？

（6）**成本结构：**企业的成本由哪些部分组成？运营成本、人工成本、原材料成本及融资租赁成本的占比分别是多少？目标值是什么？

如果企业家能够将上述六个问题思考并阐述清楚，那么公司业务层面的战略和策略设计基本上就到位了。从上述六问的内容来看，业务设计是对公司战略最为全面的阐述和表达，是战略中最为核心的部分。

在具体的人才盘点工作开始前，人力资源部要组织公司核心管理层对这部分内容进行详细的梳理和讨论，且企业家需要高度重视并参与。研讨的内容不能有原则性、方向性的问题和疏漏，在讨论过程中要重点解答企业阶段性的关键命题，比如如何生存、先做大还是先做强、如何进行转型等，唯有这部分内容清晰完整，才能保证人才盘点工作的正确开展。

找到驱动战略实现的必备举措

明晰战略的最后一个工作任务是企业家需要根据公司的市场洞察、近期目标和业务设计框架，找到驱动战略目标实现的必备举措。对于企业来说，前期已经花费了大量的时间与精力找到业务设计逻辑，此时离目标就差"临门一脚"。而这一脚意味着企业在一段时间内必须聚集能量，奋力一搏，这不仅影响当期目标的实现，也影响着企业战略性、全局性目标的实现。必备举措一般聚焦在战略实现的关键成功因素的获取、关键差距的补足、关键能力的建设和关键资源的掌握等方面，只有找到了驱动战略实现的举措，才能真正确保战略的可落地、可实施，从而为公司年度行动计划提供指导方向。

德锐咨询认为对必备举措的"充分的共识"比"绝对的精准"更为重要，我们经常会问企业的高管：大家做的事情都是"相互支撑、关键性、战略性"的吗？我们获得的答案往往并非如此，由于缺乏共识，高管们各自为政，做着自以为重要的事情。所以，通常我们会建议企业组织中高层通过集体研讨的方式来找到必备举措，在集体研讨的过程中，可借用"战略地图"这个工具。借用战略地图一方面可以让企业建立更加平衡的管理系统，能够关注到相对全面的关键战略；另一方面可以让高层统一思路，站在公司的高度明确每个必备举措的深层意义。

通过中高层的集体研讨可得到企业的战略地图，最终形成企业内部统一的语言。好的战略地图能够让企业所有的资源更有效率地指向想要的结果，反之则会把路带偏。

某公司战略地图示例如图 3-4 所示。

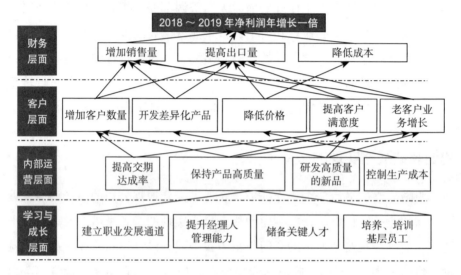

图 3-4　某公司战略地图示例

战略地图制定出来以后，企业家基本能以此为基础来找到必备的举措，然后通过清晰详细的描述来实现公司层面的共识。注意，描述"必备举措"一定要锁定指标和目标，并且指标和目标一定要明确责任高管，否则再好的战略地图也会被架空。只有高管直接作为责任"主帅"才能最大程度地调动企业资源，并强力推动目标执行，保证必备举措的落地，进而驱动战略实现。

找到"必备举措"的具体描述示例如表 3-2 所示。

表 3-2　找到"必备举措"的具体描述示例

2018 年必须完成的目标之一：建设干部梯队，提升组织能力	
主帅：CHO	
是什么	不是什么
1. 是围绕干部开展工作（核心管理层和中层） 2. 是以人为核心，兼顾事 3. 是公司级，需要齐心协力 4. 是支持未来 5 年做到 20 亿元的制胜点	1. 不是围绕基层员工，不是围绕专业岗位，也不是围绕事 2. 不是只考虑人 3. 不是部门级，各自为政

（续）

成功时的样子	如何衡量
1. 在第一季度招聘我们想要的干部（合计20人） 2. 空降兵留下来并创造价值 3. 干部能够胜任岗位的要求 4. 干部具备规划事的能力 5. 干部能够把事做好	1. 干部招聘达成率：100% 2. 空降兵留存率：70% 3. 干部胜任比例：80% 4. 必须打赢的仗打赢的场数：4
必备举措	阻碍因素
1. 重要岗位人员到位 2. 干部管理体系建立 3. 领导力培训与评估	1. 公司高管还未把这件事当成自己的责任 2. 公司上下对专业和职业经理人缺乏尊重 3. 嫁接和整合外部资源的经验与能力比较弱 4. 对职业经理人留用缺乏全面的思考和支撑体系

通过上述四部分内容的分析阐述，一个公司未来的战略设想和战略实现的路径就基本描述清楚了。但事实上，战略是对未来的判断预测，它天然存在一定的不合理，讲究绝对的精准并没有太大意义，企业家和管理者需要认识到"认同的准确比绝对的精确更重要"。正如原通用电气中国副总裁许正所说，"战略的制定过程看起来是理性的、技术的，但实际上，它是感性的，是一个让大家达成共识、凝神聚气的过程。"

战略工作最核心的内容，不在于制定多么精确的战略，而是让公司全员达成共识，因为只有共识才能认同，只有认同才能执行。而对执行者而言，达成共识并明晰自己为实现战略需要做什么，这比埋头做事更具有意义。因此，明晰战略是人才盘点中的必备要素，也是企业不可或缺的关键管理动作。

厘清组织，指导人才盘点开展

管理大师钱德勒曾说，战略决定组织，组织跟随战略。当战略明晰以后，接下来的工作就是厘清组织。厘清组织一方面可以更好地服务于战略，另一方面也能指导人才盘点工作的开展。具体来说，厘清组织环节的主要目的为：

（1）基于公司战略和近期目标实现的要求，分析组织层面应具备和发挥什么样的关键职责与能力。

（2）基于战略和关键能力的要求，分析当前组织架构、部门、关键职责、关键岗位设置等方面存在的问题，明确组织架构和岗位设置调整的方向。

（3）基于新的组织架构和职能要求，明确对人才的需求，为后续开展人才盘点做好铺垫。

组织关键能力分析

必备举措一般是战略实现的关键成功因素的获取、关键差距的补足、关键能力的建设和关键资源的掌握等，因此从"必备举措"出发，寻找组织需要具备什么样的关键能力是驱动战略实现的重点。这些关键能力有可能是企业已经具备的核心竞争力，未来需要继续保持甚至强化，也可能是企业尚未具备的核心能力，需要在未来予以补足。

以上文誉美公司的案例来说明，根据其战略转型的需要，誉美着手突破的三大引擎（即必备举措）是市场布局、开拓应用场景和设计创新。由此誉美需要构筑的关键能力应该有以下六条，其中前四条是应对未来转型时，誉美要去修炼突破的，而最后两条则是誉美现在已有，但需要继续保持和优化的。

（1）新市场的开拓能力。

（2）新品设计能力和项目管理能力。

（3）内部质量与成本控制能力、供应链管理能力。

（4）匹配未来扩张的高管领导力。

（5）现有市场和客户的维护能力。

（6）对客户的快速响应和服务能力。

我们曾经服务过的一家传统零售客户，他们基于新零售热潮的兴起，志在实现传统业务的转型升级，再创辉煌。在调研过程中我们发现，企业高管对于新零售商业模式和线上运营的理解非常有限，他们简单地认为新零售就是一些形式上的变化，比如把门店重新装修一下，连个 Wi-Fi、安个显示器、线上开个网店等。高管们缺乏线上线下融合的概念，不熟悉如何借助智慧门店、智慧导购、云库存、大数据等技术进行门店的获客、组货、配货、服务。且他们现有的团队中，也没有这样的部门和岗位的设置，可以说在新零售领域，他们完全是"零基础"。

他们的优势在于传统的线下门店和渠道分布、一定的品牌能力和会员数量，但在互联网思维、线上运营、信息系统建设、大数据运用等方面都非常欠缺，而这些欠缺的关键能力是未来新零售转型的重中之重。因此，德锐咨询当时给出的建议是，虽然在现行的经济环境下，战略转型是必然道路，但当下的重点是构建其需要的组织能力，否则强行转型只能是"劳民伤财"。

这两个案例映射出战略转型的关键在于现有的组织能力能否支撑其战略的转型，如果不具备相应的组织能力或难以培养这样的组织能力，那么战略转型这条道路是行不通的，这对组织能力的发展和培育也提出了要求。关键能力的分析就像是一座桥，它将驱动战略实现的必备举措与组织之间进行了很好的嫁接（见表3-3），自然地将战略要求转化为后续组织架构调整和组织能力建设方面的诉求，从而指导人才盘点工作的开展。反之，了解企业是否具备这种能力也会对战略的布局和实施策略提供依据，这也是人才盘点的重要工作成果之一。

表 3-3　战略对组织要求的推导逻辑示例

必备举措	关键能力	组织要素诉求
市场布局	·强大的市场开拓能力 ·良好的品牌形象 ·强大且创新性的营销	·高效的销售网络及销售队伍 ·市场宣传人才
开拓应用场景	·较强的产品设计能力 ·较强的商务洽谈能力	·具有创新性的设计人才 ·具有商务谈判能力的人才
设计创新	·较强的产品设计能力	·具有创新性的设计人才

组织架构诊断

企业应针对未来发展战略和关键能力的要求，对现有组织架构进行诊断分析，明确未来架构调整的方向。虽然组织架构的诊断有多个参考维度，但总体来说，可按照纵向和横向两条线进行。

（1）纵向分析。纵向分析主要是考虑组织的管理层级和集分权状况。所谓管理层级即组织层次，是指组织最高一级到最低一级的管理层次是多少，这决定了信息传递路径的长短。它通常与管理幅度紧密相关，管理幅度是指一名管理人员领导的下属人数，管理幅度大，则管理层次少，反之亦然。从管理层级的类型来看，主要分为金字塔结构和扁平结构，两者没有绝对的优劣之分，视企业的具体情况而定。但关于层级的设置不能走两个极端，当公司出现了信息传递低效和职责不清等问题时，就在向管理者传递组织架构需要调整的信号了。

管理层级分类如表 3-4 所示。

表 3-4　管理层级分类

	金字塔结构	扁平结构
优点	• 主管人员管理幅度小，时间充裕 • 管理集体规模小，易于协调一致 • 各级主管职务较多，晋升机会较多	• 信息传递速度快，失真少 • 管理费用省 • 高层领导了解基层 • 下级有更大的职权，有利于培养干部
缺点	• 管理人员较多，管理费用多 • 信息传达速度慢，易失真 • 计划和控制工作较复杂 • 高层不了解基层现状，易出现官僚化	• 领导管理幅度大，精力分散 • 需配备副职时，易出现职责不清 • 管理集体规模大，协调较困难
适用环境	成熟期公司，传统行业大型公司和集团	初创期公司，技术发展变化较快的行业

集分权分配是指组织自上而下的决策权是集中还是非集中控制的（即如何集权与分权），各层级的权力如何设置和分配。集分权的设计与管理层级一样共同决定了组织决策的效率。当今组织管理的趋势是组织架构更趋扁平化，同时企业将更多决策权下放给贴近客户和产品的一线部门，以提高企业应对市场变化的速度和能力，避免"情况"层层汇报、"指示"层层下达。

纵向上的组织架构诊断和调整都是为了让组织更加敏捷，避免出现组织的官僚化、决策效率低、对市场和客户的反应不及时等情况。如果组织架构不符合这些原则，就需要进行相应的调整，同时需要参考现有岗位上管理人员的数量和质量，这也是人才盘点工作重点关注的内容，因为管理人员的胜任与否影响着管理幅度和集分权的设置，管理人员是否充足也影响着部门数量的设置。

（2）**横向分析**。横向分析主要是考虑企业为完成经营活动，给客户提供价值，从而设计的各类生产、研发、销售、市场等职能，特别是根据战略目标的要求，强化对战略目标起最主要作用的职能。对职能界定不清晰、合作不顺畅的部门进行取消、合并和拆分，对新的业务布局进行部门或职能的补充。

另外需要关注，关键职能所对应的是关键部门的设置，虽然企业的每项职能都很重要，但关键职能在实现企业战略目标中起着举足轻重的作用，因此明确关键职能不容忽视。由于企业战略目标及实现路径的不同，关键职能也不同。关键职能的设计和调整需要思考以下三个问题：

（1）为了实现企业战略目标，什么职能必须得到充分的实施和出色的履行？

（2）什么职能履行不佳会使企业遭受严重损失，甚至危及企业生存？

（3）体现企业理念和使命的活动中，最有价值的是哪些？

横向上的组织架构设置是为了支撑企业战略目标的关键经营活动顺利实现，从而让组织各类职能，特别是关键职能，有清晰的界定和部门设置。在此基础上，部门职责清晰，人员配置合理，保证各部门之间能够高效协同。

无论是组织架构的纵向分析还是横向分析，若要检验调整的组织架构是否到位，其标准就是：这个组织架构能否更好地实现公司战略？

组织架构的诊断和调整需要紧密结合企业内外部环境、行业特征以及企业的发展战略，所以存在很多优化空间，这非常考验企业管理层的管理智慧。这里以腾讯为例，给大家介绍在腾讯不同的发展阶段，组织架构是如何根据战略业务发展及内部运营及时做出调整和改变的。

腾讯历史上的三次组织架构变迁

2005 年以前，职能式架构

腾讯创业期，采用的是传统的职能式架构，主要分为渠道、业务、研发和基础架构部门（见图 3-5），另设行政、人力资源、内部审计、信息等职能部门。职能式架构在当时的组织规模下简单易行：COO 管渠道和业务，CTO 管研发和基础架构，上面再由 CEO 统一协调。当时腾讯规模还比较小，只有一个核心产品 QQ，人心齐，管理简单，职能式架构可以发挥最优作用。

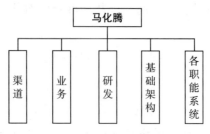

图 3-5　腾讯创业期组织架构

但随着腾讯发展壮大，业务多元化拓展，职能式架构出现了很大的问题。当公司只有一个核心业务时，CEO只需要关心一件事，把所有的业务部门抓住协调推进即可。但到了2005年，腾讯的多元化布局已经完成，旗下有无线业务、互联网增值业务、游戏和媒体等多种差异非常大的业务，此时CEO已经很难再进行良好协调。

2005 ~ 2012 年，事业部式架构

基于职能式架构造成的管理混乱，腾讯开始了第一次大规模的组织变革——BU（business unit，业务系统）化，也可称为事业部制。

腾讯第一次组织架构调整，如图3-6所示。

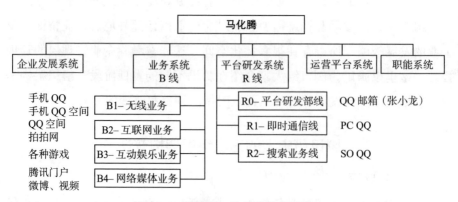

图 3-6　腾讯第一次组织架构调整

这一时期，腾讯的组织架构分为企业发展系统、运营平台系统、职能系统，以及业务系统B线和平台研发系统R线。B线和R线下设不同的业务单元，业务发展较为独立。在这样的架构下，腾讯形成了双重分工系统:横向是业务分工,纵向则是决策分工。从横向看,业务系统可以看作是生产线,主要承担一线营收,其他系统为其提供支持和指引。纵向来看,组织层级又分为"系统—部—组"三层体系,组织扁平化,提高了决策效率,每个业务单元可以快速响应环境变化。

但仔细看 B 线和 R 线下属的业务单元,我们会发现手机 QQ 和 PC QQ、手机 QQ 空间和 PC QQ 空间等都不在同一个业务单元。彼时手机 QQ 和 PC QQ 之间还没有形成良好的互相关联,甚至可以说是两个较为独立的平台。在腾讯游戏没有带来大量收入以前,手机 QQ 是重要的创收部门,移动端的手机 QQ、手机 QQ 空间、手机 QQ 音乐等都是从 B1 开始着手开发的。但当时,无线端并不是腾讯的重点,其主要精力放在 PC 互联网产品上。

但在 2011 年左右,移动互联网浪潮兴起,手机 QQ 的定位不再只是与运营商合作,提供营收,更重要的是优化产品,抓住风口拓展市场。此时,腾讯的主要精力都转到了移动端平台的开发与优化上。但在重点转移的过程中,组织的内耗非常严重,公司内各部门开始出现各种各样的 PK,需要共同推进的事项配合也不顺利。

比如 B1 的手机 QQ 部门去和 R1 的 PC QQ 部门沟通需求时,发现不同部门的 KPI 不一致,两个 QQ 的消息后台不一样,无论是需求推进还是实际开发,都遇到了非常大的阻力。这就需要高层不断协调,每天都在开会,开会都是在协调而不是谈业务,实际上最后的用户体验没有人负责。不合理的业务单元划分严重拖慢了进度,导致功能无法快速上线给用户使用,无法适应移动互联网时代的竞争。

2012 ~ 2017 年,事业群式架构

为了适应移动互联网时代的竞争,便于公司相关业务协调,减少部门间相互扯皮和恶性竞争的情况,腾讯做出了第二次组织架构调整,以便于更好地应对用户的新需求,以及新技术、新业务模式层出不穷的挑战。

腾讯从原来以产品为导向的业务单元式升级为事业群制,把业务重新划分为企业发展事业群(CDG)、互动娱乐事业群(IEG)、移动互联网事业群(MIG)、网络媒体事业群(OMG)、社交网络事业群(SNG),整合原有的

研发和运营平台，成立新的技术工程事业群（TEG），后续又将微信独立，单独成立了微信事业群（WXG）。具体如图 3-7 所示。

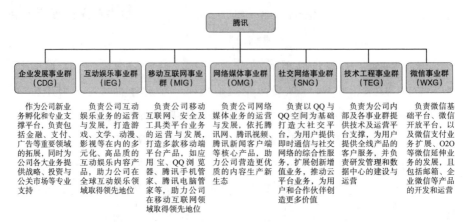

图 3-7 腾讯第二次组织架构调整

总体看来，这次的组织架构调整是将同一产品的手机端和 PC 端整合，把原来的无线业务，从 B1 分离出来，和 PC 上的对等业务合并在一个部门（例如，PC QQ 与手机 QQ 合并，PC 空间和手机空间合并）。两拨人变成一家人，背负同样的业务指标，不再是相互竞争的关系，连座位都搬在一起，便于同一体系内协调资源，快速推动产品上线。另外，将 BU 全面升级为事业群也是分权的过程，事业群的负责人将拥有更多的话语权，以后会很少出现产品问题也要汇报给马化腾才能继续推动的情况。事业群也会有更多的自主空间，可以灵活响应，适应外部快速变化的环境。

马化腾在给员工的信里，对第二次架构调整做出了说明："这次调整的基本出发点是按照各个业务的属性，形成一系列更专注的事业群，减少不必要的重叠，在事业群内能充分发挥'小公司'的精神，深刻理解并快速响应用户需求，打造优秀的产品和用户平台，并为同事们提供更好的成长机会；同时，各事业群之间可以共享基础服务平台以及创造对用户有价值的整合服务，力求在'一个腾讯'的大平台上充分发挥整合优势。"

2018 年至今，事业群式架构

2018 年 9 月 30 日，腾讯迎来第三次组织变革。此次组织架构调整，腾讯在原有七大事业群（BG）的基础上进行重组整合，新成立云与智慧产业事业群（CSIG）、平台与内容事业群（PCG），保留了原有的企业发展事业群（CDG）、互动娱乐事业群（IEG）、技术工程事业群（TEG）、微信事业群（WXG），实现了由原有的七大事业群向新的六大事业群的调整。具体如图 3-8 所示。

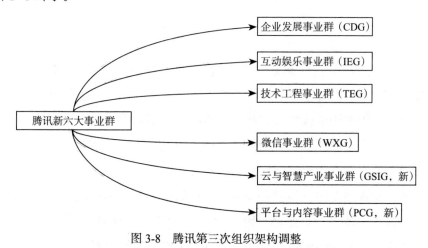

图 3-8　腾讯第三次组织架构调整

马化腾评价此次组织架构主动革新是腾讯迈向下一个 20 年的新起点："它是一次非常重要的战略升级。互联网的下半场属于产业互联网，上半场通过连接为用户提供优质服务，下半场我们将在此基础上，助力产业与消费者形成更具开放性的新型连接生态。"

为了拥抱产业互联网时代，腾讯撤销三大事业群，新成立两个事业群，组建腾讯技术委员会，升级广告营销服务线，持续投资未来前沿基础科学，加大对 AI、机器人、量子实验室等的投入，这是此次腾讯公司调整组织架构的重点内容。原来腾讯的组织架构主要是面对 C 端消费者的，在云时代面对行业客户时，腾讯遇到了很多组织墙、数据墙的障碍。为了解决内部数据打通的问题，这次组织调整后腾讯便成立了技术委员会，实现内部分布式开源协同，加强基础研发，打造具有腾讯特色的技术中台。同时成立云与智慧产业事业群，整合腾讯云、互联网 +、智慧零售、教育等行业解决方案，也是为了增强腾讯 2B 的能力。

总体来看，腾讯 2005 年将职能式架构升级为 BU 事业部式，使腾讯由一家初创公司转向规模化的生态协同，业务从单一的社交产品丰富成一站式的生活平台。2012 年的 BU 事业部制变为 BG 事业群制，确保了腾讯从 PC 端互联网向移动互联网升级。2018 年的第三次战略升级，则是腾讯由消费互联网向产业互联网的进化。每一次调整，都是腾讯源于组织内外环境以及业务发展战略的主动改变，且根据内部运行效率上出现的问题做出了精准反应与调整，这也是腾讯持续发展和前进的原因之一。

在进行组织架构的调整和优化时，德锐咨询有以下几点建议供大家参考：

（1）组织架构的诊断和调整一定要抓住主要矛盾。

（2）没有最好的组织架构，只有合适的组织架构。

（3）没有静态的组织架构，只有动态的组织架构。

组织架构调整时，需要审视有没有合适的人去承担相应的职责，这也是为什么越来越多的企业会"因人设岗"。帮助识别和判断是否有合适的人来匹配组织架构的调整，也是人才盘点工作的重要内容。

关键岗位设置

基于部门设置和职责的确定，需要设置相应的岗位来承接相应的职责内容，才会让设置架构的初衷得以实现。这其中最重要的是关键岗位的设置，关键岗位是否清晰明确，决定着企业的关键职能和关键业务能否实现。关键岗位顾名思义是对企业未来战略实现起到关键推动作用的岗位。我们一般从企业内外两个层面明确和清晰哪些是企业的关键岗位。

从企业内部讲，就是该岗位与战略实现相关程度或紧密程度如何，相关度越高则岗位越重要，同时该岗位的绩效会因为人的不同而对组织绩效产生不同的影响。

从企业外部讲，就是外部人才的稀缺性，即能胜任该岗位职责的人才比较少，也很难获得，内部培养和复制周期较长，一旦出现人才流失，难以在短时间内替代。

关键岗位的确定取决于企业的战略选择而非职级，只要其符合上述特征，关键岗位可能存在于组织的任何一个层级，通常关键岗位的数量少于企业总岗位的 15%。

关键岗位特征如图 3-9 所示。

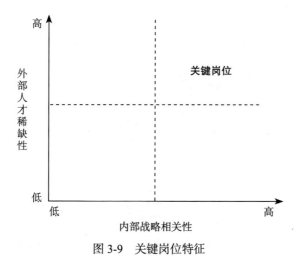

图 3-9　关键岗位特征

在进行关键岗位设置时，识别关键岗位最重要的还是要明晰组织未来的发展战略，基于战略的分析，罗列与组织关键能力高度相关的岗位清单。以"誉美公司"的案例举例说明（见图 3-10），高管在组织中进行未来战略分析和研讨的基础上，梳理必备举措和所需关键能力后，逐步明确了影响其未来战略实现的关键岗位，如营销管理人才、产品设计人才和生产管理人才。与此同时也看到目前销售、设计、生产管理等关键岗位无论在数量还是质量上都严重不足，"1"类和"2+"类的人员占比不足 5%，同时管理人员在团队管理和培养他人方面素质能力偏低。试想这样的队伍怎能快速帮助誉美实现转型？而这些岗位正是人才盘点工作中关注的重点。

不难发现，战略明晰可以为人才盘点指明方向，厘清组织可以指导人才盘点工作的开展，战略和组织的分析也为公司整体的人才需求规划奠定了基础。同时，人才盘点的结果也会影响战略实施、组织架构的设置和人员的分工，因此战略明晰和厘清组织的工作必须先行，这样才能确保人才盘点工作的方向不会出现偏差，也才能更好地支撑战略的实现。

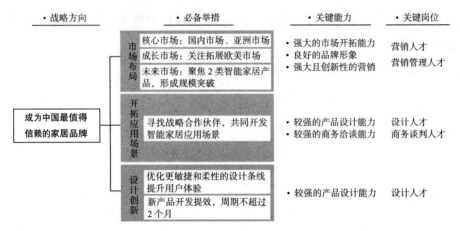

图 3-10　基于战略推导关键岗位

■ 关键发现

- 战略作为人才盘点工作启动的输入项，指引着人才盘点工作开展的方向，同时，人才盘点的结果也对战略布局有一定的参考意义。

- 明晰战略包含的四要素为：洞察内外部环境；回到本源，明确目标；阐释业务设计逻辑；找到驱动战略实现的必备举措。

- 基于内外部环境的市场洞察一般可以从三个层面来分析考量：宏观分析、中观分析和微观分析。

- 企业家需要从公司的终极目标出发，回到本源，明确目标，思考和确定企业的远期目标、近期目标和当年目标。

- 明晰业务设计逻辑，需要回答以下六个问题：客户需求、业务选择、竞争策略、生态关系、风险防范和成本结构。

- 对战略实现必备举措的"充分的共识"比"绝对的精准"更为重要。

- 关键能力就像是一座桥，它将驱动战略实现的必备举措与组织之间进行了很好的嫁接，自然地将战略要求转化为后续组织架构调整和组织能力建设方面的诉求，也指导了人才盘点工作的开展。

- 组织架构的诊断有多个参考维度，可按照纵向和横向两条线：纵向主要考虑组织架构的管理层级和集分权状况；横向主要考虑部门和关键核心职能的界定。

- 关键岗位设置是否完整，决定着关键职能及关键业务能否实现。

人才需求规划

即使人们有世界上最好的策略，
但是如果没有合适的人去发展、实现它，
这些策略恐怕也只能"光开花，不结果"。
　　　　　　　　　——杰克·韦尔奇

随着未来战略及业务发展目标的确定，企业发展的必备举措和关键人才要求逐渐明确下来。而必备举措所引发的未来组织架构的调整、部门职责及岗位匹配则确定了未来企业的人才数量、人才质量需求。这种基于企业未来战略和组织需要来确定人才需求的过程，就是人才需求规划。人才需求规划环节在整个人才盘点体系中意义重大，对上承接战略和组织需要，对下明确人才配置的标准和要求，提出人才数量和人才质量盘点的实施重点。

人才需求规划中，人才质量规划是指基于战略和组织发展的要求，明确企业全员需要具备什么样的素质能力，且根据企业的特点，必要时需明确在不同层级、不同职类的关键岗位的素质能力要求。具体素质能力提炼的过程及人才质量结构的要求将在本书的第 6 章进行详细阐述，本章不做细节说明。

人才的数量规划明确了未来组织需要多少具备上述素质能力的人，包括各职类、职级的人员数量以及人力成本总额。当然，人才数量规划也会受现有人员质量的影响，这里进行人才数量规划的前提是，在规划范围内的人员都符合企业要求的岗位质量标准。

从直观上理解，人才需求规划首先是人才数量的规划，被当作企业调控人员配置、控制成本、达成人效目标的一项重要手段。但目前大多数企业的人才数量规划更多的是宏观数据分析，没有建立人才规划的流程，也缺乏科学的人才规划工具和方法。也正是因为企业缺乏对人才需求的科学评估，导致后续的人才配置和人力资源各项工作均以主观判断方式进行，欠缺计划性和预见性，造成人力资源工作比较随意，常常出现应急情况举措，不仅浪费了大量无效的管理成本，而且对战略和业务的支撑度也不够，最终使人力资源的价值大打折扣。因此，这里率先介绍人才数量规划的具体方法。

活用人才数量规划方法

人才数量规划的方法种类很多，从定性与定量的角度看，主要有以下几种（见图4-1）。越靠近图的左边，在未来人才数量的确定上越偏定性分析；越往图的右边，使用的方法越偏定量计算分析。它们在使用上没有绝对的区隔，甚至在实际人才数量规划的操作中经常会组合起来使用，起到相互印证、相互补充的效用。

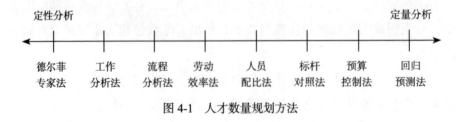

图4-1　人才数量规划方法

这里详细介绍使用频率较高的五种人才数量规划方法。

劳动效率法

劳动效率法是根据员工的工作量、工作时间和工作效率等因素来计算岗位人数的方法。该计算方法的假设前提是业绩结果的多少完全取决于相关人员的工作时间或工作量，忽略产品、市场、内部支持系统等对业绩和效率的影响。在此基础上，企业根据员工的历史工作效率数据，结合公司未来的目标产出来测算未来的人员数量需求，故该方法适用于发展稳定、内部管理经营方式变化不大的企业。

比如在表 4-1 中，根据过去三年公司销售额和人员总数的信息，我们可以看到公司的人均销售额整体变化不大，都在 125 万元左右。所以假设 2020 年公司人均销售额仍变化不大（取过去三年的平均值），那根据 2020 年的销售额目标，即可得出 2020 年公司的总需求人数预测。也就是说，若 2020 年的销售额目标为 38 500 万元，人均销售额为 125.7 万元，那么 2020 年总需求人数预测为 306 人。

表 4-1　人才数量规划——劳动效率法示例

项目	2017 年	2018 年	2019 年	2020 年目标
销售额（万元）	14 919.8	21 235.3	29 000.0	38 500.0
总人数（人）	118	175	224	306
人均销售额（万元）	126.4	121.3	129.5	125.8

回归预测法

回归预测法同样是根据企业的历史数据和未来战略目标，来确定企业未来一定时期内人员需求数量的方法。与劳动效率法不同的是，回归预测法是以过往的销售收入或利润等历史业务数据为基础，通过这些数据与历史员工数量建立回归方程，然后代入未来的经营目标拟合计算，得出未来的人员需求数量。

不难发现，回归预测法相比较劳动效率法，预测更为准确，特别是在企业的历史数据并非线性增长的情况下。回归预测法依赖可靠的历史数据和准确的未来市场预测，且不考虑市场或技术突变的特殊情况，借用统计学的方法建立拟合程度较高的回归分析方程，所以该方法适用于发展趋势连续性较强的企业。

某企业过去八年的"销售额"及"每亿元销售额所需人数"数据如表 4-2 所示，通过对这些数据进行回归分析，大致可以得出"每亿元销售额所需人数"与"销售额"之间的回归方程为：$Y=7873.82X^{-0.491}$（$R^2=0.99$）。假设未来三年企业销售额以 20% 的速度增长，则可以计算得出未来三年企业的"每亿元销售额所需人数"，进而可以计算出企业未来某年所需的员工数量。具体如图 4-2 所示。

表 4-2　人才需求规划——回归预测法示例

项目	2011 年	2012 年	2013 年	2014 年	2015 年	2016 年	2017 年	2018 年
销售额（亿元）	209.35	267.05	354.69	449.58	508.13	684.45	866.8	1127.95
每亿元销售额所需人数（人）	567	517	453	379	366	305	282	259

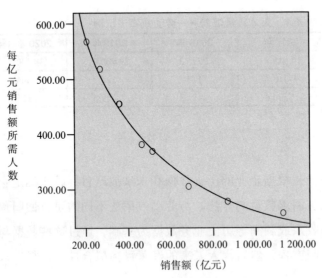

图 4-2　人才数量回归分析

预算控制法

　　预算控制法是指通过年初制定的人工成本预算来进行年度的人员数量控制，这是很多跨国企业常用的人员数量规划方法。企业制定年度人力成本预算，将企业的总预算分解到各部门，在获得批准的预算范围内，各部门自行决定各岗位的具体人数，由部门负责人对部门业务目标和岗位人数负责。由于可分配的资源是有限的，因此这种情况下，企业会用预算严格控制各部门人数的编制。该方法适用于内部有精细的全面预算管理体系且精于成本管控的企业。

比如，根据经营计划，某公司的年度目标利润为 3 亿元，而通过公司的历史数据得出以往人工成本的投入产出比为 8（人力资源投入产出比 = 目标利润 / 人工成本预算），由此可计算出公司当年人工成本预算为 3750 万元（见表 4-3）。根据对员工平均工资设定的指导意见（如人均工资相比上一年增长 5%），可以测算出公司当年人员数量的上下区间。同时，可根据相对固定人员的薪酬总额与预算的差额，更加精确地计算出当年度需要进出的人数。

表 4-3 人才数量规划——预算控制法示例

目标利润（A）（亿元）	人力资源投入产出比（B）	人工成本预算（C=A/B）（万元）	平均年薪（D）（万元）	员工总人数（E=C/D）（人）
3	8	3750	24～26	144～156

人员配比法

人员配比法是指企业根据员工总数和各职类员工的相对比例来确定各职类的员工数量的方法。通常情况下，在同一行业的各企业中，由于专业分工和协作的要求，可能存在某一类人员和另一类人员的数量比例关系在一定时间内需保持相对稳定的状态，或者某些类员工的人数会随着其他类别员工人数的变化而变化，可以通过确定某一类别员工的数量，进而确定关联类别的员工数量。这一方法比较适合企业内部各种辅助、支持类岗位的员工数量规划，如人力资源类、财务类、行政管理类人员等。这也就是为什么经常会看到，很多人力资源工作者会根据人力资源配置率这个指标来判断人力资源部的员工数量。

通过分析过去三年的人力资源配置率，参照同行业的配置率标准，企业可以确定当年的人力资源配置率目标（见表 4-4）。一旦总人数确定，人力资源部人员的需求数量即可确定。不同类别岗位的配置率通常会参考行业公认的标准，但当行业标准不清晰时，可与自己过去的配置率对比，或参考竞争对手的配置率，从而确定企业合理的配置率。

表 4-4　人才数量规划——人员配比法示例

项目	2017 年	2018 年	2019 年	行业标准	2020 年
人力资源配置率	149	160	155	140	150

注：人力资源配置率 = 企业员工总人数 / 人力资源员工人数。

标杆对照法

标杆对照法是指根据行业内的最佳实践和标杆企业的员工人数、职类结构、人效数据，结合企业自身的特性、作业流程、效率和业务量的整体考虑，最终确定一个逐步向标杆看齐和靠拢的管理目标，并由此展开人员的数量规划。

该方法需要获取标杆企业的经营数据和人员配置数据，包括销售额、人工成本、效率、人才现状和人员构成。但由于数据的保密性，不是所有企业都能获得这样的数据，同时由于各企业的差异较大，没有各要素都完全一致的企业，所以该方法通常只能作为人才数量规划的参考，不能作为决定性的操作方法。

以表 4-1 为例，公司过去三年人均销售额都在 125 万元左右，通过对多个优秀同行标杆企业的研究发现，它们的人均销售额已经超过 200 万元。公司高层决定向标杆企业学习看齐，计划未来三年通过内部管理变革和效率提升逐步达到人均销售额 200 万元的目标，并且保持每年 15.5% 的销售额增幅，故未来三年人均销售额管理目标分别为 150 万元、173 万元和 200 万元。然后根据公司未来三年的销售额，推算出公司的总人数分别为 257 人、264 人和 283 人（见表 4-5）。

从以上几种数量规划的方法介绍中可以知道，不同的数量规划方法，依赖不同的管理要求和假设条件，因此最终得到的人才需求数量可能会有比较大的差异，各企业需根据实际情况灵活选择合适的人才数量规划方法。

表 4-5　人才数量规划——标杆对照法示例

项目	2017 年	2018 年	2019 年	2020 年	2021 年	2022 年
销售额（万元）	14 919.8	21 235.3	29 000.0	38 500.0	45 700.0	56 500.0
总人数（人）	118	175	224	257	264	283
人均销售额（万元）	126.4	121.3	129.5	150.0	173.1	199.6

人才数量规划你学得会

不少企业认为人才数量规划中间的变量太多，不知如何下手，事实上人才数量规划在具体的操作过程中有相应的步骤和逻辑可参考。德锐咨询基于诸多人才盘点项目的实践，结合标杆企业的操作经验，总结出以下关键操作环节，帮助大家学习人才数量规划（见图4-3）。

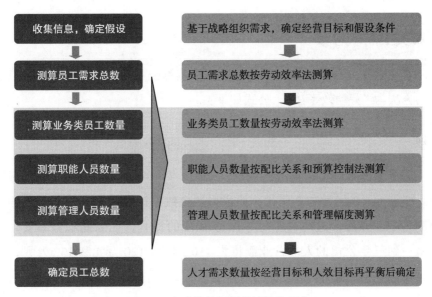

图4-3　人才数量规划关键操作环节

收集信息，确定假设

人才数量规划是一种在管理判断的基础上，对人员数量的数字计算。要想使人才规划精准度高并指导企业未来的人力资源工作实践，首先要做的是收集与员工数量有关的业务（比如营业额、利润等）、人效（比如人均净利润、单位人工成本产出效率等）的历史数据。在此基础上按照第3章所说的方式对未来一至三年的业务发展进行业务数据、人效数据的管理预测和条件假设。

可以简单理解为：如去年公司完成销售额2亿元，经过外部市场和内部能力评估，公司经营层判断未来三年公司的销售额可以达到6亿元，假设未来三年公司保持匀速增长，则公司每年的销售额增长率为 44.2%。这部分内容就是我们说的管理预测和条件假设。

这里需要知晓的是，基于员工需求数据的测算是需建立在公司业务模式、员工效率、员工能力甚至技术条件不会发生根本性变化的假设基础上的，如果上述假设条件不合理或不成立，可基于管理预测对上述假设条件进行一定的修正。

测算员工需求总数

基于未来业务目标和人效目标数据来测算公司员工需求总数，可以用到的方法为"劳动效率法"，公式如下：

$$员工总数 = \frac{业务目标}{人效目标}$$

简单举例来说，根据战略规划，未来一到三年公司的营业收入目标分别是 2 亿元、3 亿元和 5 亿元，而根据历史数据计算得出公司去年人均营业额为 100 万元，过往三年每年保持 10% 的提升，如果此趋势不变，那未来一到三年公司的人均营业额将为 110 万元、120 万元和 132 万元，据此可以推算得出未来一到三年公司的员工总数将分别为 182 人、250 人和 379 人。

无论是业务目标还是人效目标，可以根据各个企业的预算控制点或人效监控指标灵活进行调整，比如也可以用人均净利润、人工成本总额和人均年薪等。不管用什么指标，此处计算出的员工需求总数为概数，仍需结合后续人才数量规划方法计算得出的数据进行相互印证。

测算业务类员工数量

所谓业务类员工是指直接负责业绩目标完成的员工，比如说销售、生产类员工等。由于在外在条件不变的情况下，这类员工业绩产出在一定时期内相对稳定，所以企业可以根据业务人员历史的工作量和工作效率，结合其未来需完成的直接业绩目标，通过"劳动效率法"进行未来业务类员工数量需求的测算。

销售类员工预测相对简单，例如销售类人员人均销售合同额为 500 万元，在产品和销售模式没有大变的情况下，明年公司要完成 10 亿元的目标营业额，则大约需要 200 个销售员，若对销售人员的人效提升有要求，再做相应的修正。

生产类员工则可通过人均产值（用人均产值是考虑剔除外部市场波动对员工业绩的影响）来进行类似的估算，得出大致的员工需求总数。不过，很多制造型企业由于生产类员工作业岗位的差异较大，在使用劳动效率法时需结合岗位特点来测算生产类员工数量需求，比如手工作业类可直接使用劳动效率法，而机器作业类则需结合机器开工时间、机器看管定额（即每个生产类员工负责看管机器的台数）乃至排班情况来进行预估。

测算职能人员数量

所谓职能人员一般是指公司的行政、人力资源、财务、审计等后台服务人员。业务人员数量确定之后，通常会用"人员配比法"按照前后台人员数量的配比关系进行职能人员的数量规划（具体操作参看上文介绍）。另外，技术研发类人员虽不属职能人员，但往往也用此法进行数量规划。不同序列人员配比关系可根据公司历史数据、外部市场数据和公司人效管理要求来进行综合确定。

值得注意的是，在测算职能人员数量需求时，很多时候也会结合"预算控制法"来进行综合预测。很多标杆企业每年会对后台职能人员的占比和人工成本预算进行刚性控制，如华为通过"工资包"的形式控制行政管理人员数量和组织规模。虽然职能人员不直接创造价值，但后台人员数量多或人工成本占比逐年增高可能是组织臃肿、组织效率低下的信号。基于此，他们会通过严格控制甚至有计划地减少和压缩后台职能人员的人工成本总额来倒逼各部门控制和减少后台职能人员的数量，具体计算可参考以下公式：

$$职能人员数量 = \frac{职能部门人工成本总额}{职能部门人均年薪}$$

测算管理人员数量

待业务类和职能类员工需求数量确定后，同样也采用"人员配比法"对业务类员工中的管理人员数量和职能类员工中的管理人员数量分别进行估算。其人员配比关系同样要依据公司历史数据、外部市场数据和公司人效管理要求来进行综合确定。同时，管理人员的数量也会综合考虑管理者的管理幅度来确定，而管理幅度一般会与管理者的管理能力、被管理岗位工作量的大小和复杂程度等因素有关。通常情况下，企业在设定管理幅度时可参考一些经验值，如管理学一般认为一个管理者正常的管理幅度是 7 ~ 13 人，如果管理人员能力强，下属岗位复杂度不高且差异性不大，其管理幅度可以更大。而对于基层岗位，其管理幅度一般可以超过 20 人，但必须结合企业的管理者能力现状进行设定。

确定员工总数

上述业务类、职能类员工和管理人员数量的测算是通过从局部到整体的方式进行的，基于此可获得员工需求总数的数据，其可能与采用劳动效率法测算的人员需求总数比较接近，也可能差异较大。如果结果差异特别大，可以使用加权平均的方法来确定员工需求总数，具体权重的设置需要结合经验进行综合判断。

待员工需求总数及各类别人才数量确定后，在人才盘点过程中人力资源部再结合公司的人效管理要求和假设，与各个部门负责人确定部门内部的人才配置数量，包括各职级、各岗位的人才数量，并最终形成整个公司和各部门、各岗位完整的人才配置表，但对于特殊岗位的人才需要做特殊的考虑。

人才数量规划的平衡和调整

不过，企业最终员工需求总数及各职级、各职类、各部门员工需求数量的确定需要管理者服从达成公司整体战略目标的要求，更要服从公司人效提升大局，实施从上到下、从下到上的再平衡，进而确定最终结果。若发现人才数量、人力资本投入、人效指标和预算管理存在明显差距或不合理之处，需要与公司财务部、各业务部门、人力资源部门及公司最高领导紧密沟通，通过调整管理判断、假设条件、人力成本资源再分配等手段，最终使人才数量规划既能支撑公司未来战略目标的实现，又能契合人效持续提升的管理要求，这也为人才盘点后续的人力资源行动计划提出了明确的方向。

所以我们常说，人才数量规划首先是管理问题，其次才是数学问题。人才数量规划需要数字和计算，但绝不仅仅是数学计算，更多的是管理判断——紧密围绕战略目标的实现和人效的提升进行管理预测，提出管理要求。

在人才数量规划平衡的过程中，经常用来参照的指标主要有两类。

（1）人效分析：人均净利润、人均销售额、单位人工成本产出效率。

（2）结构分析：前后台人数配比、关键序列人数占比、职能人员薪酬占比、职能人员薪酬投入产出比、基/中/高层管理者结构、初/中/高级技术或业务人员结构（详见第5章）。

上述指标的控制目标值因行业不同、企业不同存在较大差异，需结合各企业的历史数据、行业数据、标杆企业的数据以及各公司战略和管理提升要求来量身制定，并不是越高越好，要保持持续的优化，以达到内部管理效率不断提升的目标。

下面我们通过一个简单的案例，对人才数量规划的具体操作环节做进一步的解释说明。

幸福公司人才数量规划

幸福公司（化名）是一家贸易型企业，现有员工175人，其中销售人员67人，后台职能人员108人。近年来业务发展迅速，创始人李勇董事长（化名）发现人才瓶颈已经成为公司未来发展的最大障碍，为此李董放弃了好几个前景非常好的项目。事实上，人力资源部每年也都在做相应的规划，但规划没有切合公司的业务发展要求，而且对于关键岗位（如需要快速拓展的业务岗位、培养团队的管理岗位）没有特别重视，仍按照经营"一刀切"的方式进行人才数量的规划，一直抓不住人才的痛点，导致关键人员储备不足，无法满足业务的发展需要。因此这几年公司一直处于紧急招聘状态，虽然花费了大量的招聘成本，但招聘的精准度不高，入职两年以内的员工流失率居高不下，为此李董头疼不已。

在了解现状的基础上，德锐咨询利用上述人才数量规划的关键环节对幸福公司进行了人才需求数量的测算。

2019年幸福公司完成的销售额是8亿元，从过去几年公司的人均销售额数据来看，一直保持每年10%的提升，2019年人均销售额为457万元，而竞争对手人均销售额为650万元。2020年制定的销售目标是11亿元。通过内部员工访谈调查发现，公司内部组织流程的优化、管理能力的提升可以更快速地提升幸福公司员工的劳动效率，所以我们给幸福公司2020年的人均销售额制定了550万元的目标，即幸福公司与竞争对手人均销售额的均值。

基于2020年公司的目标营业额和人均550万元的人效目标，用"劳动效率法"测算出幸福公司2020年的员工需求总数为200人。

作为一家商贸型公司，幸福公司人员结构非常简单，主要分为销售人员和职能支持人员两类。销售人员主要负责开拓客户、取得订单，职能支持人员主要负责采购、跟单、发货、后勤支持等职能。通过分析过去几年销售人员的人均合同额发现，销售人员的人效数据比较稳定，保持在1200万元左右，通过调研发现该人效水平与同行标杆企业的销售人员业绩水平相当。出于人效持续提升的要求，我们将2020年销售人员的人均销售额做了一个微幅提升，定在了1250万元。据此我们可以估算出2020年幸福公司销售人员的需求数量为88人。

我们进一步研究了幸福公司过去几年职能支持人员和销售人员的配比关系，平均为1.6：1，而市场上的同行企业职能支持人员和销售人员的配比关系为0.67：1。在与李董商定后，我们将幸福公司2020年的职能支持人员和销售人员的配比关系目标定为1.2：1。根据此人员配比关系，计算得出2020年幸福公司职能支持人员的需求数量为106人。

销售人员和职能支持人员数量确定后，根据销售人员中管理人员与非管理人员的比例，以及职能支持人员中管理人员与非管理人员的比例，分别确定两类人员中管理人员和非管理人员的数量（这里的管理人员是部门总监、经理）。表4-6中的人员配比关系数据同样来自对公司历史数据的分析和同行业数据的收集调研。我们基于2020年幸福公司人效管理的要求，结合历史数据和市场参照数据重新修正了2020年的人员配比目标值，根据新的人员配比目标我们可以分别计算出销售人员和职能支持人员中的管理和非管理人员数量。具体参见表4-6和表4-7。

表4-6　管理和非管理人员的配比关系

销售人员中管理与非管理人员比例		职能支持人员中管理与非管理人员比例	
历史数据	市场参照数据	历史数据	市场参照数据
1：4.2	1：7	1：5	1：8
2020年目标数据		2020年目标数据	
1：5		1：6	

表4-7　管理和非管理人员数量

销售人员	88人	管理人员	14人
		非管理人员	74人
职能支持人员	106人	管理人员	15人
		非管理人员	91人

至此我们用"人员配比法"得出了幸福公司2020年员工需求总数。可以发现，这个数值与一开始我们用"劳动效率法"得出的数据差异不大（200人 vs. 194人）。经过权衡，最终将幸福公司2020年的人才数量规划定在197人（取上述两个员工总数预测值的平均数，且更能满足公司人均销售额的管理要求），其中销售人员91人（其中管理人员15人），职能支持人员106（其中管理人员15人）。这样设计的原因主要是遵循关键岗位的人员"饱和配置"，由于销售人员的瓶颈更大，所以需要进行更多储备，而且他们能直接贡献经营业绩，增加他们更偏正向。

在上述员工数量规划的基础上，我们结合幸福公司和各部门的人力成本预算及薪酬水平，与各个部门负责人逐一沟通协商后，确定各个部门各职级岗位的人才配置数量，最终得出了2020年幸福公司某部门人才数量配置表（见表4-8）。

有了整个公司的人才数量规划表，结合目前内部人才数量、人才质量现状的盘点及人员的流失率等因素，可以进一步明确2020年幸福公司各岗位人才的净需求，进而能更有效地指导公司内部的招聘、培养、调配任用和激励等人力资源工作计划的实施。

表 4-8　部门人才数量配置表（示例）

部门A	部门A 薪酬预算与人员数量测算		
	薪酬预算（万元）	平均年薪（万元）	总人数（人）
	1 000	29 ~ 34	30 ~ 35
部门A 人员编制			
岗位职级	平均年薪（元）	人数（人）	年薪总额（元）
5	637 800	1	637 800
4	418 800	4	1 675 200
3	345 000	10	3 450 000
2	257 700	11	2 834 700
1	198 900	7	1 392 300
总计		33	9 990 000

　　从上文这个简单的案例，我们可以看到一家公司整体的人才需求规划进程，人才数量规划不仅考验一家公司精细化管理的能力，也考验着管理者对未来的管理判断和管理要求。这项工作应该得到重视，但对于人才需求规划不必追求过分的整体人数的精准、成本预算的严格控制等目标，对于影响业务发展的关键岗位则需要使用差异化的方法，确保关键岗位不会因为人才缺失或质量不佳而影响目标实现。

关键岗位饱和配置

　　在企业经营过程中，关键岗位代表的是工作流程中不可或缺的重要环节，对企业成败有举足轻重的影响。关键岗位的员工数量不足或能力不够，会对企业的关键业务流程产生严重的影响，导致企业无法有力地支撑战略目标的实现，也无法在市场上取得成功。北森 2016 年发布的报告《企业人才管理成熟度调查报告》显示，关键岗位人才供给不足、缺乏继任者是组织面临的最大人才挑战。德锐咨询在过往很多咨询项目中也发现，大部分企业均在面临关键岗位人才不足时才意识到人才储备的重要性。俗话说："不谋万世者，不足谋一时；不谋全局者，不足谋一域。"企业在做人才数量规划时，一定要重视关键岗位对战略实现的重大意义，关注关键岗位人才数量配置的分析规划，以便未雨绸缪，储备充足的人才，从而保障关键岗位的人才供给。

纽约州立大学管理学院人力资源教授和资深副院长布莱恩·贝克尔等人通过对通用电气、IBM、思科、霍尼韦尔等全球25家一流企业的研究和对300名来自全球大型企业的高管进行的调查发现：顶尖人才的数量比例在一流公司与二流公司间并没有太大差异，真正将一流公司与二流公司区分开来的不是人才数量，而是用人方法。

一流公司刻意地实行不平等主义，刻意不平均分配顶尖人才。也就是说，它们会将顶尖人才安排在那些对公司业绩产生重要影响的位置上。因此，一流公司中超过95%的重要职位都是由顶尖人才担当的。

二流公司则无意间实行了平等主义。这些公司会试图将其一流人才平均分配到各个职位中，每一个团队的顶尖人才数量相同，没有一个职位会被视为比其他职位更重要。

正是这样不同的用人方法决定了一流公司和二流公司显著的业绩差异。所以，贝克尔教授等人建议：A类人才（指明星员工）应集中分配在A级岗位（指关键岗位）上。

大家都熟知的华为和阿里每年都在坚持校招，进行大量的人员储备，因为对它们来说管培生是关键岗位群体，是为未来业务储备的人才；同时它们也会对研发技术类的岗位持续招聘，且将薪酬水平定位在95分位，目的就是抢占优秀人才，这些动作都和它们的战略定位高度契合，也正是因为它们对于这些岗位的持续投入，才让它们在技术领域具有竞争优势，成为行业的领军者。

在对关键岗位进行人才需求规划时，建议采用"饱和配置"，即在数量上满编甚至超编，在质量上必须都是明星级优秀员工。人才数量上的"饱和配置"主要指两方面：一是关键岗位的人才在岗率为100%，即所有关键岗位都有胜任的人在担任；二是关键岗位要推行AB角管理，即关键岗位要有明确的后备继任者，且建议有明确继任人选的岗位不低于50%，确保关键岗位有合理的人才继任梯队建设。这样的"饱和配置"降低了人才风险，确保企业战略的实现得到持续有效的支撑。

由于关键岗位的重要性和特殊性，对其人才需求规划一般也称为专项规划，即需要对每个关键岗位进行个案分析，而且往往会将人才需求分析、目前的人才供给和人才质量现状等进行统一综合分析，进而得出未来关键岗位人才数量需求。而对关键岗位需求预测同样可采用上文提到的人才数量规划的方法，但要遵循"饱和配置"的原则。

敏捷化人才数量规划

从人才数量规划的过程可以看出，其非常依赖管理判断和条件假设。当我们判断不准或条件假设不再成立时，就需要及时调整公司的人才数量规划。工业时代，外部环境变化慢，企业的发展轨迹一般呈线性增长，人才数量规划的结果可能在较长的一段时间内都有较强的指导意义。

当今的不确定时代，由于企业所处的环境及其各种条件变化越来越快，战略方向和商业模式的改变处在不断调整和修正的过程中，组织流程也会跟着调整和优化，故在某一时间段内制定的人才数量规划只可能在短期内有意义。一旦战略目标或商业模式发生变化，人才数量规划就需要进行再调整。所以，企业应该践行"敏捷化"的人才数量规划，及时根据外部环境和企业战略变化进行调整，而不是因循守旧，在既定的时间范围内死抱原有的架构和编制不做变革。

特别是对战略和业务目标的实现起到支撑作用的关键岗位和编制的设计，更是需要进行敏捷化的定义和调整，体现动态环境下组织对外部变化的敏感性和灵活性。

当然，人才需求规划的敏捷化在整个组织内部可以进行区分对待。比如为适应不确定时代的发展特点，"平台型"组织架构已经成了很多大型公司特别是互联网企业的标配，这种组织架构的突出特点就是小前台（主要是业务一线部门的集合）、强中台（主要是资源支持部门的集合）、大后台（主要是职能服务部门的集合）。

小前台的设置就是为了让一线业务部门对市场保持敏感度和灵活性，同时也让整个组织起到反脆弱性的功效。就平台型的组织而言，小前台的设置和需求规划应该保持高度的敏捷性，而中台和后台部门因为组织能力建设的兼容性和扩展性，其需求规划可以保持相对的稳定性，不需要高频调整，否则反而影响整个组织能力的输出，给组织带来不稳固的危害。

另外，需格外注意"技术"因素对企业发展的影响。现如今，尖端技术层出不穷，发展迅猛，就人才需求规划而言，人工智能、大数据、量子计算等技术日新月异的发展和成熟化应用将对企业的组织管理、信息传递、效率提升、能力要求等产生深远影响，进而也会对组织的人才需求规划产生巨大的影响，比如智能机器人正在消灭很多的工作岗位，但也带来许多新的工作机会。所以，企业家在这个时代进行组织变革、人才数量规划时一定要前瞻性考虑"技术"因素带来的"蝴蝶效应"。在参考人才数量规划适用方法的同时，保持相应的敏捷性，才能让企业的人才数量供给处于健康状态。

■ 关键发现

- 人才数量规划首先是管理问题，其次才是数学问题。人才数量规划需要数字和计算，但绝不仅仅是数学计算，其更多是管理判断。
- 人才数量规划需要参考大量与员工数量有关的业务和人员的历史数据、外部市场标杆数据和预算数据。
- 劳动效率法较适用于发展稳定、内部管理经营方式变化不大的企业。
- 人员配比法比较适合企业内部各种辅助支持类岗位员工的数量规划。
- 关键岗位的确定取决于企业的战略选择而非职级，通常关键岗位的数量少于企业总岗位的 15%。
- 关键岗位进行人才需求规划时，建议采用"饱和配置"，即在数量上满编甚至超编，在质量上必须都是明星级优秀员工。
- 就平台型组织而言，小前台的设置和需求规划应该保持高度的敏捷性，而中台和后台部门因为组织能力建设的兼容性和扩展性，其需求规划可以保持相对的稳定性，不需要高频调整。
- 企业应该践行"敏捷化"的人才数量规划，根据外部环境和企业战略变化进行调整，而不是因循守旧。

第 5 章

人才数量盘点

人才需求规划是从战略目标实现的角度上，明确企业需要的目标人数，以便进行人才配置。在进行人才配置时需要掌握人才数量现状与人才数量规划之间的差距，基于差距动态调整人才规划，确保后续人才配置工作的精准度，从而更好地支撑业务的发展。这也正是人才数量盘点的意义。

常见的低价值人才数量盘点

一说到人才数量盘点，大部分企业想到的就是"盘人数"。用到的盘点工具有人才数量总数统计、各个职类的人数统计、员工年龄统计、员工司龄统计，部分企业会进一步做到员工流失率分析、人才主动离职人数分析和人才被动离职人数分析。如果简单地从数量上去盘点，那么粗放的数量盘点结论可能就是"人才紧缺""冗员""人才流失率高或低""人才平均年龄大或小""司龄长或短""数量匹配"等，然后在此基础上得到与人才数量规划的差距。这样的差距分析对实际工作开展没有直接的意义。

人才数量盘点不仅仅需要掌握人员数量的多少，更要将人员数量结合内部战略、组织架构和岗位类别去分析，了解各个层级、各个职能中员工的数量，能否支撑现在和未来战略的发展，这才是产生价值的部分。因此，人才数量盘点不是传统理解的人才数量的统计工作，而是从人才创造的价值出发，去审视人才在内部各个层级和职能上配置的合理性。

对企业来说人才创造价值的高低直接体现在人效上，人效是很多企业长期跟踪和衡量组织经营状态和管理效率的指标。如果人效数据不理想，撇开外部经营环境对企业业绩的影响，在一定程度上说明企业业绩结果与人才现状不匹配，这其中原因可能是管理不善，效率低下，也有可能是人才配置不合理。因此，人效分析的结果对进一步盘点人才数量、判断人才数量结构是否合理意义重大。

人效分析

在企业层面，衡量经营质量、管理效率的经济指标有很多，如很多企业都会用到的利润率、毛利率、净资产收益率等。但德锐咨询认为，其中最关键的指标是人效。所谓"人效"就是人均效率或人均效益的简称，指单位人数或单位人力成本创造的有效产出（有效产出一般指销售额、产值、利润额或净利润等）。从定义可以看出，"人效"指标综合考虑了产出规模、人数和人工成本等因素，平衡了企业短期冒进和长期可持续发展。

人均净利润

人均净利润和人均销售额是最能反映企业经营效率和质量的指标，是最常用的人效指标，有时也被称为人均收益和人均产出，计算公式如下：

$$人均净利润 = \frac{净利润}{平均员工人数} \times 100\%$$

$$人均销售额 = \frac{销售额}{平均员工人数} \times 100\%$$

在"人的时代"——个人价值崛起的时代，追求员工数量的"人海战术"显然已经不能再适应当下企业的发展。人均净利润或人均销售额增长背后隐藏的用人原则就是精兵简政，用"更精"的人才去创造更大的价值。人均净利润和人均销售额是我们最为推崇的人效指标，这里我们主要选择人均净利润，因为获得利润是企业经营直接目标之一，利润对于企业的重要性是不言而喻的，而利润的获得必须依赖产品、服务和人才。

　　除了与同行做比较，企业也可以将当前的人均净利润与历史数据进行比较，追踪人均净利润变化的趋势，洞察数据背后的驱动因素。若排除经营策略、商业模式、技术能力等因素对企业经营业绩的影响，单从企业人力资源管理角度来看，人均净利润提升主要来自两个方面：一是内部人才结构的优化，包括选择更有能力的人或者淘汰不合适的人，形成精干的员工队伍；二是员工敬业度提升、高价值人才驱动人效的完成，通过激励和培养等手段调动员工工作积极性，提升员工素质，从而让员工创造更多的价值。

　　图 5-1 为 A 企业近四年净利润增长率、员工数量增长率和人均净利润的情况，通常来说，若员工数量增长率一直低于净利润增长率，那么就能保持人效和劳动生产率的持续提升。对于 A 企业来说，2016 年和 2017 年，员工数量增长率一直低于净利润增长率，在 2018 年，净利润增长率出现了明显下滑，而人数还维持 11.55% 的增长率，导致人均净利润下滑。且在 2018 年做经营目标规划时，就已预估受政府政策的调控影响，未来 3 年内业绩增速可能会持续放缓，但 2019 年 A 企业在人员管理上并未对人数进行精简，反而持续上升，这势必导致内部存在人员工作量不饱和的情况，吞噬企业的利润。对 A 企业来说，在 2018 年进行人才数量规划时，就应该及时做出调整，对内部人员做及时的精简。

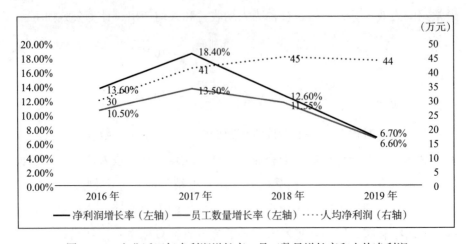

图 5-1　A 企业近四年净利润增长率、员工数量增长率和人均净利润

同时，在分析时，可对关键岗位或关键职类进行人均净利润的统计分析，比如研发板块人均净利润、销售板块人均净利润或后台人员人均净利润，通过持续追踪，动态掌握不同类别人员人数变化趋势，从而有利于人才数量的动态调整，指导内部管理方式的优化。

单位人工成本产出效率

人力资源管理的目标就是以最少的人力资源投入达到最高的产出。人均净利润代表的是人才的价值产出，而人工成本代表的是对人才投入的成本。但事实上，人工成本不仅是"成本"，也是企业价值创造的一个部分，是企业为取得价值创造和利润必须支付的金钱资源。从效益最大化的角度来说，企业应该追求的是通过合理的人工成本投入带来最大的价值产出。这里，我们选择单位人工成本产出效率来衡量衡量企业对人才的投入产出情况。

$$单位人工成本产出效率 = \frac{销售额/净利润}{人工成本总额} \times 100\%$$

在分析企业的人工成本时，首先要对人工成本有一个全面的认识。员工劳动报酬、社会保险、福利、培训、招聘费用等成本之所以为我们所熟悉，主要原因是这些成本都是显性的，通过数据的计算可以清晰呈现。值得我们注意的是那些隐藏在显性成本背后的隐性成本。以员工离职为例，美国《会计杂志》所报道的一项研究成果显示：企业承担的员工所有离职成本中，包括新安置人员成本、培训的时间成本以及替代人员适应工作的时间成本。此外，错误甄选人员造成的低效成本、录用不合适人的机会成本等各项隐性成本最后都会在各个相关的人力资源成本或支出中显现。隐性成本往往是因组织的运作效率低而带来负面影响，最终通过转移的方式影响人工成本和支出，我们通过对成本结构进行分析，可以发现内部的很多管理问题。

相对显性成本而言，隐藏在显性成本背后的隐性成本并不那么显而易见，所以往往被我们忽视，但是这些被忽视的隐性成本却是一笔不小的开支。就以招聘举例，科锐国际发布的《中国企业招聘现状及趋势白皮书》显示：绝大多数企业对于招聘供应商服务费用、广告费用等显性成本比较敏感，而对于企业内部招聘人员人工成本、内部沟通协商成本、内部推荐奖励费用以及内部员工异地安置费用等隐性成本则缺乏足够认识。美国劳工部的统计显示，雇用一名雇员的平均成本中，隐性成本占到了80%。

如果企业单位人工成本产出效率下降，说明人工成本支出没有带来预期的价值产出。剔除经营方面对销售额和净利润的影响，仅从人力资源角度考量，其原因可能有两个：一是部分内部员工不能胜任岗位，人员数量和结构不合理——不合适的人是企业最大的资源浪费；二是人工成本的分配机制不合理，比如薪酬激励资源分配不合理，存在薪酬浪费，或内部管理上存在不合理的方面。

图5-2为A企业近四年单位人工成本产出效率情况。通常来说，销售额的增长快于人工成本的增长，才能保证单位人工成本产出效率持续升高。在2016年和2017年，A企业销售额增速相比人工成本高了3个点，但到2018年和2019年时，人工成本的增速基本与销售额增速持平，这说明这两年单位人工成本产出效率与2017年持平。从2016～2019年的单位人工成本产出效率来看，2018年之后，单位人工成本产出效率有逐步下降的趋势。这也与从图5-2中分析得到的人效有下降趋势的结论互相验证。

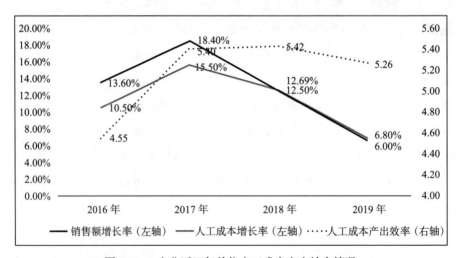

图5-2　A企业近四年单位人工成本产出效率情况

同样，我们也可以对关键岗位或关键职类进行单位人工成本产出效率分析，也可以与同行的数据或企业的历史数据进行比较，进而分析关键岗位和关键职类人才的投入与产出情况，比如研发板块人工成本占比、销售板块人工成本占比，洞察其人才数量及人才结构的合理性，从而对人数及人工成本的投入做出动态调整，确保用最经济的投入获得最优的产出。

当然，企业也不能只关注当下的单位人工成本产出效率，而要以长远眼光来分析，如战略性人才储备或人才培养会带来当下的人工成本升高和产出效率降低，但长远来看必定是上升趋势。因此，需要拉长时间的维度来看待单位人工成本产出效率这个数字，且每家企业需要找到最合适的成本与收益的占比。

驱动人效的价值分析

以上财务指标直接衡量了企业的人效情况，从企业内部管理现象来看，敬业度、管理人才晋升率和高潜人才流失率是驱动人效的关键衡量指标。

敬业度

员工敬业度的重要性已经得到了企业界的认可。杰克·韦尔奇曾说：衡量一个公司的稳健性有三个指标，分别是现金流、客户忠诚度和员工敬业度。

关于敬业度，目前还没有完全统一的诠释和定义，不过来自盖洛普和怡安翰威特的两种观点得到了广泛认可。虽然这两种观点从不同的模型和方法阐述了对敬业度的理解，但是两者都认为：敬业度就是指员工在情感和知识方面对企业的一种承诺和付出。敬业度高的员工会努力工作，表现出一系列的敬业行为，从而对企业的经营产生正面影响。研究表明，员工敬业度与企业业绩正相关。

一般满意度调研针对的是员工对企业的满意度感知，而敬业度调研更关注员工目前和未来的工作状态，进而从人员管理角度出发预测未来企业经营状况，这有别于财务测算。员工的敬业度受到诸多维度因素的影响，包括人员、薪酬、工作与生活的平衡、晋升机会等，因此通过对敬业度的分析能够帮助企业更为深入地了解当前人力资源管理水平，并且通过影响力分析等工具准确定位人力资源提升领域，以实现投入产出的最优化。

有很多企业用敬业度作为衡量员工工作状态和工作积极性的指标。我们也可以通过敬业度的指标来进行人才的敬业状态分析，从而间接衡量员工的价值产出。当企业的敬业度偏低且每年的敬业度调查没有上升趋势时，不仅需要关注组织内部的哪些机制影响了员工的敬业度，更应该关注内部有哪些不合适的人员，真正识别出敬业度较低的员工，做出内部人员优化。

管理人才晋升率

从优秀企业管理人才供应链的角度来看，中层管理人员 70% 来自内部晋升，高层管理人员 90% 来自内部晋升，当然，这里不包含人数快速增加的公司。若关键管理岗位内部晋升率偏低，大部分来自外部招聘，很容易影响价值创造和企业人效。若招聘的管理人员与企业文化不匹配，不符合企业的用人标准，不仅影响短期人效，而且有可能让企业错失业务发展机会，影响团队建设，那么影响的将是长期的价值创造。健康的管理人才晋升率驱动健康的持续的价值创造，促进人效的提升。

高潜人才流失率

企业不仅需要关注短期人效，更应保持人效的持续优化。这就不仅依赖短期价值创造者，更依赖长期价值创造者，因此高潜人才的稳定性尤为重要。通常情况下，我们会建议企业人才保持一定的流动性，以激活内部人员的活力，这往往是对不合适的人提出的要求。而高潜人才作为重点的激励对象、培养对象，其流失率越低越好。高潜人才的稳定一方面让人力成本的投入不会付诸东流，另一方面保证人才更好地支撑未来战略发展的需要，确保价值创造的实现。因此，高潜人才的稳定性驱动着人效目标的实现。

六种隐藏的人才结构风险

同人才数量规划的步骤一样，人才数量盘点除了分析公司整体的人才数量，还需要结合不同职类及关键岗位进行分析，进而判断人才数量在各个层级和各个岗位类别上的合理性。合理的人才数量分布和结构在实现经营目标的同时，也使得投入产出最佳。不同行业的人才结构往往不同，即使是同行业，不同类别、不同发展阶段的企业，在人才结构上也会有差异。总体层面上来说，一说到人才结构，大家都能想到的是高中基层的三种人才结构（见表 5-1）。

表 5-1 高中基层的三种人才结构

人才结构	结构特点	适用环境
▲	• 基层员工人数最多，中层员工人数次之，高层员工人数极少 • 中高层员工通常为生产性管理人员	• 为生产型团队的代表性结构，通常适用于劳动密集型团队或以简单操作为主要价值创造方式的团队，如生产车间、呼叫中心等
●	• 中层员工是员工团队主体，人数最多，基层和高层员工人数相对较少 • 中层员工通常为能独立负责某一专业领域工作的中高级专业技术人员 • 高层员工通常为技术型管理人员和技术规划人员	• 为大部分知识型团队的代表性结构，通常适用于知识密集型团队或以相对复杂劳动为主要价值创造方式的团队，如研发中心、精密仪器维修团队等
⏢	• 高层次专业人才是员工团队的主体，中低层员工人数相对较少 • 高层人员通常为专业技术领域专家	• 为某些特殊知识型团队的代表性结构，通常适用于提供独立智力服务的团队，比如部分律师事务所、投资银行等

（1）金字塔型：金字塔型的人才结构中，基层员工人数最多，中层次之，高层人数最少。很多传统型的企业，尤其是有生产职能的企业，在人才结构上呈现出来的就是典型的金字塔结构。

（2）椭圆型：椭圆型的人才结构中，中层人员是团队的主体，比高、基层人员都要多，这些中层员工往往能够独立负责某一专业领域的工作。拥有椭圆型人才结构的企业往往是知识或技术型企业，比如高科技行业的企业，这类企业对技术或知识门槛往往有一定的要求。

（3）倒梯型：倒梯型的人才结构中，中高层是团队的主体，高层到基层的人数呈现递减状态，这种人才结构常见于一些特殊的知识型团队，这些团队对个体人才要求较高，需要每个人都有合伙人和主人翁精神，比如律所、投行和咨询企业等。

以上三种人才结构是从高中基层总体分布来呈现人才数量分布状态，

这仅是人才数量盘点内容的一部分。在实施具体的人才数量盘点时，可对以下几个层面做出分析，这样更具有现实指导意义。

（1）**层级分析**：按照高中基层的人员数量分布占比对人员数量进行分析。上文阐述的金字塔型、椭圆型、倒梯型人才结构就是按照层级进行的结构分析。企业可根据自己所处的行业，对标行业标杆或竞争对手，分析其人才结构类型，以此判断分布的合理性。

（2）**前后台人员分析**：可以按照组织架构中的序列或职类，对人员数量进行分析。比如，有些组织会设置"小前台、强中台、大后台"的架构，按照前中后台的方式进行人员数量的统计分析，以此判断人才数量结构分布的合理性。

（3）**关键岗位分析**：在组织架构中识别关键岗位，在此基础上，分析关键岗位上人员的在职和岗位空缺情况，关注关键岗位人才的梯队建设，避免关键岗位的人才链断裂。

（4）**年龄分析**：年龄分析包含实际年龄分析和司龄分析两方面，结合所处行业特点，分析公司整体年龄和司龄分布，并且结合不同层级、不同职类岗位，判断年龄结构和司龄分布是否合理，关注团队活力，避免"老龄化"。

（5）**学历分析**：不同岗位类别对人员学历的基本要求是不同的，对于管理、技术等岗位，学历在某种程度上体现着一个人的基本素质和发展空间。企业可结合所处的行业特点，分析内部人员的学历结构，判断目前的人员学历能否满足发展要求。

当然，人才数量结构分析的内容不仅于此，人员离职率、内部晋升比例、后备梯队的储备率等信息的分析都有助于从群体层面发现人才数量特征和人员配置方面的问题。表5-2为人才结构分析模板，企业可在此基础上，根据发展过程中遇到的管理问题进行展开和细化。

分析人员的数量和结构是为了分析现状能否匹配未来的发展要求，通过分析这些数据的变化趋势，观察这些变化对公司经营的影响。在盘点过程中，要及时识别出人才数量结构不合理的迹象，发掘人才结构中的风险，并做出相应的调整。企业要警惕六种隐藏在人才结构中的风险，具体如下所述。

表 5-2 人才结构分析模板

人数盘点（按部门统计）			
	销售部	研发部	综合部	生产部
年初人数	28	108	13	402
年末人数	32	127	13	432
增幅（%）	14.29	17.59	0.00	7.46

关键岗位分析			
关键岗位	岗位编制	在岗人数	实行 AB 角的岗位数量	储备人才数量
销售经理级别以上	17	17	12	4
研发工程师级别以上	56	55	46	27

人数盘点（按序列统计）			
序列名称	年初人数	占比（%）	年末人数	占比（%）
管理人员	32	5.81	38	6.29
营销人员	24	4.36	28	4.64
研发人员	87	15.79	105	17.38
专业人员	26	4.72	36	5.96
生产人员	382	69.33	397	65.73

学历盘点			
	博士	硕士	本科	大专及以下
年初人数	28	32	138	353
占比（%）	5.08	5.81	25.05	64.07
年末人数	32	47	162	363
占比（%）	5.30	7.78	26.82	60.10

年龄 / 司龄统计			
年龄段	28 岁以下	28～35 岁（含 28 岁）	35～45 岁（含 35 岁）	46 岁及以上
人数	72	138	327	67
占比（%）	11.92	22.85	54.14	11.09
司龄	1 年以下	1～3 年（含 1 年）	3～8 年（含 3 年）	8 年及以上
人数	53	189	260	102
占比（%）	8.77	31.29	43.05	16.89

警惕人才配置与战略不符

战略和组织分析是人才盘点工作的起点，人才盘点最终的结果是为战略目标的实现而服务的，企业人才配置也应当围绕战略的实施。如大家熟知的海底捞，作为一家餐饮企业，其战略着力点不是"菜品口味、价格"这样的主体验，而是延展的"服务"。正是因为海底捞将"服务"作为价值点，所以内部所有的体系建设和人才配置都围绕"服务"来开展。在人才配置上，服务员就是海底捞的关键岗位，为了保证所有人员都有"服务"意识，即使是学历再高的员工，也需要从服务员做起，或许这样的做法在一定程度上造成了一些高素质人员的流失，但正是有了这样的坚持，才有海底捞现在的地位。

企业在明确战略的基础上，更重要的是在后续的人才配置动作中围绕"战略"发力。"人才配置匹配战略"看似简单，但不少企业在具体实施时，还是不能洞察人才配置的重要性以及操作的痛点，如下面案例中的沣化公司。

沣化的"铁三角"

2010 年成立的沣化公司，主要从事某种新能源产品的研发、生产和销售。在此之前，类似功能的产品生产供应几乎由外资企业垄断，但是随着近年来环保的需求和政策的鼓励，越来越多的国内供应商逐渐进入该行业。目前整个市场呈现出以下特点：外资企业的客户群"大而集中"，有明显的头部客户，TOP5 的客户销售额占比甚至超过了企业总销售额的 80%；相比之下，国内企业的客户群"小而分散"，客户数量较多，缺乏大客户，尚未与客户建立起长期的战略合作关系。在这样一个竞争背景下，沣化凭借着自身前沿的研发技术和稳定的产品性能，成为国内供应商的 TOP1。2018 年，沣化的高层就明确了近些年的经营重点："在现有的小客户群体中站稳脚跟，快速响应和解决客户的问题，形成一定的客户基础和技术积累，客户群逐渐向'大而集中'方向发展。"

沣化学习华为的"铁三角"，在架构上进行了调整，要求研发人员与销售人员一起参与订单的前期洽谈工作。这项调整，要求研发人员不仅对整个产品研发的流程和周期有着清晰的了解，同时要将这些信息清晰地传达给客户。但目前沣化研发团队中有能力承接这样职责的人有多少不得而知。

2019 年，沣化与德锐咨询合作，德锐咨询帮助沣化做了研发人员的结构分析。

首先，德锐咨询对研发人员的数量和占比进行了统计。在沣化的整体人员数量中，除去生产人员，技术研发人员占比超过了公司的一半，从人才占比就可以看出，这是一家典型的研发导向型的公司。为了更好地评估人才数量的合理性，我们选择了一家行业相似但发展较为成熟的企业（A企业）作为对标。从对比数据可以看出（见图 5-3），两家企业虽然销售额不同，但是生产人员、职能人员（财务、人事行政）的占比相近，主要的差异点体现在销售人员、技术人员和其他人员的占比上。

图 5-3 沣化和对标企业 A 的人员类别

在沣化，销售人员、技术人员的占比分别为 12% 和 52%，但在对标企业 A 中，两者的比例分别为 30% 和 43%。两者比例的差异，可能来源于创始人的战略选择，沣化的创始人在创业之前，在外资企业中拥有 10多年的技术研发经验，所以沣化的定位是一家"研发驱动型"的公司，而 A 企业的创始人则拥有多年的销售经验，所以 A 企业更倾向于做一家"市场驱动型"的公司。此外，沣化人才结构中"其他人员"占比较高，需要关注该群体的人群类型，避免人员冗余。

为了进一步评估研发技术人才结构的合理性，我们对沣化研发技术人员的学历进行了分析。从图 5-4 可以发现，两家企业在本科人员的占比方面相似，但是在"硕士及以上"人员的占比上，显示出了较大的差异性，沣化的占比为 4.97%，而对标企业 A 的比例高达 16.79%。到这里，我们隐隐约约能感受到沣化研发人员中，可能存在高端人才不足的现象。

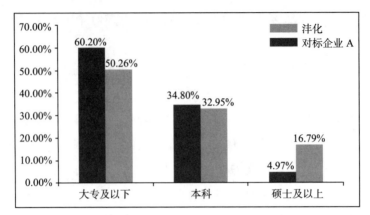

图 5-4　沣化和对标企业 A 的研发技术人员的学历分析

注：因四舍五入，个别合计略小于100%。

为了验证此观点，我们对研发技术人员分职级分析后发现，首席工程师和高级工程师的人员占比较低，分别为4%和16%，中级工程师和工程师的占比高达80%（见图5-5）。这些数据反映的问题与后期访谈所获得的信息互相印证：目前，创始人是研发的领头羊，负责技术路线的规划，其他研发人员更多是负责技术的执行与落地。

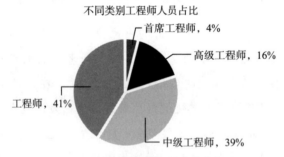

图 5-5　沣化工程师人员分布和占比

根据以上分析，目前沣化的研发对创始人依赖过重，存在领军人才不足、执行人员偏多的现象。沣化希望研发人员参与前期的项目洽谈，但是目前独当一面的研发工程师相对缺乏，难以支撑公司对客户的服务。所以，在人员配置方面，我们建议沣化加快对高端研发人才的引进，精简研发执行团队，培养研发内部的人才梯队。

对于沣化来说，若后期在人才配置上不做优化和调整，那么其战略实现的周期会拉长，甚至被竞争对手反超乃至替代。

警惕后台"臃肿化"

德锐咨询在《345薪酬》这本书中指出，中国的很多企业经过多年的粗放式发展后在组织上往往呈现出两类问题：①由于组织架构臃肿、人员冗余、组织层级过多，内部官僚化、集权化，这也就是我们俗称的"大企业病"。②很多小公司，美其名曰"科学管理"，却过度强调内部专业分工，无论是业务部门还是职能部门，职责条块被分割得过细，部门壁垒严重，这就是常见的"小公司大组织"的毛病。这两种"病症"的共同特点就是人员冗余、人浮于事，严重影响了企业在当前这个新经济时代的竞争力，甚至造成生存危机。

由于后台人员不像研发或一线销售人员有明确的考核目标和业绩指标，他们的工作不好量化，且对业绩的影响较为间接，所以缺少对此类人员的工作管理方式，这也间接导致了后台部门人浮于事的情况。在很多存在人员冗余的企业中，后台部门的臃肿现象往往是最常见的。在企业内部岗位设置时，要避免后台人员的冗余，应尽量避免组织内存在以下两种类别的岗位。

其一：辅助性岗位。陈春花曾公开表示，组织内部要尽量少设置助理类的辅助性岗位，比如总裁助理、总经理助理、销售总监助理或跟单助理，因为这些职位任务不清、角色冲突，无法衡量绩效，也无法产生绩效。助理往往是做一些跟进的工作，在很多工作情境中，用来监督别人工作，或者消除信息的不对称性。但是通过设置助理岗位是无法从根本上解决问题的，企业需要通过建立相关的工作流程和汇报机制，来取代助理的很多工作职责。助理这个角色只有一种情况下可以用，就是培养人才的时候，因为这个角色在一定时间内接触到上至公司层面的信息和任务，下至具体某一小块的任务，信息量会比较大，可锻炼被培养对象协调沟通和解决问题的能力。但在岗位培养的时间不宜过长，否则便失去了培养激励员工的意义。

其二：职责切分过细的岗位。分工产生效率，但分工过度，会增加内部协调的复杂性，导致效率不升反降。企业在管理的过程中，往往由于人的能力原因，而不得不对岗位的职责进行调整，将职责和任务进行切分，由不同的人来承担。这样的方式看似解了燃眉之急，但往往也会产生由于职责切分不合理带来的沟通成本，部门墙现象使得组织内部增加了运营成本。而且在企业中，职责切分过细也往往带来工作的不饱和。这对于企业的人力资源来说就是一种浪费。

所以如果组织内部跨部门之间的流程衔接不顺畅，这时候要审视流程切分是否合理。我们可以通过简单地评估岗位的工作量来判断岗位设置的合理性。一般可以通过分析岗位的有效工作时间以及加班频率两个维度来直观评估岗位的工作量（见表 5-3），正常饱和状态下的岗位设置是比较合理的，工作饱和度过高或过低都不能持久。

表 5-3 工作饱和度评估

工作饱和度状态	评估维度
非常饱和	①平均每天有效工作时间在 7 小时以上 ②经常需要加班才能完成工作
正常饱和	①平均每天有效工作时间为 5～7 小时 ②有时加班
不饱和	①平均每天有效工作时间在 3～5 小时 ②基本不需要加班
非常不饱和	①平均每天有效工作时间在 7 小时以上 ②不需要加班

警惕管理层官僚化

2013 年克里斯·祖克分析了 8000 家全球化公司，发现收入在 5 亿美元以上的公司中，三分之二都在前 15 年里遭遇过失速，更令人警醒的是，在 50 家经历长时间失速的大型企业中，失速都发生得很突然：发展势头在一两年内骤然减弱，增长率从两位数跌至一位数，甚至负数。克里斯·祖克的研究指出，"失速虽然不一定能被预见，但却可以被克服，而官僚化是阻止企业'克服'失速最大的难题。"阿里巴巴文化娱乐集团董事长兼 CEO 俞永福在《管理夜校》上分享了自己对于产品和管理的一些看法："集权不是问题，官僚才是，官僚化导致信息在传递过程中损失了很多，决策效率大幅度降低。"

随着发展日趋成熟，很多企业陷入金字塔式结构的科层式管理模式，且企业在过程中不做灵活的调整，导致这种管理模式的弊端日趋严重，出现决策缓慢、跨部门协调困难、整体责任划分不清等问题，助长了官僚作风。有些企业甚至为了解决难题，使专业化领域的复杂性得到控制，又继续增加管理层级，依赖某个体解决，如此一来，机构管理变得更加繁杂，效率也越来越低，人员结构更加不合理，衍生出更多的管理问题。

当竞争环境变得艰难的时候，"精简组织、去官僚化、提升运营效率"几乎成了所有企业要做的事。一直强调"去臃肿、去官僚、去复杂化"的车好多集团，在2019年第四季度终于实现了整体盈利，这是自2003年国内出现首家二手车电商平台以来，在低频、大宗交易的互联网汽车消费服务领域，首次有汽车消费服务平台实现包含新车、二手车等电商业务的整体盈利。

2019年年会上员工演唱的一首《释放自我》着实让新东方又火了一把，犀利的歌词吐槽新东方内部存在工作效率低下、官僚主义的问题，立刻引发社会轰动。除了吐槽精准的歌词给人留下深刻印象以外，俞敏洪在年会后的一系列回应和行动，也树立了他"开明""鼓励谏言"的老板形象。也因为他一次次对抗官僚化的变革，让新东方取得了前所有未有的发展。

俞敏洪的"五连发邮件"

据媒体报道，2018年下半年，俞敏洪连发了五封内部邮件，内容主要关于新东方的管理弊病，用词严厉。他在邮件中表示，2019年新东方将狠抓人才管理，彻底打碎人才地盘意识，每年末位淘汰5%～10%；强推新东方的标准化、系统化、信息化，并亲自担任"三化"工作组组长。

俞敏洪在邮件中指出，目前新东方的管理者由"中坚力量"变成了"中间力量"——在中间的一帮人。管理者的问题包括：

（1）有些管理者变成了当官的，层层下指令，就是自己不干活。

（2）管理者职责重叠，效率低下，工作边界不清。

（3）有些管理者在岗位上很久，变成了老油条，还常常拉帮结派。

（4）管理者严重缺乏系统性培训，和员工一样，野蛮生长。

（5）管理者人才发掘机制严重缺乏，不少管理者为了自己的岗位安全，不愿意让能干的人才出头，只用和自己亲近、给自己安全感的人，结果形成了新东方管理队伍一层比一层平庸的现象。

而针对高层管理团队，俞敏洪更是足足列了7个问题，用了"故步自封、不思进取、居功自傲"等程度非常重的词。

俞敏洪直指管理者们的种种毛病："能力不强，还不奋进""安于现状，得过且过""上班迟到早退"，还指有的机构"不会过日子"。此外，他还指出"兵熊熊一个，将熊熊一窝"，新东方首先就要整顿管理者，凡是6级及以上的管理者都要整顿一遍，"让平庸的、捣乱的、只会奉承拍马却不会干活的人先离开一批"。

警惕中层"腰部"力量过弱

宁高宁说："成功的公司一定是在战略方向和战术执行力上都到位。在战略上完全失败的公司并不多，更多的公司是在几乎同样的战略方向下，在竞争中拉开了距离。"

企业的中层是企业战略落地中实际"带兵打仗"的人群，他们的能力将直接决定战略的执行落地情况。瓜子二手车CEO杨浩涌在一次分享中提道，"中层领导是公司的腰部力量，一个公司只要腰部力量强，就一定强。"但现实是，大多数企业中层管理者的发展现状不容乐观，高效优质的中层管理者非常短缺。

基层晋升中层往往有较高的业绩表现就可以。这些管理者伴随企业共同成长，忠诚度较高。研究表明，在国内这样的商业环境中，优秀的员工通常一两年就会有一次晋升机会，大部分人员在晋升之前都缺乏必要的岗位和能力提升历练。这也使得很多企业出现了"彼得现象"。

2019年，腾讯在内部进行了一次中层干部的清退工作。当时整个腾讯有200多名中层干部，据非官方透露，这次清退的中层比例至少将达到

10%。不少离开腾讯的中层干部，都是司龄十几年的老腾讯，"是腾讯历史上绝无仅有的"。早在2018年年底腾讯20周年会议上，腾讯总裁刘炽平提到，将在2019年一年内，让10%不再胜任的管理干部退下去，尤其是在中层干部这个领域。海尔集团张瑞敏曾公开表示："企业里的中间层就是一群烤熟的鹅。他们没什么神经，也不会把市场的情况反映出来。所以裁撤优化人员时，中层首当其冲。"

团队管理者与员工最大的区别在于，一个优秀的管理者关注且实现的不是个人的高绩效，而是团队的高绩效。如何将个人绩效转化为团队绩效是每个中层管理者都面临的现实难题。与基层专注"做事"不一样，中层管理者需要带领团队做事。很多中层管理者由于企业的发展需求而被提拔，缺乏足够的历练和系统的带教，因此会在其在岗初期遇到带领团队的问题，若其有强大的抗压能力，且能在试错中找到属于自己的管理方式，则能胜任，若不能，则要快速离开岗位，否则就会就影响整个团队的发展。因此，企业在挑选中层管理者之前应给予足够的锻炼和支持，花时间去培养中层的领导力，对中层管理者给予更多的关注，包括管理能力的培训、管理技巧的培训、战略执行能力的培训等，避免企业腰部力量较弱，影响整体战略落地。

尤其是在互联网时代，对管理者的"赋能"团队提出了高的要求，管理者更多的职能是"做教练"，辅导人、帮助人、培育人，而不是控制人去解决问题。很多企业的组织架构发生了很大变化，原来金字塔式的层级架构变得越来越扁平，甚至很多互联网企业在内部实行网状架构，在架构的调整下，每个职责的工作都会和整个价值链有千丝万缕的关系，若此时中层管理者没有发挥应有的作用，则产生负面结果的速度更快。

在德锐咨询过往的咨询经验中，我们也发现企业中层管理者普遍存在"数量多，能力弱"的问题。因为中层管理者能力不足而导致部门员工流失率居高不下、缺乏人才梯队的问题早已屡见不鲜。"腰部力量"不足是许多发展中企业面临的共性问题，这会进一步影响中层以下团队的人才结构合理性，这也成为很多企业进一步扩张和发展的瓶颈，因此重视腰部力量的提升，比以往任何时候都具有价值。

警惕关键岗位人才链断裂

卡普兰在《平衡计分卡》一书中写道："有些企业仅五种工作岗位上的员工就决定了公司 80% 以上的战略重点，战略性岗位上的人才充足率（数量上）和人才准备度（质量上）具有重要的战略性意义。"我们有理由相信，很多公司的战略能否成功，取决于它们在培养这些不到 10% 的员工的能力上成效如何。关键岗位人才充足与否对已定战略能否实现和目标战略实施的节点都有重大影响。

（1）管理岗位人才缺失：对于企业来说，管理岗位尤其是一级部门的管理岗位是关键岗位，若该岗位出现人员空缺，不仅让其直接上级的管理幅度增加，而且影响该团队的建设，甚至该部门会成为公司的短板。

（2）研发团队或销售人员缺失：研发或销售人员的缺失，直接影响企业抢占产品和市场先机，进而影响企业在市场上的竞争地位。

（3）新领域岗位人才缺失：支撑企业新业务领域的岗位缺失，直接影响企业的战略布局，甚至会影响新领域"开花结果"。

关键岗位人才的重要性前文中已经做了详细说明，这里不再赘述。德锐咨询在过往的咨询经验中发现，大部分企业均在面临关键岗位人才不足带来的问题和困境时才意识到关键岗位人才储备的重要性。对于企业来说，在人才盘点时，要保证关键岗位人才满编甚至超编，不过分关注关键岗位的人工成本占比，确保关键时刻有人可用，关键业务有人承担。同时需要关注关键人才的离职率，若其流失率过高，会影响关键业务按时完成，也会影响关键业务的保密性；若流失率过低，会影响整个团队的活力。因此，企业应让关键人才的流动处于可控的状态，确保关键岗位人才链的健康。

警惕"老龄化"

经济学家蔡昉和王德文在 2005 年的一项研究中指出，人口因素，尤其是人口年龄结构，是影响经济发展的重要因素。智联招聘发布的《2019企业劳动力老龄化趋势调研报告》指出，一线城市诸多企业中已经出现劳动力老龄化的现象，尤其是劳动密集型企业老龄化趋势明显。老龄化是未来很多企业即将面临的现实问题。

企业对员工老龄化是否有担忧？很多企业在招聘的时候往往都有年龄限制，这就说明"年龄"其实是一个重要的考量因素。根据调查，认为老龄员工观念守旧、缺乏创新的企业占受访企业总数的61%，同时53%的受访企业认为老龄员工管理方式守旧，会导致企业竞争力下降，43%的受访企业认为老龄员工知识技能更新速度迟缓，跟不上技术更新的脚步。

试想一下，同样的行业，同处一个发展阶段的两家企业，一个员工平均年龄40岁，另一个员工平均年龄28岁，这两家企业会一样吗？我们不能下结论说，拥有什么样的年龄分布才是优秀的，但是可以肯定的是这两家企业员工的工作方式、行为习惯以及工作状态一定会有差异，且大多数情况下，员工年龄老化程度越高，企业的活力越不足。现在很多企业在内部倡导"二次创业""激发活力"等，就是为了对抗员工内部过于安逸的现状，而员工老龄化很大程度上会带来内部员工的奋斗不足。

我们并不认为年龄大的员工就应该淘汰，比起老龄化，企业需要关注老龄化给企业带来的组织活力和奋斗激情的影响。老龄化并不可怕，真正可怕的是很多老人躺在功劳簿上偷懒。企业成立的时间越久，年龄大的员工就会越多，越来越多的企业将会面临老龄化的情况。基于老龄化的现状，企业应该积极转变管理思路，从树立员工榜样、二次培训、岗位调整等措施入手，力求充分开发中老年劳动力资源以及其持续奋斗的状态，同时也需加强对年轻人才的培养，缩短人才的培养周期，为企业注入新活力。

无论是人效分析还是人才结构分析都是为了从这些数据的背后去洞察人才数量以及管理动作的合理性。当然，企业可做的分析不止于此，企业应根据内部管理的需要，持续性地开展对比分析，在此基础上找出差距，进而动态调整人才现状和人才需求规划，同时为后续的人才管理动作提供指导性建议。

■ 关键发现

- 在个人价值崛起的"人的时代"，"人海战术"显然已经不能再适应当下的发展，当下企业用人原则是精兵简政，用"更精"的人才去创造更大的价值。

- 人效指标综合考虑了产出规模、人数和人工成本等因素，同时也平衡了企业短期冒进和长期可持续发展的需要。

- 衡量人才管理的人效的价值可以通过人均净利润、单位人工成本产出效率两个指标来进行分析。

- 财务指标直接衡量了企业的人效情况，从企业内部来看，敬业度、管理人才晋升率和高潜人才流失率是驱动人效的关键衡量指标。

- 六种隐藏的人才结构风险分别是：人才配置与战略不符、后台臃肿化、管理层官僚化、中层腰部力量过弱、关键岗位人才链断裂和"老龄化"。

九宫格：业绩与素质能力的双重度量

> 冰山下的素质是区分绩效优异者与平平者的关键因素，
>
> 职位越高，冰山下素质作用比例就越大。
>
> ——莱尔·M. 斯潘塞（Lyle M. Spencer）和
>
> 塞尼·M. 斯潘塞（Signe M. Spencer）

阿里巴巴集团前 HRVP 黄旭在分享人才盘点时，将盘点比成理牌，一张牌就代表一个人才。组织除了关心手中的牌的数量之外，还需要知晓手中牌的质量。因为，人才质量和人才数量之间互相影响，相互制约，人才质量不仅会影响当下的业绩能否完成，也会对人效高低有直接的影响。如果企业手中的牌都是"好牌"，人的质量较高，则需要数量较少的人才就能完成既定的目标，人效处于高位；反之则需要更多的人去完成既定的目标，人效处于低位。在人的时代，个体的价值越来越凸显，拥有高质量的人才才会给企业赢得更多的发展机会，才能引领企业的发展，让企业拥有竞争优势。

高质量人才引领企业发展

企业在不同的阶段对人才的要求不同，企业需要做的是引领企业的人才质量不断提升。德锐咨询研究发现，在企业中，从个体发展速度和企业发展速度相互关系的角度可以将人才分为四种（见图 6-1），分别是引领企业的员工、与时俱进的员工、不甘落后的员工和安于现状的员工。

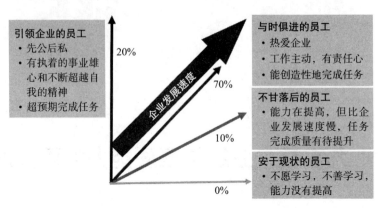

图 6-1　领先企业人才 721 配比模型

从内部的价值创造结果以及在外部市场上的竞争力两个角度来看，对这四类人才的定义和描述如表 6-1 所示。

表 6-1　德锐咨询对四类员工的定义

人才类别	定义	
	对内	对外
引领企业的员工	先公后私，有执着的事业雄心和不断超越自我的精神，超预期完成任务	对比其他企业同岗位人员能建立明显竞争优势，引领企业的发展速度超过同行发展速度
与时俱进的员工	热爱企业；工作主动；有责任心；能创造性地完成任务	能够建立一定的竞争优势，不会导致竞争劣势；能够使企业发展速度不低于同行的发展速度
不甘落后的员工	能力在提高，但比企业发展速度慢，任务完成质量有待提升	不能建立一定的竞争优势，甚至可能会降低企业的发展速度
安于现状的员工	不愿学习，不善学习，能力没有提高，得过且过，不能完成工作任务	没有竞争优势；现阶段已经造成竞争劣势，会让企业的发展速度滞后

我们发现，优秀的企业都极力清除"安于现状的员工"，所以优秀企业的员工一般分为三类：引领企业的员工、与时俱进的员工、不甘落后的员工，每一类员工大致的比例是 2：7：1，这也是优秀企业人才结构的"黄金比例"。德锐咨询研究发现，20%"引领企业的员工"在很大程度上决定了企业能否超越竞争对手，是企业达到优秀、卓越的关键。比如苹果的"A 级小组"和谷歌的"创意精英"，这类员工是真正引领企业走向卓越的尖端人才。这类人才除了拥有过硬的专业技术、专业知识和实践经验

之外，都是特立独行、自命不凡、目标明确、追求卓越、渴望成功的人，他们因一个共同的目标而聚集在一起，相互协作、相互成就。从这类人的特征不难看出，他们除了能在短时间内实现业绩目标外，还具备持续创造价值的能力，也正是因为如此，他们才能引领企业的发展。

而很多组织对于高质量人才的判断只从当前创造的业绩来看，认为当下业绩佳的人就能够引领企业的发展。事实上当下业绩的优劣除了和个人能力相关外，还会受外部市场环境、团队成员等因素影响。从长期和稳定性的角度来说，真正能持续引领企业发展的，是员工的素质能力，这是价值创造的根本。素质能力的高低甚至决定企业变革成功与否。因此对于高质量人才的界定，除了关注当下的业绩产出，更重要的是关注素质能力。

业绩唯上只是一时之快

京绫（化名）是一家国内细分品类的服装龙头企业，自2008年公司成立以来，总经理章总（化名）凭借其多年来在行业的深耕细作和市场的机遇带领公司保持着稳定的增长，也逐步明确了在未来三年上市的目标。但是，章总感觉到近两年市场竞争压力增大，销售出身的他一直以来都是将销售业绩置于公司核心地位，而对公司团队人员的成长和组织能力的打造并没有给予足够的重视。一直以来，公司遵从只要业绩好，就能拿得多，职位越高，权力越大。到年底，销售人员都能拿到厚厚的奖金，有些销售人员的收入是其他同级别人员薪酬的10倍之多，因此销售人员在公司中趾高气扬，不遵从公司规章制度的大有人在。

但是，若要在未来三年内实现上市，业务线和市场份额方面必须获得较大的拓展和突破。看着团队成员的现状，章总犯起了愁。目前公司有10多亿元的销售额，其中60%的销售业绩由分管销售一部的汪副总（化名）贡献，可汪副总去年年底带着一帮销售团队整体离开，断送了整个上海区域的市场。过去由于市场竞争压力不大，也有政策利好，所以取得好业绩并不难，但随着市场竞争日趋激烈，开始真正考验团队销售能力。回想过去两年，汪副总早就有了背叛公司的迹象：不愿意承担公司更高的业绩指标，不认同公司的价值观，甚至在公开场合表达对章总未来三年战略方向的不认同。但章总顾及汪副总创造的业绩，对这些视而不见。

现在章总发现一时之间竟无人可用，现有的销售人员不熟悉上海市场，更不愿意丢下眼前的肥肉去一个陌生的领域重新开始，即使是章总认为的公司非常不错的发展对象。这个时候，章总才意识到自己的用人策略有问题。

章总公司的情况并不是个例，很多公司对人的判断，甚至对管理者的判断也是停留在"业绩"的维度，但这会让公司一直停留在只有数量没有质量、只有现在没有未来、只注重短期未着重长远的发展状态。这样的组织发展根基不稳，缺少真正引领企业发展的人才，势必在成长的道路上遇到瓶颈。这也是很多企业未能真正处理好的一点。

衡量一个人是不是持续高价值创造的高质量人才，业绩和素质能力这两个维度缺一不可，一旦其中有一个不满足标准，都应该被识别和有相应的管理措施介入。图 6-2 用素质能力和业绩将人才做出区分，不难看出 1 类（超级明星）、2+ 类（核心骨干）、2 类（中坚力量）员工是高质量人才，对企业发展起着引领作用，3 类（业绩不佳但素质尚可）、4 类（素质不佳但业绩尚可）、5 类（失败者）员工则是拉低企业发展速度的人，是人才质量盘点重点关注的对象。

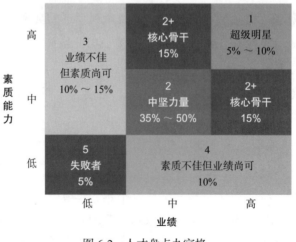

图 6-2　人才盘点九宫格

业绩反映过去

所谓业绩，是员工过去在岗位上基于经验、技能和能力创造出的岗位产出。业绩能够衡量员工过去的价值贡献，也是判断员工能否胜任岗位的一个重要指标。

但业绩的衡量方法，在很多组织中存在误区。有些人认为没有完整的绩效考核或岗位业绩无法量化衡量，所以没办法对人做出客观的判断。事实上，"量化""客观"只是呈现的方式，与公正本身不能画等号，主观也不代表不公正。在人才盘点中，我们每次都会向管理者讲这样一句话，以说明人的判断在盘点中的重要性：公正人的主观评价比不公正人的客观评价更公正。也就是说，评价结果公平与否，关键取决于评价者的公正性，如果没有公正的评价者，即使所采用的数据、方法、工具再客观，也无法保证结果的公正。

量化可以让结果一目了然、方便对比，如果能够用量化标准衡量员工业绩，固然是最好的。但我们需要认识到，对人的评价，有些是不易量化的，我们需要接受"不可量化"这种常态，而不去为了量化而扭曲考评的模式与结果，陷入绩效过度考评的误区。对于个体的业绩贡献，可以从以下两个方面做出判断。

绩效责任书

本书第 2 章提到，我们可以借助战略地图找到实现战略目标的必备举措，以此为基础形成公司绩效责任书和部门绩效责任书，部门负责人承担部门绩效责任。对于部门负责人的绩效等级评定，依据其在考核周期内部门绩效责任书完成的情况确定。部门绩效责任书（示意）如表 6-2 所示。

对于一般员工的业绩评定，通常情况下采用计划管理的形式开展，根据员工对工作计划的完成情况判定其业绩等级，如表 6-3 所示。

表 6-2 部门绩效责任书（示意）

2019 年绩效责任书

维度	关键考核指标	目标值	评分标准与得分计算说明	权重	考核周期	数据来源
财务	净利润	3000 万元	净利润＝考核期内实际净利润／年度净利润目标值×100%，满分 100 分，每低于目标值 5 个点扣减 10 分，低于目标值 20 个点不得分	30%	季度	财务部
财务	应收账款控制率	≤ 100%	应收账款控制率＝考核期内超期应收账款总额／应收账款上限×100%，满分 100 分，每超过目标值 5 个点扣减 10 分，超过目标值 20 个点不得分	10%	季度	财务部
客户	客户满意度	95 分	满分 100 分，全年平均得分 95 分为满分，每低于 2 分扣 5 分，低于 85 分不得分	10%	季度	市场部
内部运营	交货及时率	100%	交货及时率＝平均每月及时交货批次数／当月计划交货批次数×100%，满分 100 分，每低于目标值 2 个点扣减 10 分，低于目标值 10 个点以上不得分	15%	季度	事业部
内部运营	验收合格率	70%	验收合格率＝在规定的时间内取得验收单或验收割位的项目数／总应验收的项目量×100%，满分 100 分，每低于目标值 2 个点扣减 10 分，低于目标值 10 个点不得分	15%	季度	事业部
学习成长	招聘到岗人数	20 人	满分 100 分，规定的计划范围内未完成 1 人扣减 5 分，超过 5 人未完成不得分	10%	季度	人力资源部
学习成长	人员优化人数	8 人	满分 100 分，规定的计划范围内未完成 1 人扣减 10 分，超过 3 人未完成不得分	10%	季度	人力资源部

表 6-3 工作计划（示意）

序号	季度指标	工作任务	完成时间	目标成果	配合目标实现的行动计划	完成情况	自评分	上级评分
1	招聘到岗人数	关键岗位招聘	7月30日	录用2名销售人员	当月初试销售人员达到5名，至少录用2名			
			7月30日	录用1名技术负责人	当月初试技术人员5名，录用1名			
		招聘制度完善	7月10日	内部制度完成并公开，易企秀推广	内部推荐制度完成，并制作易企秀在公司发布			
			7月30日	招聘题库建立	优化招聘表单			
2	关键人才保留	人才库的建立与维护	7月15日	重点人员人才库建立	与部门负责人沟通确认重点人员名单			
		人才库的建立与维护	7月30日	全员360度反馈落实	360度反馈跟踪落地			
			7月25日	月度回访招聘人员	针对拒绝offer人员建立人才库，月度回访			
		领导力培训	7月30日	完成内部导师确定，课程主题确定	确定内部导师，课程大纲			
2	关键人才保留	企业文化建设	7月30日	微信文章高质量更新/周	每周更新微信文章，每天在群内发布天气预报温馨提示			

注：依据工作计划完成情况，按1～5分打分，其中5分代表"卓越"，4分代表"超出期望"，3分代表"符合期望"，2分代表"需要改进"，1分代表"不合格"。

定性业绩评价

在企业还未建立起系统化的绩效评价体系之前，可以选择更为"主观"的业绩评价表进行评价。如表 6-4 所示的业绩评价表，已被德锐咨询应用于上百家客户的人才盘点实施中。事实证明，这个三维度的业绩评价表，比很多企业做的复杂的指标评价体系更加客观、公正。

表 6-4 业绩评价表

业绩维度	评分标准
工作贡献	岗位工作贡献超出预期（6～7分）
	岗位工作贡献达到预期（4～5分）
	岗位工作贡献勉强达到预期（2～3分）
	岗位工作贡献未达到预期（0～1分）
工作质量	工作质量超出预期，完全胜任岗位要求（6～7分）
	工作质量符合期望，能够满足岗位要求（4～5分）
	工作质量勉强符合期望（2～3分）
	工作质量不符合期望，达不到岗位要求（0～1分）
工作完成及时性	工作都能及时或提前完成（6～7分）
	大部分情况下工作能按时完成（4～5分）
	部分工作能按时完成，偶尔拖延（2～3分）
	工作几乎不能及时完成，经常拖延（0～1分）

注：表中三个维度各自分为四个等级，分值为 0～7 分，原则上打分取整数。

在业绩评价表中，从三个维度评价一个员工的业绩表现，即工作贡献、工作质量以及工作完成及时性，其中工作贡献应该作为人才盘点时考虑的最重要的业绩因素，因为工作质量和工作完成及时性都是为工作贡献服务的。

工作贡献，由工作的重要性、难度和工作量决定。重要性高的工作指那些与公司战略关联较为紧密、对公司目标达成影响较大的工作，需要员工承担更大的责任。难度大的工作是员工解决起来有难度，需要充足的经验、问题解决技能或反复沟通技能的工作，这样的工作需要员工面对更高的失败风险和压力。工作量大是指由某些员工承担的超越一般员工工作量的状态，员工的工作量大且持续如此，往往是因为其能力强、效率高且对于工作更加投入。基于以上情况，一般认为承担了更重要、难度更大和更多工作量的员工，做出了更大的贡献。该维度的结果一般分为贡献超出预期、达到预期、勉强达到预期及未达到预期四个级别。

工作质量，是指根据工作目标和工作任务的质量标准，成果质量的达标程度，包括超出期望、符合期望、勉强符合期望及不符合期望四个级别。

工作完成及时性，是指基于工作计划或客户需求的时间节点，员工完成工作的时效性，分为提前完成、按时完成、偶尔拖延和经常拖延四个级别。

根据三个维度的总得分即可判断其业绩是否满足该岗位的要求。当然评价本身不是根本目的，人才盘点后期的结果应用才是目的，比如在日常工作开展的过程中，直接上级就其工作的表现进行及时的跟踪、反馈和指导，避免员工对评价结果感到"惊奇"，否则最后很可能演变成各说各话的争执，从而影响人才盘点结果在后续工作中的落地。

素质能力是创造价值的根本

1973 年，哈佛大学著名心理学家麦克利兰发表了《测量胜任力而不是智力》一文。文章指出，"学校成绩不能预测职业或生活成就，应该用胜任素质测试代替智力和能力倾向测试"。麦克利兰将不能区分高绩效与一般绩效者的"知识""技能"等要素，称为基准性胜任素质（threshold competency），也就是从事某项工作所应具备的基础的准入性胜任特征，而把能够区分高绩效与一般绩效者的"自我概念""个性特质""动机"等称为鉴别性胜任素质（differentiating competency）。

美国学者莱尔·M.斯宾塞和塞尼·M.斯宾塞博士于 1993 年提出了"素质冰山模型"（见图 6-3），用该模型将麦克利兰的观点直观地展示出来。他们都认为，冰山上的素质易于识别和培养，冰山下的素质更为隐性和稳定，而后者才是影响业绩表现尤其是可持续的业绩表现的决定性因素。

如图 6-4 所示，冰山上的知识、专业技能等对短期产出的影响更加明显，而冰山下的动机、个性特征、价值观等则对员工和团队的长期成功影响要大得多。只有将短期业绩与影响未来的素质综合起来进行评价，才能够更好地预测人才对企业发展的可持续支撑作用。

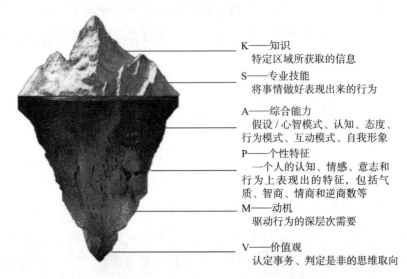

图 6-3　素质冰山模型

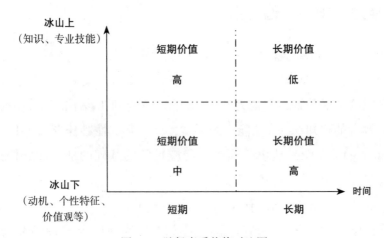

图 6-4　胜任素质价值对比图

在实际工作应用中，我们将冰山下的动机、个性特征、价值观等统称为素质能力。即为满足工作任务本身，需要具备为了完成某项任务或达成某个绩效目标所需具备的相应素质组合。在不同的组织当中，对素质能力的需求是不一样的，需要根据公司当下的发展需求针对特定群体去识别特定需求，进行差异化的处理。

构建素质模型

据资料统计，《财富》500 强中有超过半数的公司应用素质能力构建人才标准，也称素质模型。在一项基于全球 426 家公司的调查中，有 80%的公司在人力资源管理实践中应用素质模型。素质模型也被德锐咨询的上百家客户使用。通常一个完整的素质模型应该包含素质项、素质项定义、素质模型类型和行为等级描述共四个部分，只有当素质模型具备了这四个部分，才能更好地应用到人才盘点的评价过程中去。

精准提炼素质项

提炼企业素质项是建立人才素质标准的第一步，而一个好的素质项提炼结果应具备以下特征。

（1）简单：每一类素质项分三到六条为宜，方便记忆。

（2）印象深刻：用词与企业文化的特点结合，易记，且过目不忘。

（3）逻辑性：符合"相互独立，完全穷尽"原则，不要你中有我、我中有你，也不要有重大遗漏。

（4）权威与参与度：第一领导人的精神及员工代表的思考。

（5）有效：对公司战略实现重要且紧缺。

总体来说，提炼企业素质项有五种方法可参考：战略推导法、专家讨论法、标杆导入法、BEI 访谈法和问卷调研法。

（1）战略推导法：主要从企业愿景、企业使命、企业核心价值观及未来三到五年的战略目标出发，基于战略发展需求推导出目标群体所需要的素质项。战略是未来长期的目标，企业核心能力大多是目前不具备而未来需要的能力，对于战略方向不够清晰或未来发展方向需要做出调整的公司，战略推导方法需考虑进去。

（2）专家讨论法：利用专家小组研究的方式，专家小组可以由外部顾问、内部高管及关键条线的技术骨干参与组成，人数以 8 到 10 人为佳。具体的操作办法是，列举企业的能力素质词典，比如 40 个素质，首先拿掉 10 个最不重要的，再拿掉 10 个不太重要的，然后对剩下的 20 个进行权衡和排除，最后剩下的就是企业的素质。这种方法相对省事、简单，但建立的模型效度大多数不太理想。

（3）标杆导入法：根据行业成功要素构建素质模型，简单来说就是收集并分析和研究国内外或同一时期发展阶段类似的优秀企业的素质模型，通过小组或研讨的方式确定企业的素质模型。这种操作办法效率高，但是建立的模型效度大多不太理想。

（4）BEI访谈法：即行为事件访谈法（behavioral event interview, BEI）是一种开放式的行为回顾式探索技术，是揭示胜任特征的主要工具。这种方法在构建素质模型的过程中使用得较为普遍。它主要以目标岗位的任职者为访谈对象，通过对访谈对象的深入访谈，收集访谈对象在任职期间所做的成功和不成功的事件描述，挖掘出影响目标岗位绩效的非常细节的行为。之后对收集到的具体事件和行为进行汇总、分析、编码，然后在不同的被访谈群体（绩效优秀群体和绩效普通群体）之间进行对比，就可以找出目标岗位的核心素质。BEI访谈法对访谈者的要求非常高，这种方法效度高，但是耗时长，对中小企业的适用性不是很强，主要是因为：第一，过去的考核体系不是很完善，很难区分出绩效优秀群体和绩效普通群体。这对于选取正确的访谈对象以及在不同群体间进行比较等方面难以保证客观性、准确性。第二，需要大量的被访谈者，牵涉面比较广，中小型企业无法取得足够的访谈样本，即使部分企业有足够的访谈样本，也需要大量的人力、财力和物力去支持，这从企业投入与回报的评估角度来说可能不令人满意。在实际应用当中，BEI访谈法更多地使用其简化模式，并与其他方法相结合。

（5）问卷调研法：主要是指采用问卷调研的方式，向企业内部和企业客户发放问卷，了解企业特定群体共识或展现出的素质能力特征，以及基于业务需要具备的素质特征。相较于BEI访谈法，问卷调研法更直接、完整和易于控制。问卷调研法的主要优点是标准化和成本低，但是效度难以保障。

素质项提炼的方法因企业目的、规模、资源等条件的区别而有所不同，采用单一的方法，素质项质量就比较难以保证，因此在建模之前应灵活选择并合理运用恰当的建模方法，但不能省略战略推导、专家讨论，只有包含了这两种方法，才能确保构建出的素质项包含企业战略发展需要的能力和关键人员的核心思想，这是公司构建素质项时最应该考虑到的内容。

优选层级素质模型

不同企业需要具备的素质项不同，因此展现出来的素质模型类型也不尽相同。通常情况下不同业务发展阶段的建模类型包括：层级素质模型、关键序列模型、关键岗位模型和综合模型。

所谓通用素质模型分为两类：一是全员一致只用同一类素质项的评价，二是针对组织内部不同层级人员构建素质模型（见图6-5），如针对基层员工、中层员工、高层员工，或者员工级、主管级、经理级、总监级等某一特定层级人员建立的通用素质模型。

图6-5　层级建模素质模型（示例）

关键序列素质模型是针对组织内部不同序列人员构建的素质模型，如营销序列、生产序列、技术序列等。

关键岗位素质模型是指针对某一特定岗位（一般是企业内部的关键核心岗位）的素质模型，如销售员、店长、4S店总经理等岗位。

综合模型是指以序列为主，同时考虑层级差异的综合建模方式（见图6-6）。该综合建模方式一般先建立全员核心价值观模型，适用于全体员工；然后建立领导力素质模型，内容以领导能力和管理能力为主，针对的是管理人员；最后结合组织内不同的序列，针对每个序列建立序列专业素质模型。

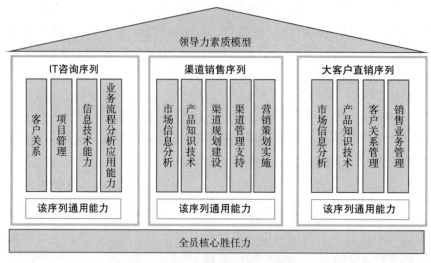

图 6-6　综合建模素质模型（示例）

不同类型的标杆企业运行的模型类型也不尽相同，企业需要根据不同
类型的素质模型使用场景和其优劣势做出判断来构建合适的素质模型。不
同类型的素质模型优劣势对比如表 6-5 所示。

表 6-5　不同类型的素质模型优劣势对比

建模类型	优势	劣势
针对岗位／序列建模	①精确，能够覆盖岗位所需 90% 的素质 ②效果立竿见影，能够迅速加快人才管理机制建设，塑造人才竞争优势 ③应用深入，基于素质模型的测评结果能够直接与薪酬、晋升、培训、绩效、后备人才挂钩 ④成本低，投入时间短	范围窄，覆盖的面只有目标岗位或序列，对其他岗位无法起作用
针对层级全员建模	①范围广，覆盖的面包括全体员工 ②操作简单，企业很容易就能够应用 ③可作为薪酬调整、晋升、培训方面的参考 ④成本低，投入时间短	①覆盖岗位所需 30% ～ 60% 的素质 ②需升级，即便应用得非常好，也需要进一步升级
综合建模	①精确，能够覆盖岗位所需 75% 的素质 ②范围广，覆盖的面包括全体员工 ③应用成功的话，能够迅速加快人才管理机制建设，塑造人才竞争优势 ④应用深入，基于素质模型的测评结果能够直接与薪酬、晋升、培训、绩效、后备人才挂钩	①成本高，需要投入半年以上的时间，项目经费动辄几百上千万元 ②复杂，应用的难度高，对人力资源部和各个部门是巨大的挑战 ③有风险，对企业文化、管理水平有较高要求，一般企业很容易束之高阁

不同的模型类型，评价的素质能力有所区别，从实用落地的角度来说，对于原先没有建立过素质模型的企业，德锐咨询建议优先采用层级建模方式，其优点是适用范围较广、建模时间短、操作简单，并且能够快速在全体员工层面建立价值和能力导向。当然，层级建模由于覆盖面广，所以精确度不够高，如果企业对于素质模型有深度应用的需求，一方面需要选择更加精准的建模方式，如基于序列或岗位的建模，另一方面也需要在未来不断优化升级现有的素质模型。

高贝斯素质模型的诞生

高贝斯成立于 2005 年，是一家集研发、生产、销售、服务于一体的专业化医用防护用品生产企业，创始人高总是位特别有情怀的老板，尽管在发展过程中遇到过各种各样的困难，但一直致力于"为人类的健康提供优质防护产品"，不断在优化产品线、寻找最佳的生产地、构建自主品牌等方面布局发展。近年来，在进行产业布局的过程中，高总逐步意识到，要构建自主品牌，除了在产品、市场和生产上发力外，更主要的是关注人，合适的人是业务发展的关键。关于用人标准，虽然高总近年来一直在提，但是整个管理层团队仍不能达成共识。于是 2019 年夏天，高总找到了德锐咨询。

经过半个月的访谈和了解，德锐咨询认为高贝斯有特别纯正的文化基因，但并没有发挥对标准的统一认知，所以德锐咨询决定从构建高贝斯的用人标准开始，以此作为解决高贝斯整体人才管理的第一步。同时，了解到高贝斯现有人员整体文化素质水平不高，管理水平有待提升，所以德锐咨询采用了综合建模的方法，进行了以下关键操作。

（1）人员访谈：与高贝斯中高管和核心业务骨干等近 30 位人员进行了访谈。针对人才标准，围绕以下问题展开。

1）你感受到的高贝斯企业文化特点是什么？愿景、使命和价值观是否清晰、易理解？

2）你认为高贝斯高层人员已经具备和应该具备的素质能力有哪些？中层人员已经具备和应该具备的素质能力有哪些？基层人员已经具备和应

该具备的素质能力有哪些？除了这些群体，还有哪些群体比较重要？

这个过程中，很多人都提出了对销售团队的期待，因此德锐咨询详细了解了目前绩优销售人员的特质，并进行了相应的提炼，如表6-6所示。

表6-6　素质项提炼

故事标题：心中有客户	
起因：单独去开拓客户	
经过（关键环节）	提炼素质项
①连续拜访了医院不下五次，最后终于答应见面 ②其间尽管医院提出没有购买意向，但我仍然努力维护关系 ③有次医院临时打电话又要求竞标，虽然我知道希望渺茫，但我还是去了，而且准备得很充分，比他们要求的，多准备了5套产品，所以比竞争对手准备得充分 ④后来，只要他们要货，都是第一时间响应，且最大程度地调节资源，满足其需要，现在这家医院是公司的大客户	①坚持、关系建立、客户关系维护 ②服务意识、客户导向 ③诚实

3）我们的客户希望我们具备哪些能力以更好地服务他们？

（2）问卷调研。结合前期访谈情况，针对被访谈对象提出的高频词，德锐咨询进行了归纳和总结，同时了解到，现阶段国内自主品牌的建设是高贝斯业务的重点（尤其是对销售人员的打造标准没有达成统一）。所以，在全员范围内进行了针对高层、中层、全员及销售人员素质项的调研。调研题目是多选题，内容如下。

1）你认为公司未来发展需要高层管理者具备以下哪些素质（多项选择，最多五项）？

1	先人后事	2	战略思维	3	组织塑造	4	商业洞察
5	全局意识	6	变革创新	7	事业雄心	8	共启愿景
9	以身作则	10	激励人心	11	充分授权	12	其他

2）公司未来发展需要中层管理者具备以下哪些素质（多项选择，最多五项）？

1	战略执行	2	统筹规划	3	以身作则	4	全局意识
5	激励人心	6	变革创新	7	先人后事	8	培养他人
9	团队建设	10	解决问题	11	其他		

3）公司未来发展需要全体员工具备以下哪些素质（多项选择，最多五项）？

1	先公后私	2	客户价值	3	沟通协调	4	诚实守信
5	真诚开放	6	严谨细致	7	团队协作	8	追求卓越
9	学习创新	10	勤劳敬业	11	勇担责任	12	尽职尽责
13	工作激情	14	坚韧抗压	15	其他		

4）公司未来发展需要销售具备以下哪些素质（多项选择，最多五项）？

1	市场敏锐	2	应变能力	3	沟通影响	4	成本意识
5	吃苦耐劳	6	资源整合	7	成就动机	8	坚韧抗压
9	工作激情	10	需求挖掘	11	专业能力	12	其他

（3）战略分析。结合高贝斯 OEM 加工行业特征和员工文化水平的特点，同时结合需要不断革新和发展壮大的方向综合确定其素质模型。进一步结合其企业文化特征、战略方向和关键成功因素最终提炼出了高贝斯管理人员素质（并未区分中层与高层，因为通过与管理团队沟通发现，目前对高层的要求更多落在创始人身上，对现有中层与高层素质能力要求的差异不大）、全员通用素质和销售人员素质三类，最终构成了高贝斯综合素质模型。

高贝斯素质模型构建思路如图 6-7 所示。

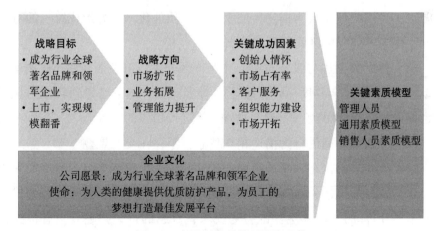

图 6-7 高贝斯素质模型构建思路

最终，结合访谈总结出的高频词、问卷调研的结果，与管理团队及业务骨干组成的专家团队用了四个小时的时间，研讨确认了高贝斯的素质模型。为了方便高贝斯人员对素质模型有更深的认识与记忆，德锐咨询将其LOGO和最终确定的素质项结合在一起，确定了高贝斯素质模型的呈现方式，如图 6-8 所示。

图 6-8 高贝斯素质模型

构建全员认同的素质行为标准

除了提炼素质项之外，另一关键的步骤是对素质项进行定义和分级描述（见表 6-7）。对行为等级的描述，应该具备以下特征：

（1）不同的分值区间代表不同的行为表现优异程度。

（2）各层级使用行为描述，便于对各素质外化测量并形成统一的行为指导，作为不同分值区间判断的依据。

（3）各层级描述与级别对应，并保持区分度，可按照意愿（从被动到主动）、困难和复杂程度（从低到高）、涉及人员（从自己做到转变为让同事也能做到）、出现的频率（逐步增加）等进行相应的区分。

（4）各层级之间的行为描述相互独立，不存在交叉重叠。

（5）待发展的描述为略微负面的描述，在一个组织中，只有少数人出现；合格的行为描述为大部分员工都能达到的行为要求；优秀的行为描述是只有约 15% 的人能够达到的行为要求；卓越的行为描述，只有极少部分人能够达到，他们是这个组织中该行为表现的模范代表。

表 6-7　素质项行为描述

素质项	定义	0～1分 (待发展)	2～3分(合格)	4～5分(优秀)	6～7分(卓越)
全局意识	从公司整体、长期的利益出发开展工作，保证公司目标完成	考虑问题不全面，更多从部门及个人层面出发	具备多角度思考问题的能力，当局部与公司之间利益发生冲突时，服从公司安排	将公司整体利益置于局部利益之上，面临冲突能从公司组织层面主动牺牲自我利益，并提出解决方案	坚持从公司长期利益出发，始终以公司全局为重，实现共赢

　　一般情况下，素质项的行为描述由人力资源部负责人才发展相关工作的人员或组织发展部的人员去牵头完成，参与行为描述的人员必须对该公司的企业文化特点非常清晰。但即使是这样，也没办法直接应用在整体的人才盘点素质行为标准评价中，能够应用的一个前提是对行为标准的描述要在组织内部达成充分的共识和充分的宣贯，因为只有在达成共识的基础上，才能进行客观、认真的评价。

　　对素质行为标准形成员工共识的难度要远远大于确定素质行为标准本身。因为，素质行为标准的使用和每位员工息息相关，当员工对素质行为标准不理解或不知其来源过程时，那素质行为标准的使用将不尽如人意。因此，用集体智慧描述素质行为标准就显得尤为重要，德锐咨询建议用"世界咖啡"方式，巧用集体智慧对素质行为标准进行描述。

　　"世界咖啡"中，每个组都有两个关键的角色，一个是组长，另一个是组秘，在正式开展研讨会之前，需提前选择与确定，他们对整个讨论的环节和过程起着至关重要的作用。其职责和角色选择标准为：

　　（1）组长。组长作为分组研讨时的负责人，引领小组成员进行讨论，组长要敢于独立发言，活跃小组气氛，带动小组成员讨论的热情，鼓励大家充分讨论。

　　（2）组秘。组秘在研讨过程中承担记录工作，对小组成员讨论过程中的建议和修改调整意见进行记录，并负责规则的执行。因此，组秘需要擅于聆听，进行总结归纳，具有时间观念，敢于决策，帮助组长在小组内部形成一致的结论。

　　为确保"世界咖啡"研讨会的效果，需要遵循以下原则。

（1）原则一：设定主题。与相关主要的负责人确定好主题，并提前通知与会人员。

（2）原则二：营造友好的空间。整个研讨的过程是轻松、愉悦的，供大家充分表达自己的观点。

（3）原则三：探索真正重要的问题。严格按照设定的流程进行，过程中避免延伸到其他方面，以免偏离主题使研讨进行不下去。

（4）原则四：鼓励每个人参与和贡献。在讨论的过程中，每个人需充分表达自己的观点，贡献自己的见解，将最好的内容融合到最终的结论中，同时，让参与的人员有参与感和认同感，有利于标准的共识与统一。

（5）原则五：到处走动，交流并连接不同观点。整体研讨以小组的形式开展，一般会设置一个小组承担一个方面任务的共识，但是除了小组组长和组秘之外的每个人，都需要参与到不同小组的讨论，与不同的人员组成一个小组对某一主题的内容进行讨论，在不同的小组与不同的组员之间形成连接，碰撞出不同的观点。

（6）原则六：共同倾听其中的模式、见解和问题。在讨论的过程中，每个小组成员暂时抛开职务身份，每个小组成员都是独立的个体，由组长组织小组成员分别表达自己的观点，在他人表达观点的过程中其他人需要认真倾听——见解无专利，每个人都可以充分表达。

（7）原则七：收获并分享整体的智慧。每个人都参与讨论后的成果，是整体的研讨成果和智慧结晶，每个小组的组长向全员分享最后的成果。

最为关键的是整个"世界咖啡"的研讨过程，一般情况下要经过 4 ～ 6 轮的研讨，具体的研讨轮数根据需要研讨的主题确定。

一场成功的素质模型共识会

在构建高贝斯的素质项后，德锐咨询主导了高贝斯素质模型的行为描述，并在高管团队内部进行了试评价。所谓试评价是指根据最初的人才盘点标准对现有团队人员进行评价，在评价的过程中感知行为描述的标准是否合适。在经过高管团队的检验后，德锐咨询对素质模型的行为描述进行了调整。当时高管团队看完修改后的素质项行为描述后表示，按照这个标准评价即可，需追赶人才盘点的进度，但是德锐咨询项目组拒绝了。项目经理提到，人才盘点很重要的一个前提是参与人才盘点的人对标准的来源及内容要达成共识，这样才能确保参与者保持敬畏心，才能保障评价的客观和有效。于是，德锐咨询牵头组织了素质模型研讨会，关键步骤如下。

首先，提前请人力资源部安排中高层及包含基层业务骨干在内的 32 位人员参与本次素质模型的研讨会，且提前对 32 位人员进行分组，每组确认组长和组秘。

小组	卡布奇诺	摩卡	拿铁	玛奇朵
研讨素质项	诚实守信	客户价值	商业洞察	工作激情
	沟通协作	学习创新	全局意识	说服影响
	勤劳敬业	以身作则	先人后事	市场开拓
组长	蔡维勇	蒋爱菊	冯艳琴	魏胜英
组秘	曾令军	高宁	李万贵	吴绍兵
	郝义平	赵成	卜繁华	王丽
	马瑞	袁媛	李娥	欧绪龙
	丁迎接	施代胜	单宗勤	王军
	倪玉华	刘俊	汪峰	常莲莲
	赵刚	张宏银	董晓倩	朱良平
	柴源	董梅	徐文星	李玉梅

在研讨会的前一天，项目组协同人力资源部对 8 位组长和组秘进行了研讨会规则的培训，提前知晓研讨会的规则及各自的职责与任务分工；提前将 12 项素质项行为描述分成了 4 组，一组 3 个并提前打印，确保到场的每位人员人手一份。

在"世界咖啡"正式开始研讨时，项目经理提前对参会人员就素质模型的来源过程进行了详细的说明，并重点介绍了"世界咖啡"研讨时需要遵循的原则及相应的研讨规则与流程，在此基础上开展素质模型的讨论。总的研讨共 4 个小组，研讨了 4 轮，每轮研讨过程遵循如下关键要求点：

（1）逐个素质进行讨论。

（2）小组组员朗读每个素质。

（3）组长组织组员逐个提出修改意见，并组织讨论明确修改意见。

（4）开始和结束时一起喊世界咖啡的口号。

（5）由组秘对全过程讨论的问题点进行记录。

最后每个小组将4轮讨论后的内容进行总结与提炼，用高贝斯员工能够理解的语言将最终的结果呈现出来，并在全员面前进行汇报，达成共识。以"商业洞察"这一行为描述的修改为例：①对于高贝斯而言，在修改前，4～5分的行为描述要比2～3分的行为描述容易达到，应该进行位置的调动；②每个层面的行为描述，最好有相应的结果，这样比较能让现有的员工理解。

表 6-8　"商业洞察"修改

类别	素质项	0～1分（待发展）	2～3分（合格）	4～5分（优秀）	6～7分（卓越）
修改前	商业洞察	较少关注行业发展状况，认为商业环境和自己没有关系	主动了解并收集反馈企业竞争对手发展策略	快速洞察行业和市场的变化，根据实际情况提出针对性、建设性建议	对行业发展有独到见解，帮助公司制订长期的发展规划
修改后	商业洞察	较少关注行业发展状况，应对变化改进不及时	快速洞察行业和市场的变化，根据公司实际情况提出针对性、建设性建议	主动了解并收集反馈标杆企业竞争和发展策略，提出应对策略，并迅速采取行动，抓住机遇	对行业和市场发展有独到的见解，帮助公司制订长期的发展规划，保持公司的领先优势

素质行为标准除了借行动学习的方式在特定的群体内完成共识，还需在全员范围内进行宣贯。如采用宣讲会的形式，人力资源部牵头在高层、中基层范围内进行宣贯，且由中层人员向其直接下属进行解释和答疑，确保每位成员知晓素质模型的定义、素质模型来源、素质模型的应用范围及素质模型评价标准，使人才盘点标准在全员范围内达成共识。

最优九宫格

业绩评价标准和素质评价标准的确定是人才盘点分类的第一步，紧接着通过数据搜集对人才质量的盘点结果进行分类和结构化分析，进而发现哪些是合适的高质量人才，哪些是不合适的低质量人才。最常用的人才分类方式是人才九宫格，即借用素质能力维度和业绩评价维度将现有的人才分为六类，如图6-9所示。

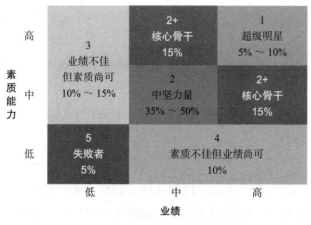

图 6-9 素质—业绩九宫格

当然，就如前文所说，业绩维度是任何企业都会考虑的衡量标准，因为业绩在一定程度上代表过去创造的价值，相对客观又有说服力。但在素质能力维度，由于不同的企业对人才评价的关注点有所不同，且即使同一企业，在不同的发展阶段对人才评价的关注点也会发生变化，一般会在价值观、潜力和综合能力中进行选择。因此也就有了对九宫格的多种变形使用。

从适用的广泛度来看，价值观常用来识别同路人，潜力用来识别未来的成长空间，而素质能力综合考虑了价值观、潜力和综合能力，因此素质—业绩九宫格被视为最优九宫格，也是使用频率最高、结果应用范围最广的九宫格。素质—能力九宫格从"素质能力""业绩"两个维度评价企业内部员工，并且将员工区分为六大类：超级明星、核心骨干、中坚力量、业绩不佳但素质尚可、素质不佳但业绩尚可和失败者。

- 超级明星（定位为 1 类）：企业内部的明星，是真正引领企业发展的人员。他们能力出色，创造出高于同岗位人的利润，引领企业超越行业的发展速度。

- 核心骨干（定位为 2+ 类）：企业内部的坚实贡献者，胜任当前级别的工作，且有持续创造价值的可能性。

- 中坚力量（定位为 2 类）：企业内部的稳定贡献者，这部分员工所占比例通常较高，能够胜任当前岗位，并且稳定贡献岗位价值。

- 业绩不佳但素质尚可（定位为3类）：具备一定的能力，但当期工作业绩不佳，达不到岗位的要求。若长期在该岗位的老员工始终不创造业绩，则被称为"老白兔"，极易滋生兔子窝，影响整个团队的业绩创造。而对于刚到岗位不久的"小白兔"需要给予一定时间的考察，若在给定的期限内仍不能创造业绩，则也将其认定为不合适的人。

- 素质不佳但业绩尚可（定位为4类）：工作业绩表现不错，但能力较差，有些人对企业价值观认同度较低，甚至对组织氛围有破坏作用。这类员工所占比例过高会给企业的稳定性带来隐患。

- 失败者（定位为5类）：没有能力，而且当期工作业绩达不到岗位要求。

很明显，1类、2+类、2类员工就是企业需要的合适的高质量人才，3类、4类、5类员工则属于不合适的低质量人才。

对于企业来说，高质量人才占比较高，意味着企业完成既定目标所需人员较少，因此拥有更高的人效值，在竞争中可获得更多的发展优势。如表6-9所示，从人才稳定性的角度看，全员1类人员的占比为5%～10%，2+类人员占比为15%，2类人员占比为35%～50%，3类人员占比为10%～15%，4类人员占比为10%，5类人员占比为5%。在整体的人才九宫格定位后，对比理想的比例占比，当发现1类、2+类和2类的占比低于理想比例时，应该格外关注。

表6-9　不同类别理想的九宫格定位占比

九宫格	定位	整体理想占比	关键岗位理想比例	部门管理层理想比例	后台人员理想比例
1	超级明星	5%～10%	↑	↑	≈
2+	核心骨干	15%	↑	↑	≈
2	中坚力量	35%～50%	↑	↑	≈
3	业绩不佳但素质尚可	10%～15%	↓	—	≈
4	素质不佳但业绩尚可	10%	↓	—	≈
5	失败者	5%	↓	—	≈

注：↓表示低于整体理想比例，↑表示高于整体理想比例，—表示为零，≈表示与整体理想比例相当。

此外，企业还需要关注关键岗位、部门管理层和后台人员的占比。针对这些岗位的人才结构，我们有如下建议。

（1）关键岗位：关键岗位对关键业务的实现起着重要作用，人才质量越高，越能保证关键岗位业绩的实现。因此，对于关键岗位的关键人才，1类、2+类和2类人员的占比应高于整体的理想比例。

（2）部门管理层岗位：在第5章我们提到，管理层在组织中起着承上启下的作用。作为腰部力量，管理层团队不能弱，因此就人才质量而言，管理层不能存在3类、4类和5类人员，否则将成为整个部门业绩甚至公司某一职能的短板。

（3）后台：后台是辅助战略目标实现的岗位，其人才分布可与公司整体的人才定位分布占比相当。

不难发现，人才质量决定公司需要多少人干多少事，且关键岗位人才的质量水平也直接影响关键业务能否完成，因此人才质量不仅影响公司的人才需求规划，也决定公司战略目标能否实现和公司的人效水平。企业需要持续从业绩和素质能力两个维度对现有人员进行动态盘点。至于如何得到人才盘点定位和人才盘点的精准度，后面的章节会详细展开。

■ 关键发现

- 在人的时代，个体的价值越来越凸显，拥有高质量人才，才能使企业赢得更多的发展机会，才能引领企业的发展，让企业拥有竞争优势。
- 衡量一个人是不是持续高价值创造的高质量人才，业绩和素质能力这两个维度缺一不可。
- 业绩反映过去的价值创造。
- 素质能力是创造价值的根本。
- 提炼素质项的常用方法有：战略推导法、专家讨论法、标杆导入法、BEI访谈法和问卷调研法。其中，战略推导法和专家讨论法不可忽略。
- "世界咖啡"是构建全员认同的素质行为标准的有效方法。
- 素质能力和业绩将人才分为六类，形成最优九宫格。

第 7 章

人才盘点的测评工具

当你很清楚你要用什么样的人，

并且熟知你安放到这一岗位的人选，

那么你就能想象得出事情会做得如何。

——瑞·达利欧《原则》

　　人才测评与人才数量盘点的区别在于，人才数量盘点中无论是人效分析还是人员结构分析，都是基于客观的数据，而对于个体的业绩测评和素质能力测评都有"人"的因素在其中。因此，测评工具的选择非常重要，测评工具需要最大程度降低"人"的主观性，为人才评价提供更多的客观依据。合适的测评工具要有一定的信效度，才能体现公平，让员工心服口服。市面上鼓吹的测评工具五花八门，但是人才盘点过程中使用的测评工具需要定制化设计，且需要满足以下条件：

　　（1）可持续性强。人才盘点是企业内部持续的管理动作，所以测评工具要能够可持续使用，保证评价维度的一致性和前后测评对比的可参考性，同时降低参与测评人员的学习与沟通成本，从而保证测评数据的有效性。

　　（2）精准度高。人才质量的盘点结果无论是对人才需求规划还是后续的招聘、淘汰、培养等人才管理动作均具有重要的指导意义，因此测评结果的精准度一定要高。

　　（3）成本低。人才盘点涉及的人员范围广，参与人数多，因此，无论是经济成本还是时间成本，在选择测评工具时都需要充分考量。

事实上，越精准的测评工具，需要投入的测评时间越长、精力越多，因此在可持续性、精准度和成本之间取得平衡，找到最具"性价比"的测评工具尤为关键。基于人才盘点的需要，参考测评工具选择的条件，德锐咨询总结出：①针对素质能力评价，以360度测评为主，确保多角度搜集信息的同时，又为帮助员工个体发展提供了重要信息；另外，考虑到时间成本和物质成本等企业实际状况，可借助性格测评和评价中心对素质能力做进一步衡量与判断。②针对业绩评价，相应评价标准需以直接上级评价为主，也需考虑相应的客观条件。

多角度素质能力搜集：360度测评

根据研究统计，多达90%的《财富》500强企业通过使用某种形式的360度测评进行员工评估或发展。在人才盘点中，360度测评常用来收集对员工素质能力的评价。360度测评是指由被测评者本人、直接上级、间接上级、同级、下属甚至是客户等人员，全方位、多角度对被测评人进行评估。

360度测评可以全面衡量员工过去一段时间的工作表现，帮助上级了解该员工在面对下属、同级人员、内部服务部门及外部客户时的行为表现；对于员工来说，可以有效规避直接上级单人评价的主观偏好，通过多方评价结果的相互印证来最大限度还原被评价人真实的工作表现，排除那些不符合事实的、过于主观的评价。

总体来说，360度测评规避了仅仅由上级对下级单方面做出评价的弊端，提升了评价结果的客观可信度，也能帮助管理者全面了解员工的状态，为员工后期成长制订发展计划提供重要参考信息。

360度测评可通过问卷调查和一对一访谈来搜集数据，其中，问卷调查因效率高且成本低等优势被广泛应用。完整的360度测评包含以下六个环节（见表7-1），任何环节的疏忽都会对测评结果的精准度造成影响。

表 7-1　360 度测评操作

准备阶段	1. 设计测评问卷
	2. 搜集并确定评价关系
测评阶段	3. 问卷发放与回收
	4. 测评数据分析
校准反馈阶段	5. 对测评数据校准
	6. 360 度测评结果反馈

（1）设计测评问卷。360 度测评问卷的内容基于素质模型展开，评价人对测评对象在各个素质项上的行为表现进行打分或选择符合程度，题目的形式为选择题。同时调查问卷也会包含部分开放式问题，让参与调查的员工能有机会用自己的语言，把看到的和感受到的信息表达出来。图 7-1 是 360 度测评问卷示例，其中有三道主观题，分别是：

1）总体来说，您认为被评估人最重要的两个优点是什么？

2）总体来说，您认为被评估人最关键的两个不足是什么？

3）请给被评估人两个具体的建议以帮助他提高（即通过何种方式改进）。

（2）搜集并确定评价关系。因为评价人来自 360 度全方位，涉及的人员范围较广，所以需要根据被评价人日常工作的接触人员范围和频率，提前筛选和确定参与 360 度测评的人员，确保搜集到的信息完整准确。具体操作在下文详细展开论述。

（3）问卷发放与回收。在问卷发放之前要将评分规则对全员深入贯彻，并需要在规定周期内完成。从经验来看，提供问卷填写的周期越长，最终的数据准确性反而越低，会给部分别有用心的员工私下讨论、操控评分的机会。另外，操作人员需要保证 360 度测评整个过程保密。

（4）测评数据分析。搜集上来问卷测评数据后，利用数理统计的方式对素质测评得分和业绩测评得分进行分析，同时在分析的过程中剔除无效问卷，确保得到的数据是可供参考的。

（5）对测评数据校准。即使素质模型有了明确的打分依据，但不同管理者、不同员工对行为描述理解和评价尺度会存在偏差，为了减少打分偏差，确保分数精准度，应在后续的人才校准会议中对搜集上来的数据进行二次校准。

您好：

受贵公司委托，由我们××××协助完成素质测评。

素质测评是对现状的了解和评估，这对于员工个人发展和企业培训、人才管理都有重要意义。本次素质测评是匿名制，被评价人和评价人的打分都是保密的，请您根据实际情况和您了解的真实信息完成自评和对他人的评价。

整个评估过程由××××独立处理问卷的发放、回收、统计工作，我们承诺对每个人的打分进行保密。请大家认真客观地评估。

填写说明：1. 本次测评分为两类题型，第一类是选择打分题，即选择被测评人该素质项所得到的分数；第二类是问答题，即根据实际情况填写相应问题。2. 此次测评均为必答题。有遇漏项，将无法提交。

感谢您的积极参与和支持！

南京××××企业管理咨询有限公司

- -

一、打分题

1. 客户第一

定义：把满足内外部客户需求、为客户创造价值、提高客户满意度作为工作的出发点。

0～1分：本位主义，较少关注客户需求，客户反馈没有响应。

2～3分：不关注客户需求，客户提出的问题基本能响应。

4～5分：基于客户需求开展工作，积极快速响应客户反馈，不断提升内外部客户满意度。

6～7分：具有超前服务意识，基于客户需求，主动帮助客户成长，为公司持续创造价值。

	0	1	2	3	4	5	6	7
龚××	○	○	○	○	○	○	○	○
胡××	○	○	○	○	○	○	○	○

2. 诚信正直

定义：坦率真诚，坚持原则，信守承诺，有职业道德。

0～1分：不能说到做到，偶有歪曲事实，漠视职业道德。

2～3分：不传播未经证实的消息，不利用工作便利谋取私利．基本能说到做到。

4～5分：言行一致，遇到利益诱惑时能予以抵制，敢于坚持原则和讲真话。

6～7分：勇于指出并纠正有损公司利益、形象的行为，面对极大困难时仍能信守承诺。

	0	1	2	3	4	5	6	7
龚××	○	○	○	○	○	○	○	○
胡××	○	○	○	○	○	○	○	○

（1）

图7-1　360度测评问卷（示例）

二、问答题

1. 总体来说，您认为被评估人最重要的两个优点是什么（备注：将两个答案均填写到被评估人后面的框中）？

刘 × ×
周 × ×
万 × ×

2. 总体来说，您认为被评估人最关键的两个不足是什么（备注：同上）？

刘 × ×
周 × ×
万 × ×

3. 请给被评估人两个具体的建议以帮助他提高（备注：同上）。

刘 × ×
周 × ×
万 × ×

（2）

图 7-1 （续）

（6）360度测评结果反馈。360度测评的结果既可作为人才质量盘点的数据输出，也可作为后续员工发展的依据，因此需要将测评结果反馈给员工（反馈的方法在本书第13章中详细论述），这样也有利于提高员工后期参与测评的积极性。

360度测评操作五误区

若360度测评的操作与执行正确，定能发挥其在人才盘点数据搜集和员工发展中的价值。然而，很多公司的360度测评并没有达到理想的效果，常常出现员工不接受测评结果、测评结果无法区分团队成员水平差异、测评结果被束之高阁等问题。常见的有以下五个误区。

前期宣贯不到位，测评数据参考弱

很多时候，人才盘点实施者为了追求完成360度测评工作的速度，省略了前期素质模型的构建、测评之前打分规则的培训等关键环节，将测评问卷发放给员工让其直接填写。

在这种情况下，由于员工既不清楚开展360度测评工作的原因和目的，也无法准确理解素质项的定义及评价的标准，导致员工对360度测评工作缺乏重视，将其当作一项任务敷衍了事，或者本着老好人的心态，给每个人都打出差不多的分数。

所以，如果前期对360度测评不做充分宣贯和解释，会导致测评搜集上来的数据可参考度弱。而以此数据作为盘点数据的话，不仅无法发挥360度测评的功效，而且会因为测评结果失真而增加员工内心的不公平感，导致人才盘点工作在组织当中的价值感降低。

评价对象交集少，评价效果难参考

企业进行360度测评时，我们常常听到来自员工的困惑与抱怨，"这个人虽然跟我是一个部门的，但是我们俩经常各自出差，没有太多见面的机会，根本不了解对方""他上个月才从其他部门调过来，虽然我是他的直接上级，但我对他并不了解"。

面对工作中不够熟悉的同级人员，测评人员通常倾向于给出一个没有区分度的中间分数，如满分5分打3分，满分7分打4分，而对其定性的评价更是无从下手，草草了事。

这一问题的出现与前期确定评价关系时的纰漏有直接关系，若人才盘点实施者仅仅按照组织架构，一板一眼地分配好评价关系名单，而没有根据每个部门或个人的实际情况进行调整，那么测评名单上很容易出现并不了解被测评人的同事、下属或者上级。这使得评价人占用了有限的评价名额，却无法给出客观分数和可供参考的意见，同样会对360度测评的公平性造成影响。

评价规则不遵守，别有用心给分数

360度测评需要遵循以下规则，才能确保测评的客观性、一致性及分数的可参考性。

（1）客观心态：从帮助他人准确认知自我的角度进行评价。

（2）行为事例原则：严格按照实际行为表现，参考素质能力分级行为描述进行打分，不因推测被评价者"能够做到"而给出高分。

（3）近期表现原则：根据被测评人的实际表现、近期表现（一年内）进行评价。

（4）整体原则：根据被测评人整体、大部分情况下的表现进行评价，避免以偏概全。

（5）认真考虑，并填写优势、不足和建议这三个开放题。

（6）尽可能在一段集中的时间内完成，保证尺度一致性。

为了打消评价人打分时心中的顾虑，360度测评结果的显示通常是匿名的和保密的，但这也给了一些"别有用心"的人不遵守打分规则的机会。比如，个别评价者或是抓住个别事件不放，故意"放大"某些偏见，给出极低的分数；或是出于偏袒或保护，在被测评者明明表现不佳的情况下还给出虚高的分数等。这些行为都会在某种程度上导致评价结果失真，破坏360度测评的公平性。

评价标准不统一，评价结果失公允

除了培训宣贯等关键环节缺失，对于评价标准的理解尺度不统一也可能是因为不同管理人员的管理能力和管理风格存在一定的差异。比如，有些管理者对自身要求较高，对同事和下属也会比较严厉，因此尽管在评价时他们认为自己给出的分数是客观的，但仍有可能使得分值整体相对偏低。

如果这种差异始终存在而不采取补救办法，不仅会造成测评结果有失公允，时间久了，还会使管理者产生猜疑（无法证实的猜疑，会在心里无限放大），导致每个团队负责人都觉得自己给分偏低，产生自己团队吃了亏的错觉。这样的情绪蔓延开来，会逐步让员工对360度测评结果失去信任，让人才盘点工作很难持续开展。

测评报告缺反馈，被测评人配合度低

360度测评的价值不只在于搜集人才盘点的数据，了解被评价对象的真实水平，更在于通过全方位的测评形成个人360度测评报告，帮助被测评者更加客观地认识自己，扩大被测评对象认知的公开区。因此，360度测评报告的反馈对员工而言至关重要。

很多企业并没有重视测评之后的反馈，它们要么不主动将360度测评报告反馈给员工，要么不对报告做出正式、合理的反馈和沟通，而是简单粗暴地把360度测评报告直接发给员工。尤其是当360度测评报告的结果与被测评对象认知差异较大时，不仅起不到让员工客观认知自己的正向作用，很有可能让员工产生抵触心理。如果这样，会让以后再次操作360度测评的难度增加，员工不仅不配合，还会持反对态度。

360度测评使用五诀窍

不能因为360度测评过程中操作不当带来的问题，全盘否定360度测评的价值。事实上，以上误区，只需要在细节上稍加注意，就能确保花费大量时间和精力的360度测评真正发挥其功效。这里总结出可以让360度测评工作达到事半功倍效果的五个诀窍。

全面详细培训，充分宣贯到位

让员工了解整个360度测评的过程，除了确保搜集数据的准确性，还可以让员工对该工作的背景和意义有更深刻的理解，也会更容易获得员工的信任和支持。因此在每个关键环节都需要让员工参与进来，让员工潜移默化地掌握人才盘点的技巧和方法。在此过程中，必要的培训不可少，我们总结了360度测评过程中具体的培训内容，如表7-2所示，每个培训的主题相互关联，每个环节不落下，辐射到全员，才能确保宣贯充分到位。

表 7-2　360 度测评培训内容

关键环节	培训内容	宣导方法	参与人员
360 度测评前	素质模型研讨	借助"世界咖啡"或其他行动学习的方法	中高层人员及核心人员
	人才盘点的目的和意义	1.针对中高层人员，面对面培训 2.针对基层员工，借助线上视频、语音宣导，或组织多场线下培训会议	全员
360 度测评过程中	素质模型构建过程和素质能力行为描述解释	1.借助线上视频、语音宣导，或组织多场线下培训会议 2.直接上级部门内宣导	未参与素质模型讨论的人员

（续）

关键环节	培训内容	宣导方法	参与人员
360 度测评过程中	1. 360 度测评问卷说明 2. 测评问卷填写注意事项，打分原则	1. 借助线上视频、语音宣导，或组织多场线下培训会议 2. 直接上级部门内宣导	全员
360 度测评后	人才盘点会议规则和流程	线下培训	管理人员
	360 度测评报告反馈方法	线下培训	管理人员

在 360 度测评前，让中高层人员及核心人员参与素质模型研讨，确保测评问卷的内容得到关键人员的认可与共识，同时让全员了解人才盘点的意义以及各自的责任与义务，为 360 度测评奠定基础。360 度测评过程中，需详细介绍素质模型即测评问卷的来源，让员工知晓这是公司内部管理层达成共识的人才标准，让员工对素质能力的行为描述有详细的认知；同时充分讲述问卷打分原则，规避打分过程中常犯的错误。以上信息要充分、准确地传递给每一个管理者，确保他们理解和掌握，进而将信息再向下传递。

在 360 度测评后，需要对管理人员进行人才盘点会议规则及 360 度测评报告反馈方法的培训，这两项工作可以事先向全员预告，提高测评时的敬畏之心。从培训范围上，确保每个参与测评的人员自上而下信息充分共享，且对问卷测评标准、打分规则和注意要点理解一致。其中最为关键的角色是中层管理人员，他们不仅要参与到测评标准的制定中，还要将测评的每个环节信息在部门内部深入宣贯。

甄选评价对象，确保评价有据

在确定评价对象时，并不是符合"360 度"界定的同级、下属、直接上级、间接上级都可以参与到评价中去，为了确保测评人能够提供有效的信息，我们需要对评价对象进行甄选。甄选评价对象应遵守以下原则：

（1）所有被测评人必须有直接上级和同级的评价，而如果被测评人没有下属，则可不提供名单。

（2）评价人必须对被评价人的工作情况有所了解，或者与被评价人在工作上存在交集。

（3）参与评价的同级人员和下属的总人数控制在 8 人以内。

（4）入职未满 6 个月或处于试用期的员工通常不参与测评。

（5）在测评开始前半年内有过职位调动的员工，可以采用前任上级、前同级与现任上级、现同级共同参与评价。

（6）评价人与被测评人之间若存在亲属及其他亲近关系，则评价人应回避。

（7）评价关系名单的选择过程和最终结果必须严格保密，只有人才盘点实施者和相关直接上级知晓。

360 度测评评价关系表模板如表 7-3 所示。

表 7-3　360 度测评评价关系表模板

工号	姓名	所属部门	岗位	适用素质项	直接上级	间接上级	同级		下级	
001	张三	财务部	财务总监	全员素质项、中层素质项	×××	×××				
002	……	……	……	……		……	……			

鉴别失真评价，剔除无效数据

即使做了完整的培训与说明，也仍然很难一次性保证所有人评价尺度的一致性以及每个参与测评的人都能严肃对待，认真作答。作为人才盘点的实施者需要将这些"失真"的评价鉴别出来，在保证测评结果可信度的同时给予"别有用心"者以压力。

（1）关注个别测评人给出的分数与其他测评人分数差异较大的情况。这时可以将异常评价人的其他评价报告拿出来进行横向对比，以此判断是因为评价尺度的问题，还是因为测评人针对被测评人的个人偏见而给出了失真分数。

（2）关注评价人对被评价对象所有素质能力的打分高度一致性的情况，比如都打一样的高分或一样的低分或打分有明显的规律，导致评价人所评价的对象之间没有区分度。在此情况下，该评价人所评价的分数应被视为无效。

当鉴别出以上问题，且判断是评价人刻意而为之时，人才盘点实施者应将数据从评价结果中剔除。

在表 7-4 的示例中，我们可以明显看出评价人张晓对其他员工的评价是存在问题的，分值趋于一致，主观题的回答很随意。当然上述情况是比较少数的，很多时候，人才盘点实施者需要更细致地分析来识别这些"别有用心"者。最简单和直接的方式就是通过查看评价人回答主观题的认真程度来进行识别，比如回答"无缺点""无建议"等的问卷，都要结合其他信息分析后决定是否作为废卷处理。

表 7-4　评价数据分析（示例）

				评价人：张晓		
被评价人	全局意识	培养他人	以身作则	被评估人最重要的两个优点是什么	被评估人最关键的两个不足是什么	请给被评估人两个具体的建议
张三	3	4	4	乐于助人	无	无
李四	4	4	4	工作认真	无	无
王五	3	4	4	都挺好的	无	无
赵六	3	4	4	不清楚	无	无
胡一	3	4	4	性格太好	完美	无

多方讨论校准，盘点结果统一

人才盘点过程中的关键一环是人才盘点会议，在人才数量盘点和 360 度测评之后，人才盘点实施者需要组织直接上级、间接上级、斜线上级、主持人和人力资源部共同参与，就前期人才数量盘点的结果和人才测评的结果及与个人特质相关的其他维度展开讨论（人才盘点会议内容在本书第 8 章详细讲述）。通过人才盘点会议不仅能够有效解决"老好人"和打分尺度不统一的问题，还能对个人盘点结果达成统一认知。

掌握反馈技巧，提高个人认知

如果缺少测评结束后的反馈环节，员工便无从清晰地认识自己的差距，更无从进行针对性的提升和改进。这样一来，员工的参与性和主动性将会大打折扣，这也背离了人才盘点的初衷，可谓功亏一篑。如何用正确的方式帮助员工客观地看待自己、在虚心接受批评意见的同时又不被打击？这不仅仅需要管理者具备较高的沟通技巧，更需要管理者对员工的心理预期进行管理，这样才能帮助个人提高认知。具体的反馈技巧在本书第 13 章有详细的展开。

深入洞察的利器：性格测评

近年来，性格测评被越来越广泛地应用在招聘、人才培养等人才管理中，很多企业将测评的结果作为是否雇用和如何培养的依据。性格测评作为一种自我测评的工具，通过被测评人的日常行为来分析其性格特质，可以帮助被测评人更清晰地了解自身的人格特质，洞察行为表现背后的动机，也便于日后对自身行为进行有意识的改变和调整。

目前市面上的性格测评工具多种多样，基本可归为类型论与特质论两类。类型论的性格测评将人进行快速的归类，比如会将你归为外向型或是内向型，这看似容易操作和理解，但其实并不适合用在人才培养中。

而特质论认为人的性格不是非此即彼的，内向的人同样有外向的一面，只是倾向性不同而已。所以特质论展示的是每个人在每种性格特征上的表现程度和倾向程度，这样便于发现不同被测评人之间的特质差异，也可以分析出被测评人的相对优势与劣势，更符合人才发展的需求。

用人格特质来预测员工的工作绩效，长期以来一直是工业组织心理学领域中备受关注的一个课题。自 20 世纪 40 年代人格特质理论提出起，研究者通过词汇学的方法，发现有五种性格特质可以涵盖人格描述的所有方面：外向性、亲和力、开放性、责任心和情绪稳定性。自此"大五"人格理论作为性格研究的通用构架，在世界上得到广泛认同和接受。

现在普遍认为，基于大五人格的性格测评，在某种程度上能全面展示个人的性格特征。事实上，性格没有绝对的好坏之分，性格测评的价值在于根据测评报告各个维度的分值，判断测评者性格特质与岗位的匹配度，从而对测评人员的任用、培养与发展提供指导意见。切不可用性格测评的结果直接将员工定性，而忽略外部环境的影响和员工自身的努力。

在人才盘点过程中借用性格测评工具，既能帮助管理者做出更精准的用人决策，匹配合适的管理方式，也能帮助个体对自身有更深入的了解，在日后的发展中有针对性地提升，这正是人才盘点的主要目的之一。因此在企业成本允许的情况下，针对关键岗位，在人才盘点的过程中可将性格测评作为重要的工具之一。

全方位的人才测评：评价中心

评价中心作为近年来热度很高的测评工具在世界范围内广泛运用，仅美国企业每年在评价中心上的投入就已超过 10 亿美元，福特汽车、沃尔玛、IBM 等多家知名企业都采用评价中心来测评部分核心岗位的员工。

评价中心是一种综合使用多种测评方法，检验被测评人多维度素质的系统工具，正是由于其全面性，评价中心也被认为是一种针对高级管理人员的最有效的测评方法。通常而言，评价中心会同时运用包括问卷测试、情景模拟、访谈在内的多种方法，对被测评人的性格、智商、能力、技术水平、价值观、工作行为等维度进行综合评价。因此，评价中心最终的测评结果不仅包括智商和技术水平等"硬性"数据，还包括素质能力和行为动机等方面的"软性"评价。

评价中心最大的优势在于其全面性和高精准度，但这也意味着高昂的开发和应用成本。不仅前期开发难度大、定制化程度高，在测评阶段更需要多位测评者连续参与两三天，对相关组织人员的专业能力也提出了很高的要求。完整的评价中心通常包括个人陈述、情景模拟、文件筐测试、心理状态评估或性格测评、小组会议模拟或小组讨论、个人及关系人访谈六大部分（见图 7-2），从不同的维度对被测评人进行考察，然后根据各维度的预设权重得到测评人的最终分数。

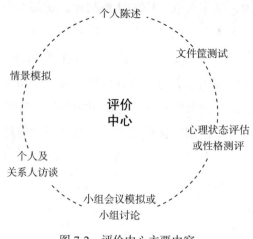

图 7-2　评价中心主要内容

环节一：**个人陈述**。由于评价中心的整体测评需要两三天，人才盘点实施者通常会将个人陈述放在第一个环节进行，一方面帮助评委和小组其他成员快速熟悉被测评人的工作经历、性格特点，便于后续小组合作，另一方面也借此对被测评人的表达能力、逻辑思维进行初步判断。

环节二：**情景模拟**。这个环节通常需要被测评人扮演某个岗位的员工或管理者，而这个角色此时正面临来自客户、下属或其他部门同级人员提出的难题，或需要解决某些非常紧急且影响重大的问题。被测评人需要在1小时内提出合理且可操作的解决方案，并解释采用此方案的理由和可能带来的影响。如果测评的目的是为某些特殊岗位储备人才，那么可以将这些岗位曾经发生过的"困难"作为情景模拟的题目，通过对比每位被测评人提交的方案做出判断。

环节三：**文件筐测试**。在文件筐测试中，通常被测评人会被要求在1小时内完成12～15项工作任务，之后根据完成情况与测评官进行约一两个小时的面谈，详细阐述自己的工作状态、任务处理方法、任务优先级安排、资源协助状况及成果等各方面的内容。文件筐测试可以非常直观地反映出被测评人在进行短期多任务并行处理时的工作效率和工作状态，由于任务的数量和难度通常远高于平时正常工作量和工作难度，因此也能在测试中对被测评人的抗压能力进行判断。

环节四：**心理状态评估或性格测评**。情景模拟和文件筐测试通常会消耗被测评人大量的精力，连续的高压环境也会令被测评人感到疲惫。通常情况下，企业会在此时进行性格测评，同时和被测评人就结果进行讨论。这样不仅可以让被测评人进行短暂的休息放松，调整自己的精神状态，也可以通过讨论交流的环节尽可能营造轻松的测评氛围。某些特殊岗位可能会用心理测评代替性格测评，可能这些岗位需要较高的情绪稳定性，通常需要采用相关的专业测评问卷。这里的性格测评和上文提到的性格测评目的不同。

环节五：**小组会议模拟或小组讨论**。小组会议的环节与情景模拟有些相似，通常会通过抽签的形式赋予每位小组成员一个职位（比如产品经理、店长等），然后模拟一场2小时左右的日常会议，会议上大家代表各自的职位，共同讨论一两个部门或公司需要解决的问题。比如研发、销售、市场共同讨论来年的新产品方向，或者区域经理与店长在确定薪资包的情况下共同讨论几位员工的涨薪幅度。小组会议所模拟的问题一般选取实际工作场景中发生过，但所有被测评人并未参与解决过的日常问题，最好确保每位小组成员都是非自己本部门的，但与本部门又有一定的工作交集。在这个环节中，面试官可以快速对被测评人的环境适应性、行为风格、沟通技巧、思维敏捷度、逻辑性和应变能力做出评判，同时也能看出被测评人的决策力和领导力。

环节六：个人及关系人访谈。在前五项测评结束后，评委们基本已经对每位被测评人的情况了然于心，但也可能还对某些行为或素质尚存疑虑，无法做出判断。而最后的访谈环节就是为了帮助评委们查漏补缺、解答心中疑惑。访谈环节需要全体评委的参与，通常每位评委最多只能提出两个问题，被测评人可以进行解释说明。大部分公司在此环节都只进行个人访谈，但也有部分公司为了能得到更客观全面的信息，会同时访谈与被测评者有工作交集的一两位相关同级人员或下属，这通常取决于参与测评的人数。

尽管评价中心可以进行多维度全方位的测评，但其最终的结果也只是为决策者提供了相对客观的参考标准和更加全面的信息，并不能代替管理者做出决策。且由于评价中心方法环节多，对每个环节的涉及都有非常高的专业要求，并不适用于普通岗位的评价，因此在选择时需慎重，避免弄巧成拙。企业可以根据自身条件和特定的需要，挑选部分环节来开展测评。

直接上级主导的业绩评价

在对员工的业绩进行评价时，直属上级直接对业绩打分负责，因为他对下属的工作直接安排，对下属工作完成情况最为了解。在人才盘点过程中，对于业绩的打分需要注意以下内容：

（1）基于绩效责任或工作计划的业绩评分。若被评价对象有明确的绩效责任书或工作计划要求，那么可据此进行绩效等级的打分，若当年度有客观的变动因素如公司战略目标的调整，在做业绩等级划分时需考虑进去，且对团队成员的业绩等级划分遵循"271"的原则（中高层管理团队除外）。

（2）基于定性表述的打分。当企业缺乏相关的客观数据积累时，可以将定性的业绩评价（第 6 章有详细介绍）以问卷调研的方式向被评价对象的直接上级发放进行打分。依据问卷调查的结果，对团队成员业绩等级按照"271"原则做出区分（中高层管理团队除外）。

（3）基于述职报告的综合打分。除了借助定量或定性的业绩打分外，很多企业对中高层管理人员的业绩评价通常还会借用述职的形式进行综合评议，参与打分的人员除了董事长和总经理外，有时也会要求外部顾问一起参与。通过平时的业绩表现和述职的表现，综合多方意见对中高层管理人员的业绩等级做出判断，此时可不用严格遵循"271"原则。

有的放矢使用测评工具

人才测评的方法多种多样，且存在各自的优势和局限，企业在挑选测评工具时要综合考量成本和效果，即投入产出比，针对不同岗位的重要性，采用不用的测评方法，以求用最少的时间投入和开发投入获得最高的测评精准度，为人才盘点提供可靠的参考信息。人才测试工具对比如表 7-5 所示。

表 7-5　人才测评工具对比

评价维度	测评工具	开发成本	时间成本	准确度	全面性	适用范围
素质能力	360 度测评	低	较高	较高	中	非一线操作人员
	性格测评	高	低	中	低	中高层管理人员和其他关键岗位
	评价中心	高	高	高	高	关键岗位或核心团队
业绩	绩效责任书	高	高	高	中	可全员
	定性评价	低	低	中	低	可全员
	述职会议	低	中	中	中	中高层管理人员和其他关键岗位

不同的评价工具评价的全面性和准确程度不同，与之相应的是其所需

要花费的时间和成本不同。例如，评价中心虽很耗费时间，但评价准确度较高；90度评价非常快捷，但评价的客观性和准确度有局限。由于企业的资源是有限的，所以在人才盘点的过程中，企业需根据自身需要综合考虑群体规模、时间和投入的人力成本，在追求数据全面性、准确性的同时也要考虑经济性。通常而言，人才测评的复杂度和精细度取决于该岗位与公司整体战略的相关程度。对公司战略影响大的岗位，则需要投入更多的时间和精力，以求测评结果达到较高的精准度。反之，如果是普通岗位，则可着重考虑测评成本，选择"性价比"高的测评方式。德锐咨询根据多年的经验，总结了针对不同群体建议选择的评价工具（见图7-3）。

高层	中层	关键岗位	普通员工
• 高层素质模型	• 中层素质模型	• 员工素质模型	• 员工素质模型
• 360度测评	• 360度测评	• 360度测评	• 360度测评或90度测评
• 性格测评	• 核心员工性格测评	• 性格测评	• "高"评价者人才盘点会议
• 述职会议	• 述职会议	• 人才盘点会议	
• 个人经历调查	• 人才盘点会议		
• 人才盘点会议			

图7-3　针对不同群体建议选择的评价工具

普通员工的群体比较多，盘点的重点在于找出末端和首端的两端人才，即消耗利润的低质量不合适人选和优质人才。测评并不需要过分强调精准度，更重要的是在有限的时间里高效完成，同时确保测评结果可以将不同能力和表现的员工进行区分。在这种要求下，企业可以根据自身的实际情况对360度测评进行"简化"，可采取90度测评或180度测评，以节省测评所用时间，力求实现最高性价比。

而中层和关键岗位的测评不仅要锁定当前表现优异的员工，还要找出具备较高潜力的人员，更要找出那些已经成为团队"天花板"的低潜人员。因此，对于中层的测评要更加精细，除了全方位的360度测评，对于核心人员还要采用性格测评，且通过述职的方式对其进行综合判断。另外，也可对关键岗位的人员和中层管理者的测评方式进行区分，比如有些人员不仅要进行性格测评，特殊情况下也可结合使用评价中心的测评方式，保证关键岗位的人不仅满足现阶段的用人要求，同时具备较大的发展空间。

对于高层岗位，由于通常人数较少且对企业发展影响较大，所以对其测评的方式应是全方位的，即使投入较多的时间和精力来测评也是完全值得的。测评不仅要了解其是否胜任现有岗位，还要针对其个性特征、思维方式、管理能力等方面进行细致评价，所以需要多种测评方式综合使用。这里我们推荐组合使用360度测评、性格测评、述职会议和个人关键经历调查，必要时增加使用评价中心，最终达到全方位测评的目的。

无论多么精准的测评工具，都是为了给管理者提供更多的决策依据，测评的结果并不能直接代替管理者做出最终的判断，最后还是要依赖管理者做出人才决策。测评的目的是最大限度发掘全面、有效的信息，减少认知盲点，没有哪一种测评方式可以满足企业的全部需求，因此测评工具的选择一定要因地制宜、灵活组合，切不可生搬硬套。

■ 关键发现

- 适合企业的测评工具需具备三个特点：可持续性强、精准度高、成本低。

- 360度测评的成败取决于每个步骤的细节是否执行到位，走形式的360度测评不仅无法保证最终结果的准确性，还会令员工丧失公平感。

- 基于大五人格的特质论性格测评工具可以展示出每个人的性格特质及特质差异，更符合人才发展的需求。

- 评价中心是一种综合使用多种测评方法，检验被测评人多维度素质的系统工具，被认为是一种针对高级管理人员的最有效的测评方法。

- 测评的精细度与某岗位在公司战略中的重要性正相关，越是对战略影响大的岗位，越需要花费时间和精力，全方位多维度地进行测评。

- 无论多么精准的测评工具，都是为了给管理者提供更多的决策依据，切不可生搬硬套，而要灵活参考。

第 8 章

人才盘点会议

> 阿里巴巴每年有三个最重要的会议：
> 一是战略会议，二是预算会议，三是人才盘点会议。
>
> ——马云

人才盘点的工作绝不仅仅是得到测评分数，然后对员工进行分类和定位，还包括在组织内部开展更多方面的讨论，对人才标准、人才评价、人才现状取得一致认知，并共同商讨确定未来的人才发展和任用计划。在这基础上，才能实现个人能力和组织人效的同步提升。因此，人才测评之后的讨论环节是达成用人决策的关键过程，这里我们称之为人才盘点会议。彼得·德鲁克早在 1985 年就在《哈佛商业评论》中提道："高管们在管理人才和制定人才决策上所花的时间是最多的，他们也理应如此，因为再也没有其他决策的效果像人才决策那样持久和深远，而且一旦做出就再难取消了。然而，大多数高管在用人决策方面的平均成功率充其量只有33.3%。"至今人才决策与发展依然是一件重要而高难度的事情，值得更多的管理者加以重视。

不可缺少的人才盘点会议

GE 的人才盘点会议

GE 在一年内把公司的管理分为 Session I、Session II、Session C 和

Session D 四个阶段，其中 Session I 指公司三年的业务规划，Session II 指公司第二年要完成的目标规划。Session C 是对公司人力资源工作进行的评估，这既是识别人才的过程，也是识别公司发展对人才和组织需求的过程。Session D 是对遵纪守法与诚信的评估。

Session C 虽然是从人力资源的角度审视公司的一系列目标与计划，但 Session C 属于业务范畴而不仅是人力资源的事情。在 GE 内部会采取书面化、非常正式的方式对每名员工进行评估，评估方式包括自我评估、360 度评估和上级评估，从价值观和业绩两个维度对员工进行区分，以此为基础进行人才的激励、储备、培养和优化。不仅如此，每个人都要与自己的直接经理讨论个人发展计划，并拟定下一年度需要参加的培训。

在 Session C 的会议上，韦尔奇和 GE 的高级人力资源副总裁比尔·康纳狄会见每个业务单位的主管和人事主管，讨论领导力和组织问题。在长达 12 ～ 14 个小时的会议中，与会者对业务单位有潜质的人才以及组织的优先目标做出评估。谁应该得到晋升、奖励和发展？怎么去做？谁没有达到业绩目标？每个人都必须坦率，并且必须执行会议的决策。与会者在对话中会反复讨论，而且对话会与各个业务单位的战略紧密联系在一起。韦尔奇会用笔做记录，总结对话的要点和行动项目，后期跟踪每次会议的效果。

通过这一机制，选拔和评价员工成了 GE 的一项核心能力。也难怪 GE 会有"CEO 大学"之称。

业务单位主管实施行动计划的进展情况是 S-1 会议的议程之一，S-1 会议在 Session C 会议结束大约两个月后举行。韦尔奇、首席财务官以及 CEO 办公室的成员，将会见每个单位的主管及管理团队，讨论未来三年的战略。这一战略必须包含在公司执行委员会上提出的有关全公司的主题和行动中，并接受韦尔奇和高层管理者彻底的审查和现实的检验。与在 Session C 会议上一样，有关战略的对话是同员工和组织问题联系在一起的。在 S-1 会议上，韦尔奇同样会用笔做记录，写下这次对话使他对单位主管有什么样的期望。

S-2 会议通常在 11 月份举行，与 S-1 会议的议程基本相同，只不过它关注的时间段比较短，一般是 12～15 个月。在 S-2 会议上，人们会把公司运营的重点与资源的分配联系起来。

这些会议共同把反馈、决策以及对组织能力和关键员工的评估联系在一起。这个机制明确地把每个单位的目标和业绩与公司的整体战略联系起来，并积极地鼓励领导者培养下一代接班人。这个过程严格要求管理者负起责任。同时，韦尔奇会利用这些机会进行跟踪，并做出直率、切中要害、以决断力与执行力为核心的反馈。这个运作体制或许是 GE 最为持久的竞争优势。

每年讨论人的会议（我们称为人才盘点会议）是韦尔奇必须参与的会议，且投入了大量的管理时间和精力。人才盘点工作因在 GE 内部发挥着重大作用，逐步被更多的公司效仿和学习。

所谓人才盘点会议就是由人才盘点实施者（一般是 HR 部门）组织对被盘点对象的人才讨论会议。会议讨论的内容围绕人与组织的匹配性展开，一方面着眼于评估当下现有人员在岗位上的胜任状态，另一方面也关注人员现状与未来战略的差距，并针对个体发展和组织的需要讨论出相应的提升行动计划。人才盘点会议在完整的人才盘点模型中处于承上启下的位置（见图 8-1），是确保人才数量盘点和人才质量盘点结果准确性的关键，同时也为后期人才管理措施的制定提供了重要的信息来源。

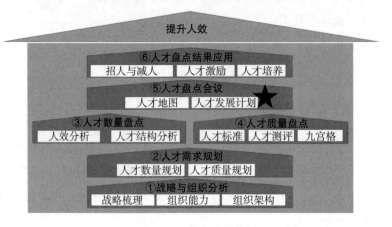

图 8-1　人才盘点模型

人才盘点会议在整个人才盘点过程中发挥着或直接或间接的多重作用，怎么重视都不为过。人才盘点会议尽管如此重要，但却常常被很多企业忽略或简化使用，这里要为人才盘点会议正名。

对人才评价达成共识

很多企业以业务为先，业务负责人很少定期对自己的团队成员进行评价，即使评价也多停留在各自对人才标准的理解而并非全面系统的认知上，导致公司层面的用人观以及人才标准很难向下传递，也就难以对人才标准形成统一的认知。而人才盘点会议通过组织多方参与，按照统一的标准对相同群体进行评价，强化了对人评价的一致性。

另外，正如上文提到的，即使都是按照相同的标准对被盘点对象进行评价，且都是出于客观的心态，但是由于管理风格的差异，两位管理者对同一个人的判断有所偏差的情况不可避免。因此，借助人才盘点会议按照相应的校准规则和流程，能够让不同的人才标准认知通过一次次的碰撞得到澄清，逐步形成内部统一的人才识别标准认知。

不仅如此，人才盘点会议还能让管理层在人才评价的方法与机制上达成进一步共识。人才盘点工作的重点是以提升人效为目的，从战略出发审视目前的组织与人才，找出差距，所以内部达成共识，才能更好地推进后续人才管理动作的执行与落地。

让结果更加真实公允

人才盘点会议主要参与的角色除了直接上级，还包括间接上级、斜线上级、人力资源部人员和主持人，规避了"一言堂"的问题：一方面，修正了业绩评价中的市场和外部因素的影响，让业绩更加体现盘点对象过去的贡献；另一方面，针对素质能力的讨论，进一步打破了唯业绩论。通过行为实例来证明被盘点对象真实的素质能力表现，拉平不同管理者之间的打分尺度和解决对素质能力理解的统一现象，也让"别有用心者"浮出水面，同时对于被评价对象的岗位任用、个人发展优劣势等信息共同探讨，能让人才盘点结果更加客观公正，公正的结果在后续的应用中不仅能达到应有的效果，还能让全员感知到真实公允。

全面了解人才现状

人才盘点会议中不是就人的问题而讨论人，除了讨论被盘点对象业绩和素质能力的真实情况，还会结合战略发展的需要就前期人才规划和人才数量盘点中的问题进行深入的探讨，包括该岗位是否是关键岗位，是否符合未来三到五年的发展要求，为满足要求需要提升的能力有哪些，其后备人才有哪些，是外聘还是内选，核心人员离职风险有都大，等等。在此基础上，进一步了解目前组织人才的匹配情况、能力、胜任的数量与结构、人才九宫格的分布、绩效水平、潜力以及稳定性等。通过对现状的了解，发现现状与需求间的差距，找到下一步改善的方向，从而提升人员队伍的整体战斗力，更好地支撑战略的发展。

提升管理者人才管理能力

在人才盘点会议上，直接上级是人才盘点的主要责任人，基于对下属的了解，直接上级不仅要对被评价人的业绩、素质能力、优劣势给出评价，还要基于未来战略的需要对部门团队成员如何布局、整体能力如何提升做出细致的思考与规划。过程中，若直接上级对下属关注度不够或者对标准不理解，将很难进行评价，这也倒逼管理者提高对下属的关注度，提升自己在团队管理上的意识和能力。

人才盘点会议上的其他管理人员也会同直线经理一起，对不同类型人员的评价、任用建议与战略发展的匹配性展开讨论，讨论过程中会有多轮碰撞与博弈，讨论的过程也是管理者管理能力提升的过程：一方面，强化了直接上级将人才与业务相关联的思维；另一方面，直接上级在此过程中可以不断吸取和学习上级和关联部门的管理经验。人才盘点会议可以赋能管理者，帮助其厘清对人才的管理思路，逐步提升人才管理能力。

"合议式"人才盘点会议

人才盘点会议以多方参与、合议的形式展开讨论，涉及的人员范围比较广，需要达到的目标成果比较多，需要在尽可能短的时间内完成多场人讨论。人才盘点会议组织实施过程中有一定的复杂性，这需要前期有完备的会议准备，会议过程中有充分的讨论和严谨的流程设计。

完备的会议准备

为了让人才盘点会议高效、有序地进行，人力资源部组织者在前期需要做些会议准备工作，包括评价者的培训、被盘点对象的材料准备、参与会议人员的计划安排与协调等。人才盘点会议的准备按照时间维度分为人才盘点前的准备和人才盘点中的准备，具体内容如表 8-1 所示。

表 8-1　人才盘点会议准备内容

准备内容	备注
人才盘点会议培训	• 人才盘点会议的目的 • 人才盘点会议的角色分工 • 人才盘点评价内容 • 人才盘点会议流程 • 人才盘点会议注意事项
人才盘点会议的材料准备	• 员工基本背景信息 • 知识技能 • 关键经历 • 业绩评价结果 • 素质能力评价结果，如 360 度测评报告或 90 度测评报告 • 性格测评 • 离职风险 • 继任者计划
人才盘点会议计划表	• 在既定的时间内完成人才盘点会议工作，遵循职位高低自上而下安排
人才盘点会议的物料准备	• 人才盘点会议计划表纸质版 • 人才盘点会议流程图纸质版 • 九宫格示意图纸质版 • 人才盘点注意事项纸质版 • 钟表

（1）**人才盘点会议培训**。人才盘点的每个过程都是管理理念输出的过程，在人才盘点会议之前让尽可能多的理念达成共识，才能提高人才盘点会议的质量与效率。因此，人才盘点会议的培训必不可少，主要围绕以下

内容展开：人才盘点会议的目的、会议角色分工、评价内容、会议流程、会议注意事项等。

通过这次培训，希望直接上级作为人才盘点的直接责任人，能真正理解人才盘点的价值在于了解整体的人才结构现状，从而更好地服务战略业务的发展（而不是为了考核而开展人才盘点），消除其在人才盘点会议中的顾虑；在培训时需强调，虽然直接上级是直接责任人，但每个参与者都要对人才盘点结果负责，都需要明确自身的职责和分工，摆正各自的角色定位，并按照相应的规则和流程参与人才盘点会议，确保人才盘点会议更加有效地开展。

人才盘点会议培训内容如图8-2所示。

图8-2 人才盘点会议培训内容

（2）人才盘点会议的材料准备。人才盘点会议上，需要在有限的时间内完成人员的九宫格定位、优劣势评价、岗位任用建议、离职风险、继任者计划等内容的讨论，难度非常高。为了保证人才盘点会议中的信息充分，提升会议效率，需要准备好与被盘点对象相关的材料，具体如下。

- 基本信息：主要是姓名、入职年限、岗位、工龄等。
- 知识技能：学历背景、所学专业、具备技能等。
- 关键经历：针对中高管或关键岗位的人员，可以准备过去的职业生涯中，盘点对象的职业转折或突出的事例。
- 业绩评价结果：日常绩效考核结果记录、定性的业绩评价或补充提供其他能证明其工作业绩的内容。
- 素质能力评价结果：被盘点对象的360度测评报告或90度测评报告。
- 测评报告：若前期参与了性格测评或专项测试，需要将测评报告提前准备完备。

- 离职风险：直接上级在日常工作中注意观察和搜集被盘点对象的离职意愿，就其离职可能性和离职风险大小做出判断，在开展人才盘点会议之前提前思考准备。
- 继任者计划：针对关键岗位的人员需要讨论其继任者计划，直接上级需要提前在本部门和整个公司范围内挑选其继任者，在开展人才盘点会议之前提前思考准备。

（3）人才盘点会议计划表。德锐咨询建议除了一线操作工外，所有员工都需要进行人才盘点会议。当然在公司人数较多的情况下，可以考虑针对不同类型的员工，对会议的流程和时间进行相应的调整。由于人才盘点会议需要被盘点者的直接上级、间接上级、斜线上级，以及人力资源部人员和主持人共同参与，无论是从被盘点对象的数量还是参与人才盘点会议的人数来看，涉及的人员范围都比较广，因此需要制订详细的人才盘点会议计划，协调各方的时间和安排，确保会议高效、有序开展。制作人才盘点会议计划表时，参考的原则是：职位由从高到低，自上而下，层层向下。人才盘点会议安排顺序如图 8-3 所示。

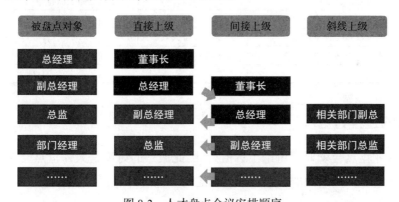

图 8-3 人才盘点会议安排顺序

在设计人才盘点会议计划表时需要考虑到：第一，对每个被盘点对象根据盘点内容的多少设定不同的时间长度，一般职级越高，岗位越重要，预留的时间会越长，同时为避免讨论不充分，一般预留的时间宜长不宜短；第二，在时间的安排上，以间接上级时间优先为原则来协调直接上级的时间，并遵循集中盘点的原则，即每一位间接上级集中盘点其所有间接下属，这样能够减少会议协调的难度。人才盘点会议计划表（部分）如表 8-2 所示。

表 8-2　人才盘点会议计划表（部分）

时间	间接上级	直接上级	斜线上级	被测评人
9:00～11:00	李敏	宋超	蔡明	郑伟
	李敏	宋超	蔡明	赵严
	李敏	宋超	蔡明	王军成
	李敏	宋超	蔡明	胡斌
	李敏	宋超	蔡明	李涛
11:00～11:15	宋超	宋见睿	黄飞	朱春娇
11:15～11:30	宋超	杨晓亮	黄飞	刘敏

（4）人才盘点会议的物料准备。除了需要在人才盘点会议开始之前准备材料外，人才盘点会议现场相关的物料准备也非常重要。这可以让参会人员有人才盘点会议的仪式感，熟悉并掌握校准会议的规则和流程，更好地达成意见统一，而且能够提升会议效率。人才盘点会议物料清单如表 8-3 所示。

表 8-3　人才盘点会议物料清单

序号	物料名称	数量	备注
1	人才盘点会议计划表	2	黑白打印纸质版
2	人才盘点九宫格与含义说明	参与评价人数最大值	彩色打印纸质版
3	人才盘点会议流程图	参与评价人数最大值	黑白打印纸质版
4	人才盘点注意事项	参与评价人数最大值	黑白打印纸质版
5	钟表	1	主持人计时器

充分的过程讨论

人才盘点会议要"讨论出价值"，因此激烈的讨论是人才盘点会议的主要特征之一，但是讨论一定是围绕相应的主题展开的，并最终达成一致。

人才盘点会议的参与者包括直接上级、间接上级、斜线上级，以及 HR 人员和记录者，具体分工如图 8-4 所示。人才盘点会议的参会者角色定位不同，其发言的内容和观点阐述的侧重点也会有所区别。其中直接上级是校准会议评价的主导者，不仅要对被盘点者的基本信息、素质能力和业绩的评估结果进行说明，还要给予岗位任用建议和能力提升建议。

间接上级是人才盘点会议的列席者与平衡者，其主要通过人才盘点会议了解间接下级的信息以及直接下级的人才盘点表现，平衡不同直接下级的评价尺度。另外，间接上级在此环节还要赋能管理者，通过人才盘点会议帮助管理者厘清管理思路，提升其人才管理能力。

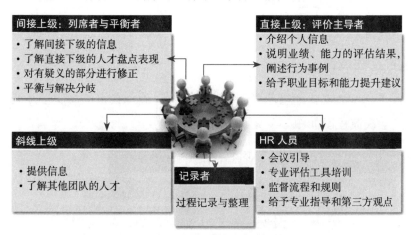

图 8-4 人才盘点会议分工图

斜线上级和 HR 人员在人才盘点会议的过程中可以进行观点阐述和意见补充，HR 代表同时还起到维持平衡并进行监督的作用。同时，HR 还是人才盘点会议的引导者，为了让人才盘点会议高质量进行，引导者要起到以下作用：第一，由于盘点工作会涉及很多较为敏感的人事信息，引导者需要通过多种策略营造开放、公正的氛围，让管理人员正确看待人才盘点并做出客观的评价；第二，通过人才盘点会议传递公司的人才观以及用人文化。

记录者负责详细记录人才盘点过程中的关键信息，为后续盘点结果分析提供信息，一般情况下记录者与 HR 人员可以为同一人。

人才盘点会议不只是静态地回顾过去，更是以发展的眼光，从人才支撑战略的角度来进行未来的人才配置和发展。所有参会人员在盘点过程中应做到以下几点。

第一，看优势，更看差距。讨论每个被盘点对象的优势与不足，匹配到合适的岗位，同时更要看优秀员工和普通员工的差距在哪里，便于提出建议，及时改进，满足未来的岗位要求。

第二，看过去，更看未来。分析每位被盘点对象过去的价值贡献，更要瞄准未来推测目前的队伍能否支撑未来的战略目标，缺口在哪里，以便制订整体的人才管理计划。

第三，关注关键岗位。尤其关注关键岗位的人才数量和人才质量能否满足岗位发展的需要，同时关注关键岗位的继任者和离职风险，这两个信号影响着关键岗位是否有稳定的团队，避免关键岗位人才链的断裂。

严谨的流程设计

人才盘点会议要经过严谨的流程设计，以确保会议的高质量开展。人才盘点会议流程图如图 8-5 所示。

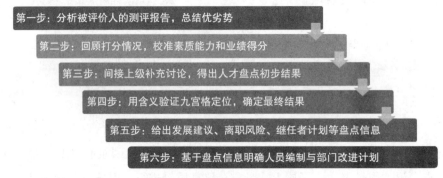

第一步：分析被评价人的测评报告，总结优劣势

第二步：回顾打分情况，校准素质能力和业绩得分

第三步：间接上级补充讨论，得出人才盘点初步结果

第四步：用含义验证九宫格定位，确定最终结果

第五步：给出发展建议、离职风险、继任者计划等盘点信息

第六步：基于盘点信息明确人员编制与部门改进计划

图 8-5　人才盘点会议流程图

第一步：分析被评价人的测评报告，总结优劣势

人才盘点会议从个人素质能力盘点开始，其第一手资料即前期员工参与的测评报告，包括 360 度测评报告、性格测评报告或其他的个人测评报告。而 360 度测评是主要的信息来源，360 度测评报告分析包含素质能力得分与优劣势评价两部分，通过分析 360 度测评报告可以全面了解周围人员对被盘点对象的评价，这些信息都可以作为直接上级评价时的参考和补充。分析 360 度测评报告的关键点有：

（1）根据整体素质能力得分情况，分析出相对较优与较差的素质能力项，如图 8-6 所示，被盘点对象素质能力整体得分 5 分以上，处在优秀的水平，其中勇担责任相对得分较低，团队协作得分相对较高。通过这样的分析可以初步得出员工的优劣势，在此基础上，借助定性的评价以及直接上级的阐述展开深入讨论。

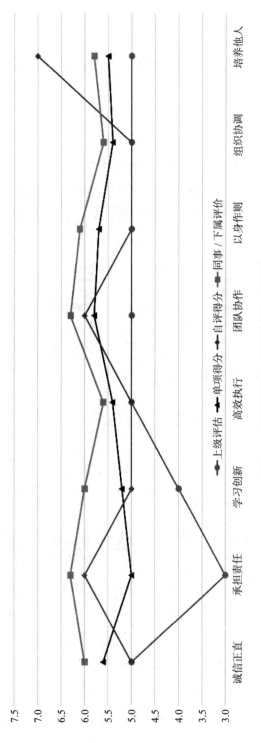

图 8-6　素质模型 360 度评价得分（示例）

（2）关注被盘点对象的认知偏差，认知偏差是指自评得分与他人评价得分有较大差异的情况。从经验来看，因乌比冈湖效应，每个人的自我评价往往会比他人评价高，若偏差超过 2 分需要进行重点关注与反馈，尤其是自我认知与直接上级认知相反的素质项更需要及时分析，这也是后续反馈面谈的重点。如图 8-6 所示，被评价者认为勇担责任是优势，上级却认为是劣势。

360 度测评报告中除了包含定量的素质能力打分，还包含定性的评价，如表 8-4 所示，此部分信息是对素质能力的补充评价，在人才盘点会议现场一般由引导者引导大家进行解读分析，直接上级或其他参与人员都可以进行阐述与解释说明。

表 8-4　优劣势 360 度评价表（示例）

同级人员 / 下级	上级
总体来说，您认为被评估人最重要的两个优点是什么	
（1）工作认真负责，合理安排工作 （2）积极，主动 （3）工作经验丰富，协作性好 （4）沟通组织能力良好，执行力良好 （5）认真负责，业务能力强 （6）工作经验丰富，工作能力强	（1）责任心强，执行力强 （2）勇于承担失误，踏实
总体来说，您认为被评估人最关键的两个不足是什么	
（1）缺少担当，管理能力一般 （2）固化，过于热情 （3）作为经理，该做主时不出声；没有认清质量部与生产部之间的关系 （4）计划能力、对外解决问题的沟通能力一般 （5）魄力不足	（1）对人员的管理缺乏理性的制度约束，更多靠教育、沟通 （2）做事期望面面俱到 （3）缺乏创新力，主动思考能力欠缺
请给被评估人两个具体的建议以帮助他提高（即通过何种方式改进）	
（1）勇于担当，优化内部管理 （2）加强员工正向引导，推动协作提高 （3）认清质量和生产的关系，起带头作用；该做主时就出头，不要推诿	（1）工作过程中需要抓大放小；对人员的管理不应该靠人性化，应该依据制度 （2）提高管理水平，加强学习，提高创造力

根据以上描述，由直接上级总结被盘点对象的优势和提升点，间接上级和斜线上级进行补充。分析员工优势的主要目的是在今后的任用中发挥所长，提升员工的岗位胜任度，选择一些关键点来重点发展和突破，使员工获得更好的职业发展。

第二步：回顾打分情况，校准素质能力和业绩得分

通过上一步的优劣势梳理，我们对被盘点对象有了整体的认识，为了对被盘点对象有更加精准和全面的认知，还需要回顾素质能力打分情况，并对分数进行校准（一般我们建议针对关键岗位开展此步骤）。通常的做法是由引导者引导直接上级对照素质模型行为描述标准，遵循"通关"原则，逐个素质项进行分数的重新审视与校准，且针对每一个素质项的情况，斜线上级、直接上级和间接上级都需要进行意见补充，最终对盘点对象有一个精准的分数校准。素质模型得分校准原则如图 8-7 所示。

行为事例原则	基于实际行为表现，参考素质行为描述评分，不因推测被评价者"能够做到"而给分，对于 0～1 分，6～7 分必须给予示例再给分
通关原则	比如，2～3 分的描述全部达到时，才考虑 4～5 分的行为描述
就低不就高原则	比如，2～3 分的描述没有全部达到，仅达到其中部分，则此项评 2 分
客观公正原则	根据事实情况评价，实事求是，杜绝个人偏见
近期原则	根据被测评人的实际表现、近期表现（1 年内）进行评价
整体原则	根据其整体、大部分情况下的表现进行评价，避免以偏概全
真诚、开放、充分讨论原则	在可靠的保密制度和职业操守保障下，讨论必须是真诚和开放的，充分讨论直至达成一致意见
全局观原则	跳出自己所辖业务或职能，从组织全局的角度对人才进行评价

图 8-7 素质模型得分校准原则

一场特别的人才盘点会议

张建（化名）是星宇公司（化名）的创业元老，现在作为研发部的负责人，是一名典型的"护犊子"管理者。过去几年凡是涉及类似公司评优的活动，张总总是极力向自己部门"倾斜"，导致生产、销售等部门对其产生很多意见，但因其特殊地位，人力资源部也没有好的办法。李恒（化名）是一位负责生产的副总，相比较其他管理人员，李总确实是位严厉的管理者，用内部人员的话来说："李总要求太高，目前没有几人能符合李总的预期，只要是李总看不上的都会被骂，每年的绩效等级不要说优秀了，合格的都寥寥无几。"正是因为星宇公司存在"不同风格的领导者"，

导致每年的人才评价工作很难做，经常引起员工的抱怨，人力资源部十分困惑。

今年公司计划引进人才盘点的方法并通过人才盘点会议的形式对全体员工进行评估，人力资源部也按照自上而下的方式逐个部门推动人才盘点工作，当盘点到研发部时发生了接下来的一幕。

张总（直接上级）：我们部门没有差的员工，员工都很敬业，经常加班到很晚，我觉得我们部门员工的人才盘点结果都应该在 2+（核心骨干）及以上，三个团队的组长人才盘点结果应为 1（超级明星）。

引导者：张总，我们知道研发部有很多优秀的员工，但是我们还是应按照公司规则进行，遵循人才盘点的方法与流程，通过这个过程让大家对研发部人员有全面深入的了解。

王总（企业家）：张总，研发部人员是我们公司的关键人才，决定着未来我们的业务拓展。而且我们的人才盘点并非只是对人员进行分类，更重要的是看每一个人的优劣势，总结提升点，这样才能提升队伍的能力。另外，我也想对研发部人员有个了解，平时我关注较少。

张总（直接上级）：可以，那就一起来看看吧。

引导者在解读 360 度测评报告和性格测评后，开始素质模型分数校准。

引导者：我们看下黄广团队培养的素质项能打几分，胜任的标准是"认识到人才培养的重要性，愿意付出精力培养下属"。黄广是否能做到？

张总：能够做到，我认为黄广都能做到，可以打最高分 7 分（卓越）。

引导者：卓越的标准是"主动传授经验，对下属的表现进行反馈，提供必要的指导，主动发掘他人能力、潜力，总结人才培养的有效方法，为公司成功地培养和输送优秀人才，成为人才培养的标杆"。黄广在过去一年中有什么具体示例吗？请张总说一下。

张总（直接上级）：这个标准写得太主观了，没有具体的示例，但是我觉得黄广能够做到，我经常看到他跟团队开会到很晚。

人力资源部代表：黄广这个部门过去一年的离职率很高，而且团队整体的进步不明显，这是否跟他的团队培养能力有关？而且从 360 度测评报告也可以看到，大家认为他情绪管理以及团队管理能力不足，所以我认为他达不到7分，只能勉强胜任给3分，即能够做到"认识到团队的重要性，也愿意付出，但是培养的结果达不到预期"。

吴总（斜线上级）：黄广，平时我们也是经常接触的，我的理解是7分已经是培养他人的标杆了，按照这个标准与尺度，我认为他达不到7分。这几年黄广确实在带团队上很努力，但是结果不明显，所以我认为不能达到7分，只能在3～4分。

引导者：王总，关于黄广的评价，您有什么补充？

王总（企业家）：张总，既然我们花时间评价，就要按照标准客观公正地进行，昨天在生产以及采购部门我们也是这样进行的。关于黄广，我们都可以看到他的团队情况，虽然有团队培养的意识，但是这些年并没有培养出比较出色的员工。如果黄广离职了，谁能够接替他呢？

张总（直接上级）：他要是离职了，确实没有人能够接替他。黄广人才培养的意识和意愿都是可以的，只是培养的结果达不到预期，对照标准也就能够做到一半吧。

引导者：如果只能做到素质项分级描述标准的一半，那只能给3分。如果没有意见，我们就看下一个素质项。

张总结束对黄广的盘点后，作为斜线上级参与了李总对生产部门下属的盘点会议，对话如下。

引导员：李总，我们接下来进行生产部门人员盘点。

李总（直接上级）：我们无人可盘，我觉得我们部门人员整体跟不上我的要求，业绩也不符合我的期望！

人力资源部代表：李总，区别以往的人才评价，我们今年的人才盘点从员工素质与业绩两个维度进行，不仅仅是业绩维度。

李总（直接上级）：无论是业绩还是素质，我觉得队伍太差，离我要求的太远，所以业绩都按照低等级打，素质按照中等级打，人才盘点九宫格定位为3（业绩不佳但素质尚可），我觉得是符合的。

人力资源部代表：李总，我们先不着急确定结果，我们再回顾下。两个维度中业绩维度的评价内容是基于员工过去一年的工作完成情况，从及时性、工作质量以及工作贡献上进行评价。今年生产部门的KPI整体表现还是不错的，其中降本、人效、质量都达到了年初的目标，只有生产的及时率没有完成目标，所以从这个角度看，质量、生产、采购三个二级部门负责人是不是有些业绩是较好的？

李总（直接上级）：如果按照这个角度来说的话，质量部门的负责人可以评优，整体绩效是不错的，但是和我的要求比不行啊！

王总（企业家）：李总，我知道你的预期高，但是也要保证部门之间整体的平衡，给予优秀骨干一些鼓励。员工也是需要肯定和鼓励的，我们需要基于目前队伍挖掘一些人才，不能一竿子打死。

李总（直接上级）：如果这样的话，相对其他部门也是存在优秀人员的，比如采购部门的张经理，过去一年采购降本效果显著，整个采购的降本项目都是他主导的，其他几位业绩也是符合公司要求的，虽然距离我的要求还有一定差距。

人力资源部代表：李总，我们再看下素质维度，素质维度是基于公司的标准和员工过往的行为事例进行对比打分的。我们先看采购张经理的360度测评，大家对他的评价还是比较一致的，都认为能够达到优秀的水平，平均得分5.6，相对比较差的是团队管理4分。

李总（直接上级）：确实，张经理的学习能力、成本控制、战略执行等都是不错的，但是团队管理我认为是不胜任的，只能给1分。

人力资源部代表：1分代表不合格，张总有什么具体事例吗？有没有出现不合格的行为事例？

李总（直接上级）：具体的事例我没有想到，就是结果比较差，部门内成员能独当一面的人不多，最后活都落在她一个人身上了。

人力资源部代表：那么，能不能做到"认识到人才培养的重要性，愿意付出精力培养下属，主动传授经验，对下属的表现进行反馈，提供必要的指导"？

李总（直接上级）：这个还是可以做到的。

人力资源部代表：那至少是胜任级别（3分），我们再看看优秀级别能否达到……

通过这个案例我们发现，人才盘点会议实质是一种"合议式"的人才讨论会，所有的结果都以共同商讨的形式确定。为了保证结果的客观公正，引导者不仅需要严格按照评价流程、标准、原则进行引导，而且需要灵活地引导其他参与者进行发言来验证某一方的评价，同时也要平衡不同管理者之间的评价尺度。

第三步：间接上级补充讨论，得出人才盘点初步结果

此处不展开详述。

第四步：用含义验证九宫格定位，确定最终结果

在素质能力分数校准之后，按照切分的标准（见表8-5），就会得到素质的"高中低"等级。关于分值的选择，可以根据企业实际打分情况进行划分。另外，针对没有经过校准分数的人群，可依据初始打分结果，按照强制比例的标准切分"高中低"，然后进行再校准。

表 8-5　素质能力等级划分方式（示例）

等级	素质能力平均得分	备注
高	平均分 ≥ 4.5	实际操作过程中，需要结合能力标准确定切分的分数线
中	4.5> 平均分 ≥ 2.5	
低	平均分 <2.5	

业绩的高中低等级可以结合公司的绩效管理数据进行确定，如员工绩效责任书或个人月度计划管理评价，若没有绩效管理的数据，则根据问卷搜集到的定性数据作为参考，但无论哪种方式都需结合"271"原则进行高中低的切分。基于业绩和素质能力切分等级，就可以得出每个人的九宫格定位，如图6-9所示。

九宫格定位并不是最终结果，接下来还需要对九宫格定位的结果进行校准，不仅要关注个体结果的客观性，还要关注部门内部纵向的公平性。通常的校准方式：首先，引导直接上级理解每个九宫格定位的描述解释（见表8-6），判断被盘点者的实际情况是否与其九宫格定位的描述相符，若存在偏差，要进行讨论调整；最后，所有人员评价结束之后，为了平衡内部公平性，还需引导直接上级和间接上级对整体的结果再进行比较

分析，判断每一类盘点结果人员的表现是否完全在一个水平，若存在不一致则再进行讨论，直到最后对所有人员的定位结果达成一致意见。

表 8-6　人才盘点结果含义说明

人才盘点结果	人才定位	含义	参考比例
1	超级明星	公司内部的"佼佼者"，胜任此级别工作并有非常大的发展潜力，是真正引领公司发展的人员	5%～10%
2+	核心骨干	公司内部的"坚实贡献者"，胜任当前级别的工作，具有较高的发展潜力	15%
2	中坚力量	公司内部的"稳定贡献者"，这部分员工占比通常较大，能够胜任当前岗位，并稳定贡献岗位价值	35%～50%
3	业绩不佳但素质尚可	当期工作业绩不佳，达不到岗位的要求，但未来有可能胜任本职工作	10%～15%
4	素质不佳但业绩尚可	目前胜任本岗位工作，但未来发展潜力较低，跟不上未来发展；或胜任岗位工作，但价值观不符	10%
5	失败者	当期工作业绩达不到岗位要求，也不具备发展提高的潜力，需要尽快淘汰	5%

第五步：给出发展建议、离职风险、继任者计划等盘点信息

前文多次强调，人才九宫格的定位不是最终目的，更主要的是结合组织未来战略发展需要，为后续人力资源管理措施提供重要的参考依据，确保人才符合当下的用人标准，同时满足未来的发展要求。为了更好地开展后续工作，在会议上，还需要对岗位和人员做进一步的探讨。

- **是否为关键岗位**

对于关键岗位的界定不是公司单方面直接决定的，更重要的是与用人部门达成共识。关键岗位需要在日常工作过程中给予重点关注与资源倾斜，在人才盘点会议中，可以就关键岗位的情况，专门与参会者讨论并达成共识。

- **离职风险**

离职风险是对员工离职可能性和离职影响高低的一种判断。离职可能性由直接上级结合员工日常的表现以及日常的面谈，如工作投入度、思想的变动、生活的状态等信息进行判断，其结果为高、中、低三种情况。离职影响是指员工离职对公司或部门工作的影响程度，一般结合岗位与战略的关联程度和人员后备状态进行判断。若员工的岗位与战略关联度较高且

无后备，则离职影响为"高"，否则视情况定为"中"或"低"。对于离职风险和离职影响均为高的人员，尤其是针对关键岗位，公司需要对该员工重点关注并做好人员的储备计划，避免用人处于被动的尴尬境地。

- **继任者计划**

对于部分重要岗位，在人才盘点会议现场需要重点讨论继任者计划，避免该岗位人员流失而对关键业务产生影响。在人才盘点的过程中针对继任者的盘点主要从能力的角度考虑哪些人未来能够达到目前岗位的要求，继任者的培养一般都是比较长线的工作，因此在讨论继任者计划时，可分别讨论出一年内可以继任的人员、两三年内可以继任的人员。

- **发展建议**

为了帮助被盘点对象更好地发展，现场还需基于对员工优缺点的讨论，明确给出改进和提升建议。发展建议可以基于当下，也可以为了满足未来两三年的发展需求。需要指出的是，发展建议需要具备可行性，且需要遵循 SMART 原则，如在 2020 年 6 月前完成财务成本岗位的轮岗，负责新成立公司的财务体系的搭建并完成团队组建，直接上级每季度回顾个人发展 IDP 等。

第六步：基于盘点信息明确人员编制与部门改进计划

经过以上步骤，我们已经对部门每一位员工的人才盘点结果有了全面的认识，在此基础上还需以部门为单位讨论出每个部门的人员编制计划，找出人才需求规划的差距，共同讨论出以部门为单位的改进计划。

- **人员编制的盘点**

人才需求规划受内部现有人才质量的影响，通过以上人才盘点的信息对部门的人才质量、人才缺口、人才结构、人才风险等信息有了全方位了解后，与各个部门负责人以及分管领导确认部门人员编制数量和质量。比如，针对目前业务，现有的人才队伍能否有力支撑？针对未来业务的发展，目前储备的队伍能否满足，还差多少人，需要具备什么能力的人？

- **部门改进计划**

部门改进计划是基于人才盘点数量的规划，以及人才质量分析，从人员招聘与淘汰、人才激励和人才培养三个方面制订的提升计划。关于如何制订相应的改进计划，后文会有详细介绍。

九宫格的秘密

人才盘点九宫格定位是人才质量盘点的核心成果，从组织最终的人才盘点结果中可以获得大量的信息，包括人才质量结构、人才地图、人才素质能力的差距等。通过这些信息，企业家基本可以摸清内部人才的情况，从而能够做到心中有丘壑，确保企业在人才的招聘决策、激励决策、培养决策等各个方面都能做到有的放矢。

洞察人才质量结构

人才盘点会议之后，人才盘点实施者要对人才盘点九宫格进行分析，从而更直观地掌握人才质量结构。例如，龙湖地产每年会从绩效和潜力两个维度对员工进行评价，评价的结果会用人才"绿化率"进行呈现，最优秀结果称为"绿灯"。"绿灯"代表着"该员工胜任岗位工作，绩效持续优良以上且学习能力强，除经验外，虽有弱项但没有不自知短板，在短期的未来可以承担更大的职责，实现职级晋升"。对于不胜任现职级、现岗的情况称为"红灯"。公司用人才队伍的绿化率来判断人才队伍的状态，比如绿灯的理想比例为20%，合格比例为15%，红灯的比例为5%～10%。若绿灯低于15%或者红灯高于10%，需要相关所属部门制订详细的改进计划。

德锐咨询强调，针对人才盘点九宫格的分析重点观察两端人才，即1类和2+类的占比，以及3类、4类、5类人员的占比。我们主张"三看"：一是从整体情况看公司人才质量结构；二是从不同层级看人才质量结构；三是从不同部门看人才质量结构。从奥特公司的案例中，能更直观地看到一家公司人才质量的分析内容。

奥特公司人才质量结构分析

奥特公司（化名）是一家集研发、生产、销售于一体的汽车零配件制造型企业，自成立以来公司凭借着大型客户的积累发展迅速，并于2017年成功在A股上市。然而公司近几年业务发展受到制约，究其原因是人才的队伍跟不上业务的发展，主要表现为产品质量问题频繁出现、人效降低、优秀员工留不住等。为此奥特公司总经理佘总（化名）开展了一系列人才管理变革，其中，佘总最重视的就是人才盘点，且参与了每一位关键人才的盘点会议，过程中佘总受到了很多启发，决定进行彻底的人才变革。为了更好地支撑人才变革，了解内部人才胜任现状，全程跟踪人才盘点过程的人力资源部王经理（化名），对人才盘点结果进行了详细的分析，得到了佘总的认可。具体内容如下。

1. 奥特公司整体人才质量结构

奥特公司人才盘点红绿灯结果如表8-7所示。奥特公司整体人才结构如图8-8所示。

表8-7　奥特公司人才盘点红绿灯结果

红绿灯	人数	实际比例	理想比例
1	6	3%	5%～10%
2+	46	19%	15%
2	93	39%	35%～50%
3	55	23%	10%～15%
4	24	10%	10%
5	15	6%	5%

图8-8　奥特公司整体人才结构

从整体盘点结果来看，奥特公司人才结构呈方锥形，人才队伍相对稳健，但具体来说存在以下不足：

- 1类人才相对偏少，火车头动力不足，缺乏引领人员，会带来奥特公司整体发展较慢或发展动力不足的风险。

- 人才合格率（1类、2+类、2类人数占比）为61%，与理想比例（70%）偏差较大，不胜任岗位的员工较多，这可能是人效偏低的主要因素。

- 缺乏标杆人物的示范和带动，且3类、4类、5类人员占比相对偏多（共计39%），在自然成长的条件下，2类人员（占比过半）转变为 3 类、4 类、5 类人员的可能性大于成长为 2+ 类或 1 类人员的可能性。

- 5 类人员较多，占比 5%，存在大量冗员、薪酬支付浪费的现象，亟须各部门对人才队伍进行优化。

2. 从不同层级看人才结构

（1）中高层人才情况。

奥特公司中高层人才盘点红绿灯结果如表 8-8 所示。

表 8-8   奥特公司中高层人才盘点红绿灯结果

红绿灯	实际比例	理想比例
1	8%	5% ～ 10%
2+	23%	15%
2	44%	35% ～ 50%
3	13%	10% ～ 15%
4	9%	10%
5	3%	5%

奥特公司中高层管理者中 2+ 类以上人员占比较高，但 3 类、4 类人员较少且管理岗普遍缺乏人才储备，不利于公司的长远发展，具体分析如下：

- 整体来看，中层管理者 2+ 类以上人员较多，说明牵引团队发展的"火车头"相对可以。
- 中层梯队相对稳健，近 75% 的中层管理者能够胜任目前的岗位要求，但是与理想比例相比仍有提升空间。
- 70% 的中层管理者在内部没有明确的培养对象，公司在人才储备上存在不足，需进一步明确。

我们在盘点过程中发现部分管理者还存在管理能力不足的问题，表现如下：

- 3 类管理人员比例较多，刚上任的管理者大多数表现出对于团队人员的胜任标准不清晰、在评价人方面缺乏思路等现象。
- 也有少些（9%）不思进取的 4 类管理者其个人能力提升较慢，成为公司短板。

（2）基层人才情况。

奥特公司基层人才盘点红绿灯结果如表 8-9 所示。

表 8-9　奥特公司基层人才盘点红绿灯结果

红绿灯	实际比例	理想比例
1	2%	5%～10%
2+	17%	15%
2	42%	35%～50%
3	22%	10%～15%
4	11%	10%
5	6%	5%

从奥特公司基层员工人才盘点结果发现，基层员工中明星员工较少，不合适人的占比较高，且关键素质项（学习创新、高效执行、团队协作）不能满足公司发展要求，具体分析如下：

- 超级明星占比（2%）较少，表明基层员工中引领性人才匮乏。
- 3 类员工占比高达 22%，且老白兔人员居多，兔子窝现象比较严重，应重点关注这类群体。

3. 从不同部门 / 条线看人才结构

可以结合人才地图，从不同部门 / 条线看人才结构。

绘制人才地图

简单来说，人才地图在组织架构的基础上展示了人才盘点的结果，从而清晰展现了组织的人才现状，为管理者指明了人才使用和发展的路径，也量化了人才缺口。完整构建人才地图的逻辑是从战略地图到组织结构，从组织结构再到人才地图。人才地图可以根据企业的需要，有针对性地把所需的盘点信息放到组织架构中，这里的组织架构可以是公司整体的架构，也可以是某个部门的架构。人才地图根据展现的信息不同，可以分为九宫格人才地图、继任者人才地图、综合性人才地图等。

（1）九宫格人才地图。九宫格人才地图是一种将人才盘点九宫格与组织架构结合的人才地图，通过该地图能够清晰地知晓各部门、各层级的人才盘点九宫格情况。图 8-9 是前文中提到的星宇公司研发部九宫格人才地图，从中我们可以清晰地看到张总负责的研发部的人才队伍情况。

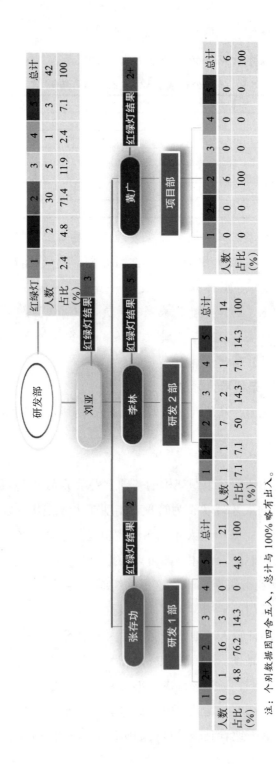

图 8-9　星宇公司研发部九宫格人才地图

注：个别数据因四舍五入，总计与 100% 略有出入。

研发部管理团队人才质量不合理,需要及时关注和调整,不合适的管理者不仅会影响个人的绩效,而且会影响团队的整体绩效,研发部的总负责人九宫格结果为"3",而研发管理团队中2+以上的管理者只有一名,研发2部的负责人九宫格结果为"5",亟须更换部门负责人。从部门的人员情况来看,研发部的标杆人员(1或2+类)仅有四位,人数较少,部门缺少标杆人员的引领,人才队伍存在风险。从二级部门的人员队伍来看,研发2部团队较弱,3类、4类、5类员工占比较高。

(2)**继任者人才地图**。继任者人才地图是一种将企业管理岗位的继任者状态与组织架构结合的人才地图,该地图能够直接反映企业继任者的储备情况,清晰地看到每个部门的人才厚度,尤其是规模大的企业更加直观。如图8-10所示,深色代表1年内有继任者,颜色稍浅代表无继任者,颜色最浅代表1~3年内有继任者。由此看来,公司副总级人员无继任者,中层的人力资源部、经营分析部、知识产权部、销售部以及采购部也不存在继任者。对于该公司来说,即使现有的管理团队都符合岗位要求,但从长远来看,人才储备的不足势必是未来发展的瓶颈。

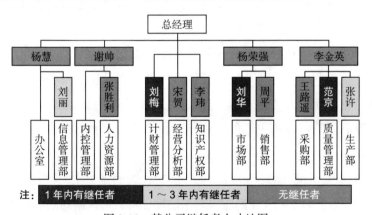

图 8-10 某公司继任者人才地图

(3)**综合性人才地图**。综合性人才地图是一种将多种信息如职位、人才盘点结果、继任者、部门编制数、离职风险等与公司或部门组织架构结合的人才地图,如图8-11展现的是某公司营销中心的人才地图。

从图8-11某公司营销中心人才地图可以清晰看出公司营销中心人才现状以及储备情况,可帮助主管明确岗位匹配度、人员潜力等相关信息,直观地判断出营销团队人员的质量，为人才的选用育留提供关键指导。

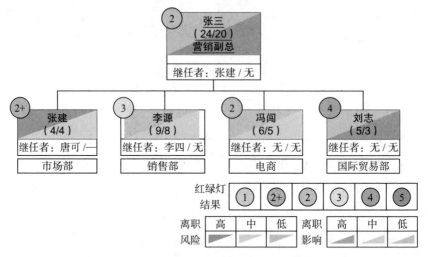

图 8-11 某公司营销中心人才地图

- **组织架构信息**：销售中心由市场部、销售部、电商部以及国际贸易部组成。
- **部门编制**：关于数字 24/20，前者是部门的总编制，后者是现有人员的数量，目前缺编四人。
- **管理者的胜任状态**：营销副总人才盘点结果为"2"，团队中核心骨干是市场部张建，业绩不佳但素质尚可者是销售部李源，素质不佳但业绩尚可者是刘志。
- **离职风险**：营销中心的队伍相对较稳定，除张建的离职风险高，需要重点关注外，其他人员的离职风险均为低。
- **继任者**："继任者：××/××"前者代表的是 1 年内符合要求的继任者，后者是 2～3 年内符合要求的继任者，营销副总的继任者（张建/无），意味着 1 年以内符合继任要求的是张建，2～3 年的继任者无。

以此可以发现，营销中心队伍中国际贸易部人才队伍存在很大的问题，部门负责人人才盘点结果为"4"（素质不佳但业绩尚可），1 年内不存在继任者，且内部人员编制存在缺口。这些信息足以说明国际贸易部需要重点关注，否则势必会影响国际业务的发展。

综合性人才地图清晰地展示了组织内部的人才全貌，既有组织结构、上下级关系，又有人员信息和人员九宫格定位，组织人才的健康程度一目了然。对于公司的管理者，尤其是部门人数较多的管理者或者新任管理人员，人才地图能够帮助他快速了解部门员工情况。当然人力资源部也可以增加其他信息，如晋升的潜力情况、绩效水平以及员工的司龄等，所以人才地图的形式并不局限于以上三种。由于公司人员情况会实时变动，所以人才地图需要实时刷新，至少每半年要审视一次，确保信息的准确和及时。

找出素质能力差距

对于组织来说，除了需要知晓整体的人才现状，更重要的是洞察差距，并进行有方向性的提升。在前期的人才评估和盘点会议上，通过对人员素质能力的量化评估和分析，能够了解各类人员的能力优劣势并进行整体评价，公司后续可以针对不足，采取针对性的提升计划。

针对素质能力的分析可以从绝对分值和相对分值两方面来看。绝对分值分析适用于素质能力打分校准后的分析。绝对分析首先计算各类人员的素质能力整体得分，然后将其与素质能力行为标准对应的等级进行对比，根据与标准的对比找出差距。因为绝对分析强调分值与标准之间的差异，所以适用于校准之后的素质项分析。相对分析是通过对比分析各项素质能力得分情况，根据各项之间的差值做出区分。图 8-12 是某公司人才盘点会议校准后的高层素质能力得分情况。

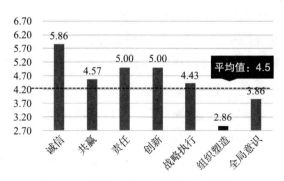

图 8-12　某公司高层素质能力得分情况

从图 8-12 中我们可以分析出该公司高层在诚信、责任、创新、战略执行方面达到了优秀的水平（0～1：待发展；2～3：胜任；4～5：优秀；6～7：卓越），但在组织塑造、全局意识方面有待提升，全局意识仅达到胜任级别，组织塑造整体得分最低。结合盘点会议现场得到的信息，对比表8-10的素质模型可以了解到，高层管理者在组织塑造上只能够做到"基于公司战略或业务的调整，及时地对组织架构、制度流程进行调整"，普遍做不到"关注组织人员绩效提升，及时淘汰不合适的人，同时发现并培养具有潜力的员工"。

表 8-10 某公司组织塑造素质模型分级描述

素质项	定义	0～1分（待改进）	2～3分（胜任）	4～5分（优秀）	6～7分（卓越）
组织塑造	不断优化组织架构和人员，以解决问题、达成战略目标的意识与能力	1. 没有基于公司战略或业务的调整，优化组织架构、制度流程的意识 2. 对组织中存在的问题不敏感，不关注组织内的人效及核心员工的培养	1.基于公司战略或业务的调整，及时地对组织架构、制度流程进行调整 2.关注组织人员绩效提升，及时淘汰不合适的人，同时发现并培养具有潜力的员工	1.基于公司战略或业务的调整，前瞻性地对现有组织架构与流程进行优化 2.打造具有复合型能力的人才梯队，投入足够精力帮助团队掌握提升绩效的高效方法	1. 始终围绕企业发展战略优化组织与流程 2. 塑造精简、高效、高战斗力的组织

另外，从素质项的相对得分来看，在诚信、共赢、责任、创新这四项企业核心价值观之中，共赢这项素质项相对得分较低，说明高层在与客户和团队共赢方面可以再进一步提升，以更好地体现高层的文化表率作用。

建立关键人才发展档案

如果说人才地图是对一个企业或者一个部门的整体呈现，那么关键人才发展档案则是对个体的整体测评结果的呈现。关键岗位人才发展档案几乎包含了员工盘点的所有信息，有利于管理者从业绩、素质能力、潜力、继任者情况、领导风格以及性格特质等方面整体深入地了解员工，帮助管理者更好地管理员工。管理者通过定期回顾员工发展档案，不断审视和回顾任用建议以及培养计划的实施效果，可以更高效地培养下属。

如同人才地图一样，在制作关键人才发展档案时，可以结合员工其他的工作信息，呈现不同的内容。图8-13展现了员工李欣的职位、人才盘点结果、素质与业绩的评价等级、领导力素质模型得分情况、优劣势、发展潜力、领导风格以及大五人格测试结果等信息。

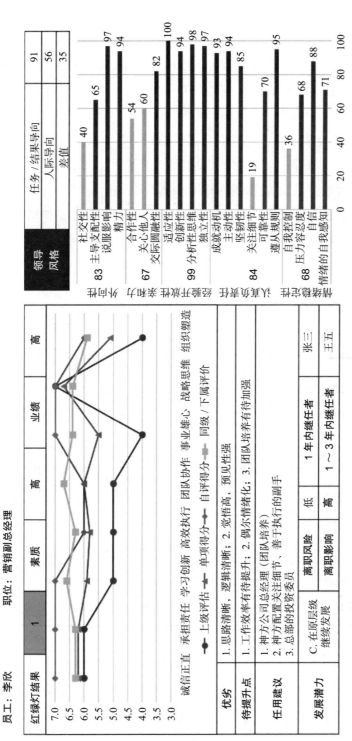

图 8-13 关键人才发展档案（示例）

人才发展行动计划

人才盘点会议只是为了达到目的的方式和过程，人才发展才是最终的目的。人才盘点会议的结束，也意味着各项人才管理工作的开始，前期的分析结果，为后续的一系列人才管理措施提供了重要的参考信息。

表 8-11 为某企业人才校准会议后的行动计划表，在招聘方面，管理者们在了解差距后，对于招什么类型的人有了更加清晰的了解；在激励方面，管理者们更清楚有限的薪酬资源应该向哪些人员倾斜；在培养方面，管理者们更加明确应该培养哪些人，以及如何培养。在后续的人才管理方面，直线经理和 HR 仍是行动的关键角色，他们各自承担着不同的职责，两者需要通力协作，共同促进内部人才的发展。

表 8-11　改进行动计划表

维度	行动计划	信息来源	责任人
人才需求规划	人才需求规划修正	人才盘点结果	HR
人员淘汰与招聘	分析 3 类、4 类、5 类人员名单，制定淘汰人员名单与计划	九宫格分析	HR 和直接上级
	制订基于空缺岗位和储备岗位的招聘计划	九宫格分析 人才需求规划	直接上级
人才激励	关键人才保留	离职风险评估	HR
	向高质量人才开展短期和中长期激励	九宫格分析	HR
人才培养	360 度面谈反馈	360 度测评报告 人才发展建议	直接上级
	3 类和 4 类人员改进计划	九宫格分析	HR 和直接上级
	关键岗位的人才培养计划	九宫格分析 离职影响和继任者分析	HR 和直接上级
人才盘点机制深化	人才标准落地计划（如素质模型考试、素质模型宣讲等）	素质标准	直线经理
	素质能力提升计划，如领导力发展计划	素质能力分析	直线经理

■ 关键发现

- 人才盘点会议是人才盘点的重要组成部分，在完整的人才盘点模型中处于承上启下的位置，是确保人才数量盘点和人才质量盘点结果准确性的关键。

- 一场成功的人才盘点会议需要完备的会议准备、充分的过程讨论和严谨的流程设计。

- 人才地图就是将人才盘点的结果定位到组织架构上，帮助企业清晰展现人才现状。

- 如果说人才地图是对一个企业或者一个部门的整体呈现，那么关键人才发展档案就是对个体的整体测评结果的呈现。

- 人才盘点的最终目的是盘活组织，实现人才与组织的共同发展，从而实现人与战略的匹配。

- 人才盘点会议只是过程，人才发展才是最终目的，人才盘点会议的结束意味着各项人才管理工作的开始。

第 9 章

特殊情境下的人才盘点

骏马能历险，犁田不如牛；坚车能载重，渡河不如舟。

——顾嗣协《杂诗》

很多企业都有例行的人才盘点，每年在特定的时间段有规划地开展，涉及范围广，一般由人力资源部牵头。除此之外，还存在一种特殊的、非正式的人才盘点，腾讯称其为"随时盘点"，往往是在突发或特定情境下开展的盘点工作，例如临时管理岗位空缺需要挑选优秀的胜任者、长远的人才梯队建设、关键岗位任命以及从基层挑选优秀干部、给予一线生产人员发展空间。特殊性意味着，可以根据不同情境需要，对例行的人才盘点体系做灵活的变化和调整，有些是对环节进行增减，有些则是采用不同的人才标准和盘点方式。本章挑选了四种较为常见的特殊情境的人才盘点，并进行了详细介绍。

管理岗位竞聘

《精准选人》一书中提到，优秀企业非常重视从基层岗位选拔优秀人才，中层人员的70%、高层人员的90%均来自内部选拔。因此，德锐咨询建议当内部的管理岗位有空缺、需要人员填补时，优先从内部进行选拔。由于管理岗位的特殊性，内部选拔在保证选择到合适人员的基础之上，还要体现公平性。基于此，在针对管理岗位人员的选择时，德锐咨询建议通过"岗位竞聘"的形式选择最符合岗位的竞聘者。

所谓岗位竞聘是指采取考任制，针对各级经营管理岗位进行的人员选拔方法。公司全体管理人员，不论职务高低、贡献大小，都站在同一起跑线上，重新接受公司的挑选和任用。内部竞聘不仅可以拓宽员工的晋升通道，给更多员工发展机会，激发员工进取心，而且由于其形式的开放和透明，也保证了选拔结果的公平与合理性。而对于参与竞聘岗位的人员来说，这又是对他们的一次盘点。

对于注重公平感但又缺乏明确晋升机制的中国企业而言，内部竞聘是非常有效且令人信服的选拔方式。内部竞聘过去常被应用在国企及国企转制类企业，目前也被越来越多的民营企业所推崇。有关岗位竞聘的操作方法，可以从下述宏旗的案例中找到答案。

内部竞聘帮助宏旗"快速换血"

宏旗集团（化名）作为老国企，曾经是玻璃制造行业的佼佼者。为了顺应市场的发展要求，2017 年宏旗集团实行了改制，但改制之后内部管理并没有改善，人效仍然低下，利润逐年萎缩，与竞争对手的差距越来越大。德锐咨询在对其深入访谈后发现，宏旗集团存在很多历史遗留问题：目前的组织架构仍为科层制，管理层级多，部门设置过多，各部门间互相推诿扯皮的现象严重；且现有的部门负责人还是过去国企状态时的老班底，论资排辈的现象比较普遍，管理团队整体年龄偏大，"老龄化"严重。管理层的"养老"心态也导致很多新的业务方向无法向下传递与执行。

面对这样的现状，"激活组织，强化能力"——对组织架构进行调整、压缩管理层级、打破隔热层、精简非利润部门、突出研发等关键职能是宏旗唯一选择。而德锐咨询深知，实施变革的最大障碍就是现有的"管理团队"。如何让他们"主动"让贤，并挑选出新的管理团队，成为宏旗面临的首要难题。

事实上，公司总经理张总（化名）过去两年也试图进行调整，内部也进行了基于素质和业绩的人才盘点，盘点的结果和德锐咨询对部门管理人员的判断差异不大，但是碍于情面而且现有管理者不肯让贤，最后不了了之。后来张总还专门花重金外聘了一些牛人，希望可以分担管理者的部分工作，甚至希望让这些部门负责人主动让贤，但糟糕的是，由于新老员工融合难，导致新员工"水土不服"，无一成功的案例。

德锐咨询告诉张总，这个时候引入外聘人员只会造成成本浪费，并无实际效果，为了激活内部活力且让管理人员接受，最优的选择就是"管理岗位竞聘"——用一场全公司范围内的岗位竞聘来挖掘内部有能力、有潜力的优秀人才，在保证公平的同时，打破混日子、熬资历的风气，做到任人唯"贤"，让员工拥有危机意识和竞争意识。德锐咨询将竞聘的思路和总经理沟通后，得到了张总的认可。

为了确保得到全员的重视与认可，德锐咨询从组织架构梳理及例行的人才盘点工作着手，通过以下七大步骤开展了系统的内部竞聘工作。

第一步：梳理组织架构，明确调整目标

首先基于宏旗集团未来三到五年的战略规划，审视目前的架构和岗位匹配的问题。为了让大家针对架构存在的问题达成共识，德锐咨询反复与部门负责人沟通访谈，让管理者深知无论是部门设置的不合理，还是部门之间的扯皮，都是需要大家一起面对的问题。在集体讨论下，宏旗对组织架构进行了相应的调整：

（1）新设研发二部（新材料研发）和战略发展部。

（2）行政部和人力资源部两个部门合并为一级部门，由副总王总（化名）直管。

（3）质量部不再是一级部门，成为生产部下的二级部门。

……　……

调整之后的架构中，之前的 16 个一级部门最终精简为 12 个（加上新设的部门）。至于谁能真正成为这些岗位的负责人，全部通过公开竞聘决定，能者上，庸者下，这也在管理团队中达成了共识。

第二步：进行人才质量盘点，锁定目标岗位

紧接着，德锐咨询在全员范围内开展了人才盘点工作，以层级建模的方式构建了高中基层的人才标准，进一步通过人才盘点会议对中高层和"高"分数的评价者进行了校准。且整个人才盘点会议，总经理全程参与，对这些人员的九宫格定位、岗位发展建议、继任者、离职风险等都做了充分的考虑。事实上，经过这次盘点，发现了很多优秀的基层人才，对于有些部门负责人的岗位人选，张总心里有了大概的判断，这也给张总吃了"定心丸"。

第三步：针对全员，公开竞聘申请的门槛条件

为了打破宏旗集团一直以来的论资排辈现象，避免只有资历、没有能力的"老白兔"轻松过关，德锐咨询在申报资格条件的设立上本着"英雄不问出处"的原则，放宽了申请条件，尽可能给更多员工机会，不让员工因年龄、司龄等条件失去参与竞聘的入场券。公司向全员发布竞聘通知，告知员工本次竞聘岗位、岗位基本信息、申请条件、整体竞聘流程与时间安排等，鼓励大家积极参与、踊跃报名。

申请条件建议（示例）如表9-1所示。

表9-1　申请条件建议（示例）

年龄和学历要求
1. 25岁及以上 2. 无学历要求
经验要求
两年及以上相关工作经验或一年及以上管理经验
其他要求
1. 企业正式在岗员工（已通过试用期） 2. 具有履行岗位职责所必需的专业知识和相关工作经历 3. 遵守国家法律法规及公司规章制度，无严重违规违纪情况，具有良好的职业素养，作风形象和职业信誉良好

第四步：鼓励员工报名，严把材料审核

由于宏旗集团此前从未进行过内部竞聘，通知发出的前几天，申报的员工很少。为了达到更好的竞聘效果，人力资源部在每个部门进行"游说"，消除员工顾虑，鼓励年轻、有能力的员工参与竞聘。

为了提升竞聘的效率和精准度，员工在报名的时候需要填写申请表，申请人不仅要填写本人信息、过往工作岗位、主要业绩、竞聘岗位等基础性信息，还需填写对过往工作与目前岗位的看法，以帮助评审组在短时间内快速全面了解申请人。表9-2是一位员工提交的竞聘申请表。

表 9-2　竞聘申请表（示例）

姓名	李友	性别	男	出生年月	1986.11
最高学历	本科	所学专业	自动化	现任岗位时间	2 年
所在部门	一生产车间	所在岗位	车间主任助理		
竞聘岗位	生产部经理				
主要工作经历（自参加工作开始，需注明时间、部门、岗位及职务）	2012.10 ～ 2015.10　研发二部　研发岗 / 研发员 2015.10 ～ 2017.03　研发一部　研发岗 / 研发员（项目经理） 2017.03 至今　　　　生产一部　车间主任				
主要业绩	2013.01 ～ 2013.12 某产品稳定性和工艺改进　主要实验者 2014.01 ～ 2015.02 某产品综合性能研究及产品质量提升　主要实验者 2016.03 ～ 2016.12 某新工艺产品的研制　项目经理 2017.03 ～ 2017.12 某产品精加工研究和数据积累　项目经理 工作以来共发表专利 7 篇，其中第一作者发明专利 1 篇、实用新型专利 2篇，发表论文 2 篇 2017 年 4 月起，主管 ××× 的生产管理工作，两年半来各产品线正品率始终保持在 95% 以上				
对应聘岗位的相关经验，以及对工作的简要设想	目前，我已在生产管理岗位有两年半的工作经验，这些经验对于拟竞选的生产经理岗位能够起到很好的基础铺垫作用。而且，两个车间共处同一工业园区，工作之中经常有交叉协调部分，与车间主要骨干人员有过合作，能帮助我更好地进入角色 工作设想 1. 深入一线，尽快掌握 ××× 生产体系的运转方式，保证订单的稳步推进 2. 建立人岗相匹配的团队，充分利用团队每个成员的专长 3. 推进标准化建设，结合 ××× 初步开展的原料标准化经验，逐步推开至整个车间体系的建设 4. 加强质量控制，对不同产品制定不同的质量标准化，增强安全管理意识				
你觉得在目前（或最近）的工作中，面临的最大困难 / 挑战是什么	今年以来，××× 产品订单数量激增，面对新产品、新工艺，目前的设备效率低下，如果完全按照任务单的先后顺序制作，势必造成无法按期交货而丢失客户。因此，我积极同销售人员协调，保证每个客户都能分批次供货，同时与生产车间深入协调，在人员上、设备使用上进行了支援。原材料方面，要结合公司现状，提前做好原材料的采购计划，避免无料可用的情况。这段时间锻炼了我的协调安排能力。目前相关设备已经到位，接下来要对全新的生产工艺进行工艺探索实验，争取早日实现新设备的生产力				
对所做的工作，你最喜欢的是什么，最不喜欢的是什么	喜欢：整个团队分工有序，可以集中力量去解决生产中的问题。同时，研发和生产团队的氛围很好，大家想的都是如何把产品做好 不喜欢：有时工作会被外部的人为因素、人际关系搞得心神疲惫				
签名：	日期：				

申请者们严肃认真且按时（五天内）完成了申请表的填写，甚至很多员工附加了好几页的补充说明，写下了自己对未来工作的详细设想。

第五步：性格测评与竞聘演说 PPT 准备

收到申请表后，人力资源部紧锣密鼓地对所有提交材料进行审核，同时向通过审核的员工发送通知，要求他们在规定时间内完成职业性格测评和竞聘演说PPT。性格测评可以更好地洞察员工的工作行为与性格特质，既可以帮助评委更加充分地了解候选人，也有利于评委提前准备针对性的问题（之前人才盘点时已经做了性格测评的，不用再做）。

竞聘演说PPT是为了让申请人尽可能展现和发挥自己的实力，内容论述主要围绕对竞聘岗位的认识、未来一至三年的业绩目标、竞聘成功后的计划和对自己的认知四个方面展开。人力资源部应提前向申请人详细说明演说内容、演说流程、评委打分规则及其他需要注意的事项，并解答每个申请人关于竞聘的疑问。

第六步：竞聘现场

由于申请人数多，内部竞聘演讲共分两天开展。在首场开始前，德锐咨询先向评委详细介绍了评分规则与注意事项，并对问答技巧进行了相关的培训。具体竞聘演说流程如表9-3所示。

评价打分表包括两部分，第一部分根据申请者的竞聘演说表现，从岗位认知、业绩目标、工作开展计划及自我认知四个方面进行评分；第二部分结合申请者提交的申请表、人才盘点结果、360度测评报告等材料，以及过往的综合表现和现场问答情况，从专业能力、管理能力、价值观及未来潜力四个方面来评分。竞聘演说评价打分表如表9-4所示。

表9-3 竞聘演说流程

演说阶段	1. 评委阅读材料 2. 申请人演说 3. 评审问答 4. 评委填写评分表 5. 评委阐述对申请人优劣势的认识
分数 统计阶段	1. 每位申请人各项分数记录 2. 申请人总分计算及小组排序

表9-4 竞聘演说评价打分表

竞聘岗位：		
评委姓名：		
评分等级：优秀（9～10分）　　良好（7～8分）　　合格（4～6分）　　待发展（0～3分）		
第一部分：竞聘演说评分		
评价维度	评价指标说明	评分
对竞聘岗位的认识 （0～10分）	1. 能够指出竞聘部门存在的主要问题 2. 对问题的原因分析透彻深刻 3. 对竞聘岗位和部门职责的认知清晰	

（续）

未来一至三年的 业绩目标 （0～10分）	1. 对未来三年有清晰的规划，能列举清晰的目标 2. 能具体分析目标得出的背景和理论支撑 3. 由背景推出三年业绩指标的逻辑严谨，经得住考验，目标可行性 很强	
竞聘成功后的计划 （0～10分）	1. 对自己如何能够胜任竞聘职位分析透彻，强化优势，弥补劣势 2. 能够给出切实可行的解决方案，工作计划和方案具体、可操作， 明确具体的时间、责任人，工作目标可衡量 3. 对如何能够获得成功有正确客观的认识	
对自己的认知 （0～10分）	1. 深刻客观：对自己各方面的认识有足够的深度，且非常客观 2. 突出重点：个人优势／不足的方面能够着重表述 3. 内部逻辑严密，能力素质、优劣势、求职动机等方面证据充分， 能够让人信服，并提出改进计划	

第二部分：综合素质评价		
综合素质	评分标准	评分
专业能力 （0～10分）	对竞聘岗位有足够的专业知识基础积累或相关工作经验，并在相应 的专业素质方面表现优秀	
管理能力 （0～10分）	结合管理者素质模型重点考察以下方面 培养他人：关注团队成员潜能，并助其成长 影响推动：运用多种方式，带动团队成员有序行动，推动工作落实 解决问题：在不同工作情境中，运用不同认知活动、思维技能，独 立思考，高质量完成本职工作	
价值观 （0～10分）	深刻认识和理解公司核心价值观，并约束自身行为，以实际行动为 员工做出表率	
未来潜力 （0～10分）	有向更全面发展、未来适应更高层级职责的潜在能力	

　　在竞聘的过程中出现了很多意想不到但又在情理中的场景，比如，一位任职多年的部门副主管，在演说时将自己进入公司十年来的工作详细列举了一遍，但当被问及近三年在岗位上有什么创新或优秀成果时，却没有相关的成绩可以体现出来。而另一位入职仅两年的主任助理，不仅在演说中展示了自己如何想办法优化内部文件、简化与销售部门的对接流程，还详细展示了自己成为主任助理后将如何规划团队未来一年的工作。在评委的提问中，他真诚地说出了自己当前的不足与改进计划，同时对所在部门提出了具有建设性的发展建议。

　　这样的场景时常出现，评委们纷纷感慨，原来我们内部就有优秀的好苗子，只是他们被"资历"束缚，掩藏在老员工身后。

第七步：竞聘结果决策

为了保证每个岗位都能选出最合适的人选，德锐咨询为宏旗集团制定了严格的录取标准——对于最终平均分达到6分及以上的申请者，按其第一竞聘岗位择优录取；若某岗位的第一志愿候选人都不足6分，可从得分高于6分且将该岗位作为第二竞聘岗位的申请人中择优录取；如果某岗位的所有申请人均未达到6分，那么该岗位将空出，留待外部招聘而非"内部将就"。

最终，12个目标岗位中有9个岗位都成功匹配，而之前的部门负责人仍在其位的只有3人，另外包括质量经理、研发经理在内的5个岗位都由司龄未满4年的"新面孔"担任。面对这样的结果，总经理感慨：原来我们不是没有人才，只是缺乏有效的办法找到他们。

在竞聘结果确定后，为了不打击落选人员的积极性，人力资源部培训分管领导对所有参与竞聘的员工进行一对一面谈，告知其结果。对于竞聘成功者，给予肯定的同时也要指出努力的方向，并与其共同确认工作交接内容、新岗位的工作规划等；而对于竞聘落选者，以鼓励为主，帮助其制订个人成长计划，让其同样感受到参与竞聘工作的价值。另外，值得一提的是，为了新老岗位人员平稳过渡，对那些落选的原岗位负责人采取"不降薪调岗"，但要对其工作业绩提出更加明确的要求。

最后，为了保障竞聘结果的公平、公开，人力资源部将竞聘结果在全公司范围内进行一定期限的公示，并提供异议反馈渠道。至此，一个完整、系统的管理岗位内部竞聘工作才画上圆满的句号。

成功的管理岗位竞聘工作需要严密的设计，不仅需要有明确的选拔标准和严密的流程，也对成果有明确的预期，确保结果可控，可以说是一场更具有针对性的人才盘点。

人才梯队建设

人才盘点不仅要立足于当下或者来年的人才需求，还需要考虑到三年甚至更长远的时间。虽然在对员工进行素质能力评估时，已经在某种程度上做出了初步的判断，但是对于有可能成为内部梯队的人才来说，他们是企业内部重点培养的人才，同时也是未来引领企业发展的人，仅评估素质模型中的素质项还不够。为了提高人才梯队建设的精准度，我们建议在例行人才盘点的基础上对"潜力"进行盘点。潜力衡量的是员工持续发展和持续实现高绩效的可能性和稳定性，它是员工持续创造价值的保障。

在当今这个高度不确定的时代，为了应对外部变化，企业在选择人才，尤其是建设内部梯队时，不仅要注重员工当下的价值创造，更要注重员工面对未来变化的适应能力。需要指出的是，虽然高业绩不等于高潜力，但高潜力会带来未来的高业绩。有调查数据表明，93%的高潜力人才都是高绩效人才，但在高绩效人群中，只有29%的人拥有高潜力。

潜力代表着员工未来的成长空间，注重潜力可以在梯队人选方面更准确。从人才供应的稳定性来看，企业从一开始就需要注重对人才梯队的建设，同时也需要关注基层的"种子"选手。这就是为什么很多企业招聘应届生作为"管培生"培养。

对于梯队培养的人选，尤其是管培生，需要注重对其"潜力"的盘点，比如对于管培生和入职未满一年的新员工，其业绩还没有真正体现，例行盘点的结果定位很有可能在"3"这个位置。如果基于此结果对其进行激励或培养会有失偏颇，实施不当很有可能导致人才流失。在例行的人才盘点后，需要追加对潜力的盘点，确保挑选的培养对象是值得培养的，将有限的资源集中到高潜力的优秀人才身上。

有关潜力的判断标准，学术界和企业界尚未达成共识。但是从现存的潜力标准来看，无论是咨询公司亿康先达强调的好奇心、洞见、参与及决心，还是标杆公司沃尔玛选择的学习敏锐度、敬业度和职业抱负，或是华为强调的学习敏锐度，这些标准的共同点是对学习能力的判断。高潜素质能力如表9-5所示。

表 9-5　高潜素质能力

素质项	素质描述
成就动机	始终把做好企业、创造更好的成就作为自己的奋斗目标；渴望成功，喜欢迎接挑战，不断追求卓越；在工作上执着追求，近似工作狂；不满意现状，总是希望把事情做得更好、更漂亮

（续）

素质项	素质描述
学习成长	有强烈的学习意愿，对于新技术、新领域保持高度的热情，提倡在发展中不断学习，在学习中不断促进发展；经常总结经验，增加学识，提高技能
聪慧敏锐	能够准确预测市场发展趋势，敏锐把握发展机会；反应敏捷，能够快速抓住问题主旨并准确决策

高潜力人才成就动机强，成就动机强的人会为企业和自己不断设定"胆大包天"的目标，并努力实现它。他们永不满足，积极进取，这样的人更容易推动企业成功。

此外，体现员工未来潜力的要素还有学习成长与聪慧敏锐两项。当员工具有很强的学习成长能力，他就有更大的机会获得持续提升与成长，总是能够因为企业发展的需要而更新知识。聪慧敏锐的员工能够敏锐把握环境的变化，能够快速适应变化，并能洞察到问题的实质及背后的原因，也更容易解决企业面临的现实问题。所以，高潜力员工是推动企业未来持续成功的关键员工。

由于潜力的评估已经涉及"冰山模型"中的价值观和内在驱动等深层次素质，所以对潜力判断有一定的难度。市面上有很多关于潜力的性格测评工具，可以借助性格测试来辅助对潜力的判断。对于潜力的评估，可以重点关注大五人格"开放性"和"责任心"这两个维度。

在盘点会现场，对于潜力的判断一般情况下主要是由直接上级根据盘点对象日常的行为事例、面谈获得的信息，再结合测评报告对其进行评估，人力资源部和间接上级负责补充，最后一起商定对盘点对象潜力的"高中低"界定。

潜力评估之后，在九宫格中增加了对潜力结果的展示，从而形成新的九宫格，即素质—业绩—潜力九宫格（其中↑代表潜力高，→代表潜力中，↓代表潜力低，5类人员是要淘汰的人员，无须对其进行潜力评估），如图9-1所示。利用素质—业绩—潜力九宫格能够更直观地看出被盘点对象的人才分布状态，更好地做出人才培养决策。

在挑选梯队建设的人才时（包含管培生梯队的建设），优先选择人才盘点结果为"1、2+、2和3"类的人员，运气好的话，"4"类人员可能也会存在可以培养的人。按照上述原则，参考图9-1，员工A与员工B相比，应该挑选员工A作为梯队人才，虽然员工A在人才盘点九宫格定位为2+，但其潜力高于员工B（虽然员工B定位为1，但其潜力低）。员工A潜力高，经过培养很有可能成为"1"类员工，但"1"类员工若潜力低，从长远来看成为"2+"类的可能性较大。

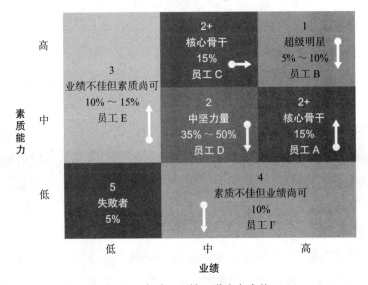

图9-1 素质—业绩—潜力九宫格

同样，员工E和员工D相比，应挑选员工E，因为员工E虽然是"3"类人员，但其潜力较高，经过培养成为"2或2+"类人员的可能性较大，而员工D虽定位为"2"类人员，但其潜力较低，成为"4"类人员的可能性较大。对于员工E和员工C，则需要拉长时间进一步判断谁是人才梯队建设最应该考虑的合适人选。

关键岗位任命

另外一种特殊的人才盘点是，由于业务的调整和变化或某一关键岗位临时空缺，需要从内部选拔一位合适的人选来补充。这种情况下，由人力资源部和分管领导主导，对现有的人按照既定的标准进行盘点，这种人才盘点通常是在小范围群体中进行的，所涉及的人员范围小，较少人清楚具体的操作流程。

以关键岗位任命为目的的人才盘点是以例行人才盘点结果为基础开展的。过去的人才盘点结果可以作为"样本库"，在此基础上增加其他维度，或者针对岗位的特殊需要进行更为细致的再盘点，盘点所用时间和盘点方式会有所区别。在既定的时间内寻找具备相应素质的关键岗位人选，需要有清晰的操作方法来指导。德锐咨询总结了以下盘点的步骤，帮助关键岗位选择到合适的人。

第一步：分析岗位需求，形成素质画像

在开始盘点前，应该先分析关键岗位的定位是什么，需要该岗位的负责人具备哪些"硬性"门槛条件和"软性"素质条件。比如，岗位需要着手新业务的处理，那么需要分析新业务处在什么样的市场环境中，新业务是对全新未知领域进行探索还是跟随竞争对手进入，新业务是否需要完整的研发生产销售体系，公司现有的运营模式是否可以复制，岗位的目标是什么，需要负责人有哪些经验、知识、技能。

这些分析都会对业务负责人的选择产生影响。如果是承担现有的空缺岗位，那么需要做得比之前好的地方是什么？做到这些需要具备哪些素质能力？目标岗位的画像越清晰，后续的测评工具和流程设计就越有针对性、越有效。当然，此类人才盘点是为了找到最适合的人，而不是为了选出最优秀的人，因此画像的确定很重要。

第二步：参考例行盘点，设置门槛条件

在设置清晰素质画像的基础上，紧接着就需要确定相应的门槛条件，锁定准确的目标盘点对象。由于是在全公司范围内进行筛选，因此门槛条件要精准。若门槛条件设置过高，则符合条件的人就会过少；若门槛条件设置过低，则后续的盘点工作量就会过大。应在例行盘点成果的基础上初步设定筛选标准（见表9-6）。

表 9-6 初步筛选标准（示例）

维度	筛选条件	满足条件
数量盘点结果	年龄	25 岁以上，40 岁以下
	入职年限	入职不低于 3 年
	管理幅度	曾管理过 10 人以上的团队
质量盘点结果	绩效考核结果要求	过去 2 年业绩排名在团队不低于前 30%
	人才盘点结果要求	过去 2 年人才盘点结果为"2"及以上
	潜力	潜力高
其他	离职风险	离职可能性小，公司认同度高

第三步：借助 360 度访谈，全面了解素质能力

在筛选出人员名单后，为了对被盘点对象有更加清晰的认知和判断，可采用 360 度访谈的形式，从被盘点对象本人、同级、下属及外部客户的角度判断其素质能力优缺点（着重领导力）、过去岗位工作价值贡献、敬业度、价值观等信息。同时，为确保团队的稳定运行，被盘点对象是否有合适的接班人，也是需要了解的信息之一。具体的访谈提纲可以参照表 9-7 进行设计和调整，过程中针对关键信息的收集，需借助充分的案例来加以佐证。

表 9-7 360 度访谈常见问题

360 度访谈常见问题（同事、下属、外部客户评价）	
1	你认为 ×× 的优势有哪些，突出的素质能力具体体现在哪些方面
2	你认为 ×× 需要提升的能力有哪些，你会给他什么建议
3	从你的角度看，就 ×× 所在的岗位和所承担的公司战略目标，其过去一年总体绩效完成得如何，是否达到了整个团队的期望
4	从你的角度看，×× 的行为表现和对公司的认同程度是不是可以成为公司员工的榜样
5	从你的角度看，如果公司进行干部轮岗，谁可以成为 ×× 岗位的继任者，还有没有别人，大概需要多长时间的职业准备
360 度访谈常见问题（自我评价）	
1	从素质能力上看，你认为自己的优势体现在哪些方面
2	你认为自己还可以继续提升的能力有哪些
3	从你的角度看，就公司过去一年的发展和对你工作的期许，你所负责的工作领域是否达成了公司的总体期望，可以如何改善
4	如果内部有干部轮值的机会，你愿意往哪个方向尝试
5	从你的角度来看，你认为公司未来几年发展情况如何，有什么急需改善的地方，有何建议

360 度访谈是对 360 度测评报告的深度了解，可以与相关人员进行面对面的沟通，确保信息搜集得全面、准确。在访谈过程中可以参考 360 度测评报告和性格测评报告以及例行人才盘点中所获得的信息，对不确定的信息进行再次确认与求证。根据搜集到的信息，最终形成每个人的深度 360 度测评报告，作为后期评估的重要参考依据。人力资源部通过 360 度访谈，可以剔除一些明显不合适的人选。

第四步：赋予挑战性任务，识别其解决问题的能力

为了减少选人决策的风险，判断员工与目标岗位的匹配程度，需要追加相应的测评环节。研究表明，赋予员工具有挑战性的任务，是比较有效的方法，即针对目标岗位未来的工作内容和可能面对的挑战，设计一个挑战性的任务，让员工在既定的时间内处理完善。若条件允许，可以设置较长的完成时间，这样可以让测评人更加充分地做出判断。当然，没有必要告知被盘点对象这样做的目的是什么。

直接上级和人力资源部共同确定挑战性任务的主题，主题可以是新业务市场如何在最短的时间内实现盈利，也可以是如何带领一个团队解决具体的问题、如何带领团队明确任务目标等。被盘点对象不仅要在规定的时间内给出具体的解决方案，还需要推进方案的实施和落地。其实，被盘点对象能否完美地将问题解决并不是最重要的，关键是考察其如何运用现有信息进行分析和判断，通过逻辑分析做出合理的行动方案，并整合资源、推动方案的实施。此环节的表现评估将作为被盘点对象是否胜任关键岗位的重要判断依据。

第五步：形成综合评估报告，直接上级、间接上级和 HR 做出判断

在所有的盘点环节完成后，人力资源部需要对最终筛选后的被盘点对象生成评估表（见表 9-8）。该评估表中既要包括候选人的基础信息，也要包括例行人才盘点的内容，如入职时间、绩效结果、九宫格定位、360 度

访谈中的主要评价及挑战性任务的评分，通过这些信息综合给出最终评价和发展建议。

表 9-8 关键岗位候选人评估表（示例）

姓名	李四	当前岗位	市场总监	入职时间	2008 年
曾任职务	1. 2009～2013 年，销售一部经理 2. 2013～2017 年，市场经理 3. 2017～2020 年，市场总监				

一、过往人才盘点结果及优劣势简述					
2018 年绩效等级	B		2019 年绩效等级		A
2018 年九宫格定位	2		2019 年九宫格定位		2+
离职风险	低		离职风险		低
潜力	中		潜力		高

二、360 度访谈记录

主要优势（3～5 项）
1. 先公后私，主动承担，有良好的团队意识
2. 快速学习能力较强
3. 抗压能力较强，面对艰巨挑战时能保持心态平稳
4. 战略思维与战略落地性强

主要劣势（2～3 项）
1. 轮过的岗位少
2. 较少主动分享成功的工作经验

三、赋予挑战性任务，解决问题的能力

评价维度 （0～7 分）	关键任务完成度	解决问题思路	团队配合程度	……	……
得分	5	6	4	……	……

合计得分：15

四、综合评价

1. 有扎实的专业知识与专业素养
2. 责任心强，有良好的团队合作能力
3. 商业敏锐度较高，解决问题的思路清晰
4. 抗压性强
5. 带领大团队的经验不足

五、结论

通过

最终，根据每个人的评估报告由间接上级、直接上级和 HR 最终做出用人决策，通过综合评议的形式优中选优，确定关键岗位人员的任命。从下述九恒公司案例中，我们可以看到一个总经理的诞生。

九恒公司的分公司总经理任命

九恒公司（化名）是一家成立于 1998 年的配件加工企业，公司从小作坊不断做大做强，近年来已将上市定为战略目标。目前，公司在开拓新的产品领域，为了降低新领域对上市进程的影响，决策层决定成立独立的分公司去开拓新的业务。令人头疼的是，分公司的总经理谁来担任。新的产品领域成功与否，不仅决定着新产品能否发展，而且决定着未来产品组合中能否形成协同作用。而现有的总经理擅长老业务，而且年龄渐长，难以再扩大其管理幅度。董事长一年前便开始思考人选，这个问题一直困扰着他。在这期间，他也接触了几位背景相符的外部候选人，但终究未能下定决心，此事如悬在公司上市路上的达摩克利斯之剑，不仅困扰着董事长本人，也影响着现有高管团队的士气。

在德锐咨询帮助九恒进行组织架构设计与人才盘点时，董事长表示希望借此机会选出新的分公司的总经理，在架构调整的同时完成人事变动。董事长还表示，该分公司的总经理如能带领新产品在市场站稳脚跟，未来可能也是总部总经理的接班人。因此，该岗位的人选十分关键。德锐咨询在进行了例行的人才盘点后，对于人才盘点九宫格定位为"1 和 2+"类且高潜力的人员进行了再一次的盘点。

第一步：确定分公司总经理必备素质能力

在进行盘点前，德锐咨询与董事长、总经理及各位高管就公司明年的业绩目标、未来 5 年的战略规划、对新组织架构的看法等话题进行了一对一的深度访谈，充分吸收众人对分公司未来发展的期望以及对总经理岗位的期望。在访谈中，大部分人都提到领导者具备雄心壮志，并能充分发挥新团队优势是至关重要的。在充分吸收各方建议后，德锐咨询总结出分公司总经理需具备的三大素质项：战略规划、组织塑造与事业雄心（见表 9-9）。

表 9-9　九恒分公司总经理需具备素质

素质项	主要含义
战略规划	• 以企业战略目标为中心，把握内外环境，从整体与长远角度做战略决策 • 依据战略目标和现有的资源禀赋，克服障碍，多方协调，推动战略落地
组织塑造	• 招聘、任用、培养、激励合适的人才，确保组织健康高效运转 • 重视人才梯队建设，自发、真诚地关注下属的成长，培养下属 • 构建符合企业文化的组织氛围

（续）

素质项	主要含义
事业雄心	• 不甘于平庸，愿意设定挑战性目标，不断挑战自我，实现突破 • 对事业有远大的理想和追求，愿意带领团队为实现公司卓越发展而努力付出

第二步：利用360度访谈排除不合适人选

在确定素质项后，德锐咨询开始对包括销售总监、研发总监、外部候选人与工业事业部负责人在内的4位候选人进行考察。首先借人才盘点之名，对每位候选人的同级、直接下级与斜线下级进行访谈，分别询问了候选人在业绩、领导力、战略执行、团队培养、目标设定等方面的表现。在访谈之初，很多部门主管与经理显得非常谨慎，但在正确的引导下，还是收获了更具针对性的一些信息。

第一轮访谈结束后，德锐咨询用同样的方法对总经理、董事长和候选人本人进行了访谈，并根据访谈结果对各候选人的优劣势与各素质项表现进行了初步判断。其中老业务的销售总监虽然业绩优秀，但不论是下属还是总经理都认为他在团队建设与人员培养上有明显的短板，他的团队主要依靠几个非常善于联络客户的"业绩老手"，整体青黄不接的现象比较严重，这样的"硬伤"使得他首先被淘汰。

而在对外部候选人进行访谈时，德锐咨询尽可能接触了其之前工作过的两家公司的同事和团队成员，发现这位外部候选人虽然聊起战略规划与架构设计来头头是道，但在过去的经验里并没有突出的组织塑造与团队组建成果，相反，大部分被访谈者都提到他在公司战略的执行上缺乏明确的计划与资源调动能力。综合各方的访谈意见后，德锐咨询认为这位外部候选人虽然看似有着丰富的履历，但在素质能力和过往经历上并没有突出的优势，在战略推动与文化建设方面反而不如内部更年轻的研发总监与生产负责人。

听完德锐咨询的分析，董事长和总经理感慨：在最初考虑候选人时，总觉得这两位高管虽然有潜力，但都有些年轻了，于是一直把眼光放在外面那些资历丰富的人选身上，没想到这一比较下来，还是我们自己的人更适合。

第三步：分别下达挑战性任务给两位人选

在前期的360度访谈中，研发总监和生产负责人各有千秋，都获得了良好的整体评价。其中研发总监，轮岗过市场和销售，带过兵，打过仗，但挑战性任务较少。生产负责人兢兢业业，带领生产车间扭亏为盈，轮岗过质量和采购，但业务思维和团队合作性偏弱。此时，德锐咨询对两位负责人追加了挑战性任务的判断。

研发总监：在一个月内帮助新公司组建10人的研发团队，在一个季度内明确五种新材料的研发，且要得到客户的初步反馈。

生产负责人：同样给了三个月的时间，帮助建立新厂房和增加一条生产线正常运转。

在这三个月当中，研发总监在前一个月反复与不同销售人员沟通，了解市场环境和需求，做了大量的市场研究，有超过半个月的时间在和客户打交道，并将获得的信息与总经理反复沟通交流，与生产负责人和品质团队开会讨论如何实现生产等。由于时间紧、任务重，研发总监将任务分给了其培养的下属，并将任务拆解到每周去完成，最终实现了四种新材料面市，入职了四位人员（他认为现阶段还不成熟，招聘10人是资源的浪费）。

生产负责人在接到任务后，率先在新产品线人员的招聘上下功夫，对新产品线没有进行需求调研，事实上对于新生产线如何设计，总经理本人还没有很好的方案。在这三个月，生产负责人凭借自我经验明确三项重要工作，同时推进了此三项工作，但由于对新的生产线的需求没有做充分了解且招聘人员与新生产线的需求始终没有配合起来，导致最后的结果不尽如人意。

经过三个月的考察，谁是合适的人选显而易见。虽然这次"人才盘点"持续的时间较长，但董事长和现任总经理对这个结果很是满意，在盘点结束后与研发总监进行了深入的谈话，他本人也充分表达了带领公司拓展新领域、走向资本市场的决心。后来跟踪了解发现，九恒分公司在新任总经理的带领下开始了新的征途，业绩屡创新高。

从九恒的案例中可以发现，对于关键岗位的人员任命，无论花费多大的精力进行人才盘点都不为过。实际操作时，根据岗位的重要性和时间的紧迫性不同，在盘点的方式上可以灵活选择。在时间和精力允许的情况下，还可追加评价中心等方法对人员进行进一步盘点。但一般情况下，我们建议在设计时明确每个环节的考察重点，避免信息的重复考察，同时考察环节不宜多，避免给候选人带来疲惫感——和面试一样，一般面试四轮之后，用人决策的准确率提升有限，投入与产出不成正比。

基层员工选优

不论是例行性人才盘点，还是上述特殊情境的盘点，都需要花费大量的时间和精力。但对于劳动密集型企业的一线操作员工，对每个员工花费大量的时间和精力去做评估并不现实，所以如何在确保质量的同时提高盘点效率是值得关注和讨论的。一方面，由于这些岗位上的绝大部分员工受教育程度并不高，对于素质模型的理解和接受程度有限，导致最终给出的评价分数没有区分度，容易陷入"中规中矩""还不错""大家都挺好"的评价结果。另一方面，由于一线员工众多，如果进行360度测评的盘点，将会有部分员工需要对几十个人进行评价，全部顺利完成可能需要花费几个小时，评价工作量太大，难免会出现一些"马马虎虎"的评价结果。

在对大批量生产人员进行评价时，180度测评是个不错的选择。180度测评是指由被盘点对象的上级和同级将多个被评价对象放在一组进行横向对比，选出每一个素质项表现最为突出的几个人，根据每个被评价对象所有素质项的得优个数，最终判断其选优的结果。

180度测评是一种对集体的测评，是将同类的被评价人放在一组进行横向比较。因此需要确保组内成员处于可比较的同一水平上，这与360度测评有很大的不同。分组应该按照岗位类别相近、职务等级相近原则进行，同时组内人员还要求平时有接触，能够相互进行评价。且每个小组人数要适当，人员过少或过多都会对测评效果造成一定的影响。根据经验得知，通常每个测评小组以 10 ～ 15 人为最佳。

180 度测评问卷设计

180 度测评不需要测评人严格按照素质模型的描述进行打分，只需要按照标准描述，选择在这个标准上做得最好的前几名。为了帮助生产人员理解标准，需要用生产人员可以理解的语言进行描述，标准的描述要使用简单的陈述句，并在现场评价前，对标准做出相应的解释（见表9-10）。

表 9-10　某生产部门车间主管素质测评

测评人姓名：_____所属部门：_____岗位名称：_____

说明：对每项高绩效行为，在所有的被测评人中（除自己之外）勾选出表现最突出的人（最多不超过4人）

素质	职业精神	被评估人						
素质定义	坚持职业道德，坚守人格品德，工作中体现客观、公正、诚信、理性、专业、负责、理解、包容的态度和行为	A	B	C	D	E	F	G
1	不折不扣完成本职工作，不以任何非正常理由作借口或推脱							
2	严格保守公司的客户信息、技术信息、经营信息和管理信息等机密							
3	为维护公司利益，敢于指出、制止不良行为和违规行为							
4	乐观、自信，做事有激情，时刻体现积极向上的精神风貌							
5	说实话，做实事，对工作的情况如实汇报，不虚报，不瞒报							
素质	专业与学习能力	被评估人						
素质定义	熟练掌握从事本职工作的专业能力，关注自己专业领域的发展和个人修养的提升，针对企业的实际需要和自身能力的不足进行学习	A	B	C	D	E	F	G
1	充分掌握并熟练应用本岗位涉及的知识、技能、方法和流程							
2	不断自我剖析，乐于向上级、同事和同行寻求建议，发现自己的优势和不足							
3	即便工作繁忙，也能坚持学习							
4	乐于与他人分享成功经验和失败的教训，积极推广好的方法							
5	主动学习新知识、新理念、新方法、新技术，成为本岗位的"专家"							

180 度测评评价关系

180 度测评只涉及直接上级和同级的评价，因此评价关系相对简单，最有效的操作办法便是人力资源部先根据一线管理范围和团队名单初步生成评价关系表，之后与部门负责人进行名单确认，针对特殊人员进行调整，同时评价关系完全保密，避免"暗箱操作"。如某公司在设计180度评价关系时，先将主要部门负责人放入小组A，然后对部门内的员工进行细分。其中，生产部门员工按车间进行大致划分，再让各个车间根据自班、晚班的排班情况进行分组，这些细致的工作保证了被测评者处于一个公平的起点。

180 度集中式测评

当员工感知素质测评与个人利益有一定关系的时候，如果没有相关的预防措施，可能会导致小组内成员拉帮结派、形成小团伙、互评高分的现象，这会严重影响素质测评的严肃性和公正性。管理者应杜绝这些现象，并做好三方面工作：一是测评前由人力资源部讲解，要求测评人确保测评的公正和严肃；二是加强测评现场的管理，要求相同的人员在相同的时间、地点进行测评，测评地点适当地分离，现场不允许交流；三是测评后发现有明显的舞弊现象，要在第一时间进行纠正，情节严重的，要求小组重新测评。

180 度测评结果应用

180 度测评本质上是一种强制排序，测评统计结果除了可以直观地看出每位员工的组内素质排名，还可以看出分项素质的排名情况（见表 9-11）。计算出每个员工各项素质的得票数后，可以根据得票数进行排序，选出前 20% 的优秀人员。

表 9-11　某生产部车间主管组 180 度测评统计表

姓名	组内排名	职业精神	专业与学习能力	计划与精准执行	全局意识	有效沟通	关爱他人	系统性解决问题	培养下属
A	1	5 票	5 票	4 票	3 票	3 票	1 票	3 票	3 票
B	2	6 票	3 票	3 票	4 票	2 票	2 票	2 票	3 票
C	3	4 票	4 票	4 票	4 票	3 票	2 票	2 票	2 票
D	4	3 票	5 票	3 票	2 票	3 票	2 票	4 票	1 票
……	……	……	……	……	……	……	……	……	……

使用 180 度测评可以快速选出一线中的优秀员工，识别出可培养的储备人才，让基层管理者后继有人。所以，180 度测评结果常用于人员选拔和晋升。除此之外，与 360 度测评相同的是，180 度测评结果也可运用于发展辅导反馈，使员工从测评结果中了解周围人对自己的评价，从而对自

己的优劣势有更清楚的认知，提升员工主动改进的意识。

通过上述特殊情境下的人才盘点描述，我们可以看到，人才盘点体系的操作是可以随着情境的变化而做出调整的。本章节介绍的四种情境下的盘点操作，是效率比较高、结果比较好的组合方式。当然，形式和操作方法也不局限于上述内容，每家企业可以根据自己企业的文化特征和预期效果进行灵活调整。

■ 关键发现

- 内部竞聘适用于大范围的管理岗位公开选拔，有利于在公司层面打造公平的"赛马"机制，有效激发组织活力。
- 人才梯队选拔时，潜力是重要的参考依据。
- 关键岗位人员任命，即使花费再多的精力都不为过，在选择盘点方式时，可根据岗位的重要性和时间的紧迫性来灵活选择。
- 在进行大规模一线基层人员盘点时，180度测评可以在保证公平性的同时，极大地提高盘点效率。

第 10 章

招人与减人

小公司成败在于聘请什么样的人，
大公司成败在于开除什么样的人。

——马云

　　人才合格率越来越多地被用作人才盘点后对人力资源部及所有管理者的考核指标或衡量其管理能力的标准。顾名思义，人才合格率就是指合适的员工数量占比，简单地说就是人才盘点九宫格中1类、2+类和2类员工的人数占总人数的比。这一指标让公司层面和管理者自身都更加关注人才盘点后的人才管理动作。他们一方面主动优化内部的人才队伍，对不合适的人加快淘汰；另一方面对合适的人、关键岗位、关键人才加大培养与激励，使其成为持续为公司创造价值的人，逐步实现人才结构的优化。

　　完整的人才盘点报告直观地呈现出了人才质量的状态，识别出了价值创造者和利润消耗者，不仅对人才需求规划有直接的指导意义，也指导着人才管理的多项动作，如人才招聘、人员淘汰、人才激励、人才培养等。从重要性与紧急性的角度看，人员结构的优化需优先从招人与减人入手，这也是激活人才队伍的第一步。招人与减人的平衡如图 10-1 所示。

　　通过人才盘点可以更加明确需要多少人、招什么标准的人、招什么岗位的人，从而满足现阶段及未来业务的发展需要，确保企业持续创造价值。同时也需要将利润消耗者更快地剥离出去，及时止损。人才盘点之后，在招人和减人的动作上，很多企业为自己找借口，没办法立即淘汰人，担心人走了之后无人顶岗，岗位工作没有人承担或认为企业招聘到的人不一定比现有的优秀，还不如先将就着使用，等到有合适的人再替换。

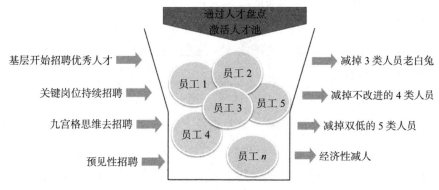

图 10-1　招人与减人的平衡

在招人与减人的动作上不是一定有先有后。招人和减人分别属于企业人才供应链中的人才进出口，在动态的管理中两者是一个循环，通过对两端的灵活调整，激活内部人才，使得人员动态地满足发展需求。招聘能力强可以保证企业在淘汰人的时候，更加从容，但是这并不意味着，一定要等招到人之后再进行减人。减人是根据人才需求规划和人才盘点得出的慎重决定，是为了支撑战略实现的必要举措，同时也为合适的人进来扫除障碍。

企业中的招人和减人需要处于动态平衡，只有让人才在企业内外部正常地流动起来，才能保持内部人才的活力。一般而言，一个组织的人才流动率在10%到15%这个范围内是正常的，过低的人才离职率显示团队太过稳定，容易滋生安逸的氛围，需要启动末位淘汰机制，用于激活整个组织。对于要减的人，德锐咨询坚持"当机立断"。

减人要当机立断

国内有很多企业没有主动解雇过员工。在与企业家的沟通过程中，我们发现大部分企业家都是"善良"的,他们乐于与员工分享,即使在企业遇到困难的时候,也不愿意主动解雇一名员工。若更深一层去了解中国企业的背景,不难理解,中国改革开放后第一批民营企业家中的大部分人都经历过计划经济时代,在计划经济体制下,员工在企业中吃大锅饭,员工只进不出。随着自媒体时代的快速发展,一家企业解雇员工的消息可能在短时间内快速传播,企业家不愿受这种外界信息的影响,抱着"多一事不如少一事"的态度,不愿主动淘汰人。这些老旧的思维和片面的想法,反而束缚了企业的发展。

在国内现阶段的市场经济环境下,民营企业的生存环境变得越发艰难。如果企业的人才不能发展,企业自身又如何发展呢?另外,企业的招聘精准度不可能是100%,如果招聘一个不合适的人,而不让他离开,不仅耽误岗位工作的开展,也是对其职业发展不负责。况且不是内部所有的员工都能跟得上企业的发展,若不进行优化,将拖慢企业发展的速度。更重要的是,这些不合适的员工不会选择主动离开。

不合适人员不但会有巨大的显性成本,还具有巨大的隐性成本。对于企业来说,当业务调整需要经济性减人时或者发现不合适的人时,都需要当机立断,及时止损。

业务调整或减人

业务调整减人主要是为了削减冗员(可能是市场环境变化或企业战略发展方向变化引起组织重组、分立和撤销,造成冗员;也可能是生产工具变化或信息化替代劳动力,造成冗员)。冗员可能出现在某个部门或者某些部门,也可能出现在整个组织。

减人的目的是降本增效。近年来,不少研究表明,如果这个时候的减人措施不当,不仅不会带来效益的提升,在个体和组织层面上还会产生消极影响,导致绩效停滞或降低。20世纪末,美国学者从经济学的角度分析了减人前后的绩效差异,结果表明:减人比例和减人前后的经营绩效没有直接的关系。也就是说,减人对公司的经济效益并没有带来提升。他们认为主要原因是,减人没有经过周密的计划,忽视了对留下员工的心理关注等，这些都给组织层面带来了不少负面影响，如雇主与雇员的关系恶化以及组织文化丧失等。

减人不是简单地让员工离开企业，而是一套系统的策略，需要经过周密的计划，才能将减人带来的负面影响降到最低。杰克·韦尔奇说，针对减人，企业能做的就是"尽可能让公司里的每一个雇员，而不仅仅是高层，都知道公司的经营情况如何"。如果不让员工知道，而仅仅是高层知道企业的经营状况而突然进行减人的话，很显然这样的方式对员工是不公平的。如果企业能做到公开透明，那么一旦发生减人，员工的心理是有一定准备的，在赔偿给到位的情况下，大部分的减人都会进行得比较顺利。

但是中国的企业，尤其是国有企业，由于有较重的历史包袱，对人员的淘汰还不能做到像外企那么"铁面无私"，顾忌的因素往往会比较多，这也是为什么近年来，"分流"一直是诸多学者讨论的焦点，被不少企业家青睐。

悦和的"分流"策略

近三年，对于悦和（化名）来说是难熬的。公司的销售额已经连续几年停滞不前，同时还面临着越来越重的内部成本压力。虽然悦和已经改制，但还是沿用了原有的团队。员工"老龄化"严重，入职15年以上的人员占比超过50%，发展后劲不足，缺乏活力，这些问题一直困扰着管理层。

2017年年底，管理层意识到企业的寒冬已经来临，公司围绕"降本增效"的主题在内部进行了多次封闭式会议研讨，最终决定为了持续发展，公司必须要实现自我变革。为此，管理层制定了"聚焦核心业务，减员增效"的战略方针，对部分盈利不理想的产品线进行关停并转。

整个减人方案遵循的原则是：赔偿到位，用当下的补偿，换取企业未来的发展。

在最终方案设计中，悦和针对内部不同的人群，充分考虑员工历史贡献和劳动力现状，对内部员工设计了三种不同的分流方案。

第一种：入职5年内的员工，协商解除劳动协议。这部分人群大部分是有一定劳动能力的年轻人，在市场上具备一定的竞争力。对于这部分人群，悦和采用的策略是"按照劳动法进行赔偿，协商解除协议"。

第二种：针对工龄满10年，男满50周岁、女满40周岁，或男工龄满30年、女工龄满20年的老员工，进行"内退"（内部退休）。这部分员工在企业时间较长，大部分是伴随企业一起成长的，被辞退后找到新工作的难度较大，因此，针对这部分人群，悦和采用"内退"政策。内退，即员工不再承担内部职务，但是与企业依然保持着劳动关系。在"内退"期间，公司按月支付员工的内退生活费，同时企业代扣代缴个人应承担的各项社会保险和住房公积金，直至员工达到法定退休年纪。

第三种：工龄在5到10年间，表现较好的人员，可以进入培训学校进行再培训。待考核结束之后，公司可在内部重新安排岗位。这部分人群属于在企业时间较长，且业绩表现较好的人员。这部分人员可以自愿选择与企业协商解除劳动协议，也可以选择进入培训学校进行再培训，之后等待公司重新安排合适的职位。

为了确保方案顺利执行，人力资源部和咨询公司一起制订了非常严密的计划，如表10-1所示。

表10-1　悦和分流工作计划

序号	事项	负责部门	完成时间
1	分流名单确认（所有）	人力资源部、用人部门	4月7日
2	背景情况调查	人力资源部	4月15日
3	找各部门确认分流原因、不胜任书面材料	人力资源部	4月15日
4	修订《内部退休制度》及《转岗培训制度》，并提交审批	人力资源部	4月10日
5	按人核算成本	人力资源部	4月10日
6	准备内退协议，制定工作交接流程	咨询公司、人力资源部	4月10日
7	董事会审议内退政策	人力资源部	4月10日
8	职代会讨论内退政策	工会	4月12日
9	内退政策公布及宣贯	工会	4月15日
10	第一批次（内退人员）	人力资源部、用人部门	4月15日～28日
11	解除协议准备	咨询公司、人力资源部	4月30日
12	第二批次（转岗、协商解除）	人力资源部、用人部门	5月2日～6月30日

悦和的公司文化还是比较开放的，公司没有向员工隐瞒实际经营情况。在内部的诸多重要会议上，员工都会听到管理层提到"降本增效"，所以对于本次的产品线调整，员工也早有预期。在方案确定之后，悦和在内部举行了各种"大会+小会"的沟通。

首先，为了确保本次人员调整方案获得核心管理团队的支持，总经理和核心管理团队提前进行了一对一的沟通和确认。其次，总经理在全员大会上发表讲话，肯定了员工为公司的付出，客观描述了现阶段公司面临的困难，强调是经过核心管理团队的反复讨论和深思熟虑之后，才决定对内部的产品线进行调整，一切的调整都是为了悦和明天的发展。公司希望通过这样的方式，得到大家的理解。大会结束之后，接下来就是人力资源部和责任管理层沟通方案，落实每个员工的去处和赔偿方案。

在分流方案的执行过程中，沟通是减人中相当重要的一种手段，悦和非常注重与各个相关人的沟通，这也是非常值得称赞和学习的地方。尤其是，当减人被认为不公平或者不可预测时，沟通尤其重要。充分的沟通可以最大程度降低信息不对称带来的误解，尤其是减人这样的偏负面信息。

遇到难以沟通的对象，管理层和人力资源管理者一起再跟员工沟通，希望充分解释可以降低被减人工对企业的不理解和埋怨。悦和不仅关注被减人工的心理感受，对留下来的员工也关注有加，这样可以增强留岗者的组织承诺感，降低其因减人出现的离职倾向。这个过程中，直线经理和HR花了大量的时间与精力。

即使这样，过程中仍遇到了很多挑战，有些内退人员被沟通了8次，一位在公司工作超过15年的"老人"有抵抗情绪，这个时候总经理亲自与其进行了沟通。另外，比较典型的是，在此期间总经理收到熟人的短信，希望不被内退，更有甚者找到了咨询公司的主导者，希望项目组能够放宽处理。所有这些个例请求都没有被考虑，总经理表示这次一定要统一政策，合法合规处理，该赔钱赔钱，该安慰安慰。就这样，各小组明确分工，从上至下各个击破，用了近5个月的时间，完成了对223个人的分流工作。这次内退无论是从数量上还是成本上，对悦和来说都是空前的。

值得称赞的是，在经历了这次减人之后，悦和团队的整体氛围并没有受到影响，反而在分流过程中所采取的一系列为员工着想、尊重员工的措施，为企业赢得了不少掌声。

除了因为外界环境的变化或战略发展做出的调整需要进行经济性减人外，还会存在一种情况，就是出于对未来的乐观预期，企业提前进行了人员规模的扩采，但由于各种客观原因，业绩增长不及预期，人员规模的扩张并未伴随企业规模的增长，最后导致了内部人员过多。在这种情况下，企业为了保证现金流，也会进行内部的减人。无论是哪种方式，当预测到冗员问题存在时，就需要当机立断，按照合理合法的方式进行减人，做到降本增效最大化。

淘汰不合适的人

无法满足岗位需要、跟不上企业发展脚步的员工，应视其为组织的利润消耗者，予以快速淘汰。这类员工包括：

（1）业绩不佳但素质尚可者（定位为3类）。

（2）素质不佳但业绩尚可者（定位为4类）。

（3）失败者（定位为5类）。

高质量人才通常有着相同的素质行为体现，为组织创造价值，提升利润。同样，不合适的人也有着类似的行为体现，他们常常表现为无目标感，不愿意改变当前行为，对外界的变化和压力熟视无睹，没有危机意识，倾向于停留在自己的舒适区，甚至当组织需要自己改变行为和习惯时，他们会倍感焦虑，自然地选择挣扎和逃避。当发现人员不合适时，要快速决策，请他"下车"。淘汰不合适的人员，是企业优化资源配置、提高产出的正常举措，否则就像埋了一颗定时炸弹，随时置企业于危险之中，吞噬企业的利润。

追悔莫及的李总

2016年，王总（化名）作为销售副总加入了当时在本地小有名气的凯越（化名）。在王总加入凯越之前的几年时间里，销售都是由创始人李总

（化名）直管的，后来由于企业规模越做越大，在朋友的引荐下，他认识了王总。王总多年的销售管理经验和对销售的独到见解打动了李总，不久之后，王总便加入了公司。

但王总在工作中"独来独往"，喜欢被充分授权，每次李总想要过问其工作时，王总都显得过于敏感。一个季度结束后，王总交出的业绩结果还不错，于是李总逐步打消了自己的顾虑，对王总信任有加，授权的力度逐步加大。然而，随着时间推移，问题暴露出来了，李总对王总负责的业务越来越不了解。而且由于王总强势的性格，在跨部门协作方面也凸显出了诸多问题。

在第一次内部人才盘点中，王总九宫格定位为"4"——业绩不错，但团队协作和先公后私两个素质项的得分低。在他个人360度测评报告中，诸多同事反馈王总在跨部门协作方面的问题，李总这时意识到必须要直面这个问题。李总要求咨询顾问帮助分析王总的特点，于是咨询顾问结合其360度测评报告和性格测评问卷，与李总深入探讨了王总的特质。

咨询顾问问李总："您是否有跟他本人聊过关于团队协作方面的问题？"

李总面露难色："怎么没聊过啊，但是他吧，比较倔，而且说话口气总是让其他人感到不舒服。"

"他考虑问题更多是为了他自己还是为了整个公司呢？他作为分管销售的高层人员，不能局限在自己完成销售任务这个简单的层面，需要为整个组织的发展考虑。"咨询顾问补充道。

李总深思了片刻，回答道："他考虑的就是完成业绩，业绩完成了也就说明他为公司考虑了吧。"

"这可不一定，关键要看，遇到一些特殊情况或情境的时候，他是如何处理的。是否有为了完成自己的工作，而忽略其他部门工作的情况……"

经过几轮沟通后咨询顾问发现，王总团队管理的问题，主要是由于其本人强势和过于自信的性格，按照"冰山模型"，改变的难度较大，让其带领这么大的团队肯定会出问题。但李总说道："招一个像王总这样业务能力强的人非常难，虽然目前有一些问题，但还能坚持，要不就先放放吧，我再观察观察。"

半年后，王总主动离开了公司，而且带走了团队大部分优秀的销售人员。李总追悔莫及："王总认为大家都在挑他工作的刺，而且我对他的支持和信任也不够，他个人觉得很伤自尊心，最后带着怨气愤愤不平地离开了。早知道是这样，当初就应该及时做决定，拖得越久，他对公司的怨气越深，损失越大……"

案例中的李总认为自己"爱才"，才对王总的任用一拖再拖，让公司付出与得到极度不对等，反而增加了公司的损失。这样的方式也让当事人王总产生了很强的不适感和负面情绪，最后只能是两败俱伤的结局。

马云曾说：如果想要开除一名员工，就直接开除。最怕的就是拉锯战，就像反复拉锯割伤口，想起来的时候锯两下。很多企业即使发现员工不能创造预期的价值，仍然不愿意采取措施，不断给员工时间和机会，这个不理智的现象就是"沉没成本谬误"。

沉没成本是经济学概念，是指为某件事情投入的、已经不可回收的支出，如时间、金钱、精力等。企业在员工身上投入的薪酬和培养资源，都是沉没成本。很多人之所以不愿开除不合适的人，是因为他们认为得不偿失——不仅之前的投入全部打了水漂，可能还要花费一定的离职补偿。为了避免损失，很多企业反而会选择继续任用，不断给予员工机会，这就是心理学上的"损失憎恶"，即损失的痛苦大于得到的快乐。而实际情况是拖得越久，损失越大。沉没成本是不可挽回的，管理者在做决策的时候往往会受到沉没成本的影响，陷入损失憎恶的思维怪圈，从而做出不理智的决策。因此，如果想要在日常做决策时更加理性，就应该把沉没成本抛到脑后，设想从零开始，只做对企业发展有利的事，只要发现不合适的人，就要快速决策，请他"下车"。

需要注意的是，对于这类员工的淘汰要更为小心，因为这种情况更多的是个体，处理不当的话很容易被员工认为是针对性的行为。不论是哪一种方式的人员淘汰，员工在情感上都会遭受打击，经济上也有可能有所损失。杰克·韦尔奇在《赢》中曾说："每一位离开公司的员工都代表着你的公司，他们可以继续说你的坏话，也可以赞扬你，最为极端的情形是，被解雇的人公开表露他们的愤怒，而且有些人会成为所谓的'揭发者'。"这段话描述了不合理的减人方式给企业的品牌管理带来了较大的负面影响。不仅如此，这种非人性化的处理方式对内会给离职员工乃至在职员工带来很大的心理创伤，严重影响员工的忠诚度和向心力。所以，企业在员工辞退方面要做到两个基本点：尊重员工和赔偿到位。

杰克·韦尔奇将由于业绩不佳或表现拙劣而遭受的解雇，称为"最为复杂和最为棘手的一种解雇"。告诉一个员工他不适合这里，对于员工的自尊心打击是比较大的。在国内的很多企业中，如果直接上级或者 HR 告诉员工，他由于表现不佳而被解雇，通常员工的反应首先是惊讶，紧接着就是愤怒。他们会质疑："为什么是我，不是别人，别人也没比我好多少啊！怎么这么突然，之前一点风声都不知道？不可能，老板上个月还表扬了我……"

避免上面这个现象的一个基本原则是：避免"惊奇"！其含义是双向的，对于直接上级来说，不希望下属在工作任务截止时间的最后一刻告诉自己"无法完成任务"；对于下属来说，也不希望自己的直接上级只有在最终评价自己工作的时候给出一个"不合格"的评价，而没有过程中的跟进与指导。

对于直接上级来说，持续跟进下属的工作状态，是一种能力，更是自身的重要职责。行为特点不是在最后一刻才显现的，过程中，直接上级是否有跟踪、辅导与反馈，下属员工是否有及时的汇报、请示与改进，决定了工作成果的达成程度，也决定了最后的评价结果。直接上级可以结合员工的工作计划，以月度或者周为单位对下属进行过程的跟踪与评价。当进行季度评价与考核时，员工的业绩结果已在意料之中，这样可以避免"惊奇"带来的负面影响。这些机制的建立，能够帮助"淘汰人"的工作更好地开展。

招人要精准

（1）招人的数量。第一，由于填补减人造成的人员缺口、为有高离职倾向的人员储备后备军而产生的招人数量需求。这种招人数量需求，一般情况下应结合企业人效和利润目标进行预估，建议优先从内部选人或将其工作在内部消化。如果仍不能解决用人数量的需求，再选择外部招人。第二，由于空缺的岗位编制而产生的招人数量需求。空缺的岗位编制有可能是为了支撑未来的战略发展而新增的编制，也有可能是由于现有人员的晋升而产生的空缺编制，同样建议"先内后外"。

人员招聘编制公式如图 10-2 所示。

招聘编制 ＝ 人才需求规划 － 现有编制 － 内部供给数量 ＋ 离职人数

·评估目前和未来的人才需求　·现有人员的在岗数量　·分析职位的接任计划和晋升计划　·主动淘汰和被动离职的人数

图 10-2　人员招聘编制公式

（2）招人的策略。根据岗位的需求不同，招聘的策略会有所差异，也直接决定了能否在既定时间内找到想要招聘的人才。例如，针对普通操作工，一般要求招聘的速度快，招聘方法多是内部推荐、招聘网站和外包合作；针对基层人员储备，选择校园招聘及工作不满三年的高潜力人员；针对普通人员的选择，优先内部调配，外部选择时要做到及时补充、招聘比现有人员至少优秀 20% 的人；针对关键岗位，不仅需要持续招聘，也需要以高于市场水平的薪酬选择市场上前 20% 的人；针对核心人员空缺，职级越高，越倾向内部选拔，可采用本书第 9 章提到过的竞聘、选优的测评方式。

万科打造人才供应链的过程

万科第一次转型可以追溯到 1999 ～ 2000 年。当时，为了保证有优秀的人才支撑业务的发展，万科对人才需求进行分析，启动了著名的人才工程"海盗计划"，主要是为了弥补万科当时在工程质量和技术等方面的能力不足。它吸纳的对象是以"中海地产"为首的优秀房地产企业骨干，因为中海当时工程质量管理、项目管理、成本管理等方面的训练非常严格，人员素质较高。经过两三年的时间，这个项目共吸引了四十几个高管加入万科，让万科实现了第一次全国性的布局。

　　同时为了满足万科因规模发展而出现的基础人才需求，万科提前启动了"新动力"计划，招聘和培养学生作为企业未来的中坚力量，这些"新动力"学员为扩张中的万科带来了源源不断的动力。万科明确分析了未来的发展中，需要具备怎样的人才来运营一个千亿元级企业，随后便启动了社会经营人才计划，分阶段引进了32个精英，包括受过职业化训练的外企职员、拥有海外背景的人才，以及有管理过比目前万科规模更大的企业的经验、具有一定社会影响力的职业经理人。

　　基于人才需求规划以及人才盘点的结果指导年度招人工作时，以下四个方面的策略需要着重关注。

降低对空降兵的依赖

　　"缺中层，招中层；缺高层，招高层"的现象在国内的很多中小型企业中还是比较普遍的。企业都希望在需要时，在市场上可以快速获得成熟的人才，虽然这样在一定程度上带来了成本的上升，但是也省去了很多烦心的管理。但实际情况远不如想的美好，关于空降兵的存活率低一直都是企业界关注的话题。空降兵的光环效应、文化融入困难、企业对空降兵包容不够等都成为空降兵存活的制约因素。

　　如果将招聘比喻成"采果子"的话，企业不仅要向市场上摘成熟的果子，自身还要学会种树，让树长出成熟的果子，从而满足企业对人才的持续需求。

　　《精准选人》一书中提到优秀企业人才供应链（见图10-3）。从图10-3中，我们可以看出其特点：从基层岗位就开始储备高潜力人才，从而夯实基层员工的发展基底，而不会轻视基层岗位的重要性，忽视对基层人员的招聘。基层高潜力人才中60%来源于校园优秀毕业生，40%是社会招聘的高潜力人才。优秀企业关注对基层高潜力员工的工作历练和成长，它们在人才供应链中，输送了70%的中层员工；同时它们关注对中层人员的持续培养，实现了对高层管理者90%的输送。比如，龙湖、万科、京东的管培生项目都是为了满足企业快速扩张带来的人员需求。

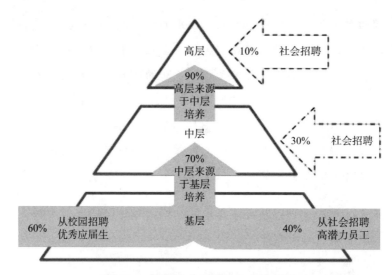

图 10-3　优秀企业稳健的人才供应链

优秀企业的人才供应链秉持"先人后事"的原则，从基层岗位开始就选择优秀的人才，过程中借助人才盘点，实施"优胜劣汰"。优秀的企业注重对合适的人进行培养，不断为中高层输送优质人才，降低对空降兵的依赖，确保即使是关键时期也有人可用，为组织构建稳健的人才供应链。

在企业发展初期，人才的确需要外部招聘时，也不能降低标准，而且要加大对合适人才的留用力度。如万科在早期转型变革时，聘请猎头在目标企业中进行定点的猎寻。虽然在这个过程中，空降兵的流失确实让万科损失了不少利润，但是高薪留人，加上有前景的转型方向，还是给万科带来了生机勃勃的发展。而且中期的时候，万科就开始了"新动力"的招聘，这为万科带来了源源不断的发展新动力。

用九宫格思维去招聘

一提到招人，大部分人员首先想到的就是按照人才画像去招聘。《精准选人》一书中提到，招人要放宽冰山上，坚守冰山下，相比冰山以上易于培养的技能素质，冰山以下难以改变的内在特质和动机更为重要。德锐咨询凭借多年的咨询经验发现，"素质匹配、价值观相符"的人才是合适的人。企业在招聘过程中应重点借助 STAR 面试方法对员工过去的工作表现进行深度追问，以此判断其工作业绩如何。最终，企业综合其素质能力和业绩的判断来决定候选人能否加入公司。

上述方法，与九宫格在人才盘点中的使用有异曲同工之妙。事实上，九宫格作为内部人才分类工具，也可以用于招聘环节，可以帮助企业更加精准地对候选人做出判断。如在面试过程中，对标该岗位需要的素质能力和业绩要求，判断候选人是否符合岗位需要。注意，应将候选人与同类人员对比，判断其是否属于2类及以上人员，以保证进来的每个人都能拉高团队整体素质。此外，根据岗位的区别，可以将潜力维度考虑进去，判断候选人能否不仅现在符合岗位需要，未来较长时间也满足岗位需要。这可以帮助有些企业避免招人标准不高、只看重眼前业绩结果而带来的一系列问题。

下述张总的九宫格管理思维帮助他搭建了稳定的团队。

张总的九宫格管理思维

张总是销售员出身，经过多年在一线的摸爬滚打，如今成了一名中层管理者，管理整个华南地区的销售团队。虽然没有接受过系统的团队管理培训，但是得益于多年的实践经验，张总在人员管理方面颇有自己的心得。只要掌握一个管理工具，张总都会深入使用，并且对每个工具和方法都有自己的理解。以九宫格为例，张总不是在盘点时才会用到九宫格，而是将九宫格思维运用在日常的招聘和培训中，确保团队成员不断进步，避免出现3类、4类和5类人员。

在招聘时，张总不像以前面试那样过于关注候选人的成绩，而是关注支撑取得这些成绩的能力，因为他深知过去的业绩是不可复制的，但能力是持续的。因此，面试的时候，张总经常问自己：以候选人的能力水平，融入团队并产生业绩需要多久？人才盘点时，候选人最可能成为哪一类人员？候选人未来是否有可能成为3类、4类和5类人员？与现有团队人员相比，候选人九宫格定位处在什么水平？

张总在招人环节比其他管理者都严格，投入的时间也最多，在公司内部流传着一句话，"一般人入不了张总的法眼"。但正是张总的九宫格招聘思维，让其团队相比其他团队更稳定，新人也能更好地融入团队，且张总团队创造的业绩一直名列前茅。

关键岗位的持续招聘

人才盘点之后，根据岗位空缺状态，采取的招聘策略是有所区别的。我们可以通过"关键—紧急"矩阵对人才招聘工作进行合理的计划和安排（见图 10-4 ）。

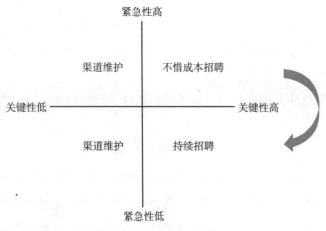

图 10-4　招人的"关键—紧急"矩阵

关键性指的是岗位在内部的重要性和价值大小，重要性越高，越是企业的关键岗位；紧急性是指岗位要求的到岗时间的紧迫程度，判断标准就是是否必须在尽可能短的时间内确保人员到岗。

关键岗位的紧急招聘，无疑是当下招聘工作的重点。为了在最短的时间内满足企业的需要，可采用招聘资源最大倾斜的方式不惜成本地去招聘。例如，借助猎头、置顶招聘广告、全员招聘等方式同时推进。但如果此类招聘需求过多，不仅常常使企业处于被动的发展境地，也会带来一系列管理问题。因为紧急性招聘往往过分强调招聘速度，关注人员到岗的及时率而降低用人标准、简化招聘流程、开展密集且不正确的面试等，容易导致不合适的人进入企业。如果这类紧急招聘需求过多，也说明内部的人才管理方式急需优化。改变这种局面最佳的方式是对关键岗位进行持续招聘。

持续招聘是指不论岗位上是否有人在职，都为岗位进行持续的招聘，对候选人不断地进行面试和储备。持续招聘搜索人才的时间更充裕，有足够的精力来更准确地评估这些候选人，从而使用人决策的准确性更高，用工风险更低。相比紧急招聘，持续招聘强调招聘工作的规划和持续性开展，在企业有用人需求时，能够快速地提供足够的候选人进行筛选，从而使得招人更高效，更能够支持甚至引领业务的发展。

对于关键核心岗位，更是要持续招聘。因为优秀人才本身就少，且往往都是在职状态，他们到岗时间一般都较长，职业空窗期较短，若平时不注重对这类人才的储备，等到岗位空缺再去招聘，一时间肯定难以获得这些优秀的人才。岗位越重要，空缺的时间往往越长，给企业带来的损失也就越大。企业如果能够在平时就做好人才规划和储备，将招聘工作视为持续性工作，尽量缩短人员供给周期，就能最大限度地降低岗位空缺带来的损失。

由于关键岗位的重要性及可获得性比较低，为保证人才供给，需进行关键岗位的持续性招聘。这样企业可以了解市场上的人才现状，建立自己的外部人才库，做到人才"有备在外"，在应对人才需求时能够更加从容，避免出现因无人可用而贻误企业发展战机，造成重大损失的情况。

预见性招聘

一般来说，如果企业发展相对比较稳定，人才需求量不大，且不缺乏人才，只要关注渠道的正常维护，待到需要人的时候，加大对渠道的投入，应该就可以满足企业的需求了。同时也可以建立外部的人才库，在组织内部不需要进行专门的储备。比如，对于专员和高级专员类的岗位，市场上供给比较充足，一般来说企业不会进行提前招聘或储备，大多"即招即用"。

但人才需求规划需要与公司战略规划紧密结合，必要的时候需要进行人才的内部储备，以防未来需要时，在外部人才市场上招聘不到预期的人才。

若企业未来有业务快速扩张或业务方向调整的需求，或企业对于存在离职风险、离职影响较大的关键岗位没有后备人选，就需要进行人员的提前储备和规划。尤其当企业人才需求量较大时，临时从市场上招聘，很可能遇到市场存量不够、到位不及时、成本较高等问题。因此，企业倾向于提前进行人才储备，招聘有潜力的年轻人，进行系统的内部培养，最大程度地缩短人才成长的周期，从而满足业务发展对人才的需求。比如我们上文提到的很多企业的管培生项目，就是提前开始人才的储备和培养。

人才的提前规划和储备，对管理者提出了更高的要求。这不仅要求管理者对于内外部人才的供应现状有清晰的了解，将人才类型和渠道进行适配，还需要管理者了解人才成长和发展的规律，从而确定合适的时间进行人才的储备。HR 在招聘之前，需要清晰地了解：

（1）内部人才现状。这个岗位的人才培养难度有多大？培养的周期是多久？人才的流动性如何？一般多长时间，新员工就可以胜任该岗位？

（2）外部人才存量。目前市场上该类型人才的存量如何？一般到岗的周期是多久？人才流动性如何？

（3）人才画像。对于稀缺人才，管理者还需要进行更深入的分析，比如目标人群的年龄范围，集中分布在哪些企业，个人习惯和喜好是什么，家庭情况如何。

对于这类招聘工作，需要 HR 在掌握人才规划的前提下，对内部的人才现状和市场供应情况都有比较清晰的了解。当然，这些信息不能等到每年人才盘点的时候才去收集，关键是在平时的工作中多积累，这样才能及时应对变化、做出调整，招人工作才能有的放矢地开展。

基于此，一家公司的招人计划应包括招人岗位、职级、招人策略、招人工具及入职的时间等，上文案例中的凯越公司，在人才盘点之后也制订了来年的招人计划（见表 10-2）。

表 10-2　凯越公司招人计划

序号	招人岗位	职级	招人策略	招人工具	入职时间	备注
1	财务总监	7	预见性招聘	猎头、高管推荐	2020 年 7 月	新增编制
2	研发工程师	4	预见性招聘	网络渠道、内部推荐	2020 年 7 月	编制为 5，年中入职 3 位，截至年末 5 位均到岗
3	薪酬专员	3	渠道维护	网络渠道	2020 年 4 月	人员替换

（续）

序号	招人岗位	职级	招人策略	招人工具	入职时间	备注
4	销售经理	4	持续招聘	猎头、内部推荐、网络渠道	2020年5月	编制为8
5	研发一部经理	5	渠道维护	猎头、网络渠道	2020年4月	人员替换
6	行政专员	2	渠道维护	网络渠道	2020年5月	人员替换

■ 关键发现

- 将人才合格率作为管理者最重要的人才管理指标，可以强化管理者在招人、培养、减人方面对人才优化的意识。

- 人才盘点结果是人才淘汰和招聘的重要参考依据，但不是唯一的依据，除此之外还要参考企业的人才规划，所有的淘汰和招聘都是为了弥补人才现状与人才规划之间的差距。

- 招人和减人分别属于企业供应链中的进出口，这两者之间不是孤立的，而是相互影响、互相约束的。

- 企业淘汰不合适的人：心要善，刀要快，切忌"拉锯战"。

- 对于关键岗位要进行持续招聘，避免紧急招聘。

- 九宫格不仅是盘点的工具，更是一种管理思维，可以用在人才管理的方方面面。

- 企业应选择有潜力的中基层员工进行培养，构建内部的人才供应链，减少对"空降兵"的依赖。

第 11 章

基于人才盘点的薪酬激励

> 激励机制不是为了让不合适的员工做出正确的举动，
> 而是要让合适的员工上车，并保证他们留在那儿。
>
> ——吉姆·柯林斯

人类追求公平是一种本能，是天生的偏好，同时也是人际交往中的指导原则。诺贝尔经济学奖得主乔治·阿克洛夫在《动物精神》一书中明确提出，支配我们行为的，绝非仅有理性与自利，还有公平，对我们每个人来说，"公平是一种幸福，不公平是一种侮辱"。根据哈特菲尔德等人对"吸引的公平原则"的研究，不论是爱情还是友谊，在一段稳定持久的亲密人际关系中，双方从感情中所得到的应该和双方所投入的成正比，关系的不平等会带来不适感，占了便宜的一方会觉得内疚，而被占便宜的一方会感到愤怒。

中国员工对公平性的关注和需求远远高于全球平均水平，而企业内的公平体现在方方面面，其中激励的公平性是尤为重要的一部分。在过往的项目实践中，我们发现很多企业在进行激励前都会对人员进行评价，但往往将业绩作为人员评价的唯一标准。根据德锐咨询的研究发现（详见《345 薪酬》一书），高业绩只是被激励的必要不充分条件，价值观认同才是激励的前提，高素质才是未来产生高业绩的成功要素。所以，德锐咨询认为，基于人才盘点中"素质能力—业绩"的综合评价能确保激励的公平性和合理性。业绩是从结果角度评估，而素质能力更多是从行为层面评估，一个关注结果，一个关注行为，这能有效弥补仅以业绩进行绩效考核评价可能带来的不公平。

　　公平不是平均，平均才是最大的不公平。中国人的传统思想是"不患寡而患不均"，所以很多国有背景的企业在调薪时会根据级别进行"普调"。一方面，企业付出了高昂的薪酬成本；而另一方面，高质量人才没有得到真正的激励，低质量的员工却还能继续浑水摸鱼。长此以往，这样不合理的分配让高质量的人得不到激励，也造成了真正意义上的不公平。因此，不能将激励资源进行"雨露均沾"式的分摊，而要真正按照员工对企业价值贡献的多少进行匹配，实现多劳多得，激发其创造更大的价值，这才是真正的公平。

　　薪酬除了保证当前价值创造者的公平性，也要保障高质量人才、关键岗位、高潜力人才等未来持续创造价值的员工得到合理的薪酬。贝恩公司曾分析了全球25家跨国企业的人才分布，发现各企业中平均只有15%的员工是绩效"明星"。在明星员工的数量占比上，成功的企业和其他企业之间没有明显的差别，最大的差异来源于明星员工所在的岗位。最好的公司会有意制造不平等，把优秀员工集中在可为提高公司绩效发挥最大作用的岗位上，并提供高于市场水平的薪酬。而在其他公司，明星员工被分散安排在了各个部门中，薪酬水平也参差不齐。美国一项研究发现，最优秀员工创造的经济价值是最差员工创造的经济价值的4～127倍（见图11-1）。

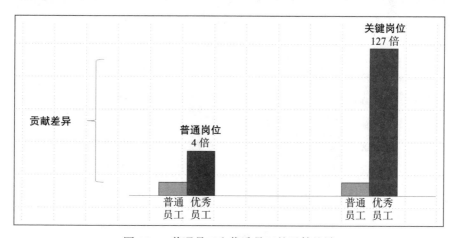

图 11-1　普通员工和优秀员工的贡献差异

　　通过人才盘点将价值创造者、关键岗位和明星人才识别出来，在盘点结果的基础上，将薪酬资源重点向这部分人倾斜，在定薪时采用更激进的薪酬策略，调薪时给予更高的比例，吸引和保留更多这部分人才，从而激励人才为企业创造更大的价值，这样也会在企业内部形成良性的竞争氛围。

　　正如任正非所说："我们在报酬方面从不羞羞答答，坚决向华为的优秀员工倾斜。"作为全国各行各业学习的标杆企业，华为在人力资源管理方面构建了著名的价值链"铁三角"，即价值创造、价值评价和机制分配三大体系。其中价值分配的原则是"以奋斗者为本"，资源通过向奋斗者倾斜，实现更大的价值创造。同时，华为在价值评估方面也建立了完善的机制，通过岗位价值评估、能力评估、绩效评估和劳动态度评估从不同维度对员工进行评价，而不同维度的评价结果对员工后期的晋升、加薪、奖金和未来发展都有不同程度的影响。这种评估方式和人才盘点有异曲同工之妙。

基于人才盘点的薪酬激励

　　英石（化名）自成立以来就以领先的研发、卓越的质量引领着整个砼管行业的发展，但随着市场竞争的加剧，英石的业绩增长速度放缓，内部落后的管理问题逐渐凸显，成为其发展的主要瓶颈。通过与竞争对手的人效数据对比发现，2015 ～ 2018 年四年间，英石虽然在人均收入方面超过两家主要竞争对手宝莱和威强（皆为化名），但在人均利润方面呈逐年下降趋势，并于 2016 年被两家竞争对手反超（见图 11-2 和图 11-3）。

图 11-2　与竞争对手的人均收入对比

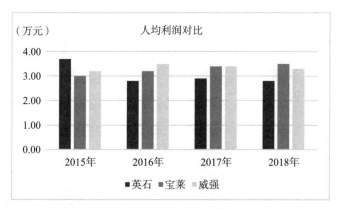

图 11-3 与竞争对手的人均利润对比

德锐咨询与英石合作后，首先对英石展开了全方位的诊断，通过诊断，发现英石内部在激励方面存在明显的"大锅饭"现象。

在薪酬方面，多年来英石实行薪点制的薪酬体系，不论员工的业绩表现和实际能力有多大差异，同一岗位的薪点都是一致的。同时，每年有一次固定调薪机会，公司会根据层级进行薪酬普调，调薪幅度并不大。

在绩效方面，英石对员工的绩效管理流于形式，绩效拉不开差距，"平均主义"现象严重，造成内部公平失衡。所以每到年底都是老板最痛苦的时刻，发出了大量的年终奖不说，员工还有诸多抱怨，年终奖高的员工认为都是自己应得的，而年终奖低的员工认为公司亏待了自己。

很多优秀的员工因此在工作中丧失积极性甚至离职，同时公司内混日子的"老白兔"越来越多，人浮于事，导致人均利润逐年下滑，甚至被竞争对手反超。

在全面诊断后，德锐咨询协助英石开展了人才盘点项目。首先基于当年的战略目标对英石目前的组织架构、管理层级和部门职责进行梳理优化。在此过程中，一方面通过组织精简和流程优化发现了目前冗余的部门和岗位，另一方面明确了支撑企业现阶段发展的关键部门和岗位（见图 11-4）。

另外，德锐咨询从人效角度出发，对英石的人员数量进行盘点后发现，其存在年龄结构老龄化、员工总人数较多等问题。因此，德锐咨询建议在后续选择招聘策略时，需要考虑员工年龄，优先选择有奋斗激情的年轻人。最后通过人才质量盘点，将英石的全部员工进行了九宫格定位，基于激活内部活力的出发点，提出对九宫格定位为 5 类的人员立即淘汰，而优先对 1 类、2+ 类和 2 类人员进行薪酬调整。

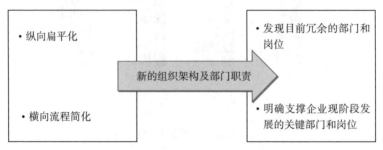

图 11-4　对英石的组织盘点及组织架构调整

经过以上组织架构梳理、人才数量和人才质量盘点，德锐咨询在不增加目前人力总成本的情况下，重新设计薪酬体系，实现了薪酬资源的再分配（见图 11-5）。

图 11-5　薪酬资源的再分配

在薪酬调整的过程中，德锐咨询为英石建立了基于素质能力和业绩的宽带薪酬体系，打破了以往"大锅饭"的现象。首先，建立了基于关键岗位的定薪策略，基于英石当前的发展阶段，研发岗位能否发挥价值、突破当前技术开发的瓶颈决定着公司能否在一定时期内抢占市场，从而实现市场突破。因此，研发人员和销售人员被界定为公司业务发展的关键岗位，研发、销售岗位的薪酬应定为市场领先水平，且职级越高，薪酬水平越高（见表 11-1），在此基础上进行薪酬宽带的设计。

表 11-1　英石定薪策略

序列＼薪酬分位＼层级	总监级	经理级	普通员工级
管理	90 分位	75 分位	50 分位
销售	75 分位	75 分位	50 分位
研发	100 分位	90 分位	75 分位
生产	75 分位	50 分位	50 分位
职能	50 分位	50 分位	25 分位

为了解决薪酬公平性和差异性的问题，德锐咨询结合人才盘点九宫格的定位、薪酬渗透率（即 PR 值，PR =（员工当前薪酬 - 当前职级薪酬最小值）/（当前职级薪酬最大值 - 当前职级薪酬最小值）× 100%）及关键岗位的特点，进行调薪。英石调薪矩阵如表 11-2 所示。

表 11-2　英石调薪矩阵

九宫格定位＼薪酬渗透率	<0	0～25%	25%～50%	50%～75%	75%～100%	>100%
1	18%	14%	12%	10%	8%	不调薪或者按特殊情况来实施个性化的薪酬调整
2+	14%	12%	10%	8%	6%	
2	12%	10%	8%	6%	5%	
3	5%	4%	3%	0	0	
4	3%	2%	1%	0	0	
5	0					

德锐咨询帮助英石建立了基于人才盘点九宫格的年终奖发放机制，即人才盘点九宫格定位越高，其年终奖对应的系数也就越高（见表 11-3）。且在第一次应用该方法时给直接上级一定的权限，在部门奖金包总额确定后，可以根据九宫格对应的年终奖系数进行内部调节和权衡，同时参考公司的目标完成情况，若公司目标完成较好则可以调高，反之亦然。直接上级评价说：有了九宫格，我发年终奖再也不发愁了，年终奖比例和我内心的想法一致，员工的满意度也高了。

表 11-3　年终奖系数

九宫格定位	年终奖系数	九宫格定位	年终奖系数
1	1.5～2	3	0.5
2+	1～1.5	4	0.5
2	1	5	0

　　基于人才盘点结果的定薪、调薪和年终奖发放机制在英石公司试运行两年后，人力资源部负责人感慨道："这两年是我做薪酬十多年来最顺畅的两年，不仅不用老板操心每年调薪的事情，员工的抱怨也少了，吸引了一批比较优秀的研发和销售人才，也不存在直接上级临时找人力资源部要求给部分人员调薪的情况。"这次薪酬变革不仅打破了英石过往的"大锅饭"现象，也营造了积极向上的文化氛围，激发了企业的活力。

　　从英石的案例可以看到，人才盘点结果不仅将人才进行了准确的分类，还基于战略和组织的发展需要识别出关键岗位，将这些盘点结果直接应用在薪酬分配方面，指导包括定薪、调薪、年终奖分配在内的薪酬策略，同时保证了资源向关键人员倾斜。因此，基于人才盘点结果的薪酬分配，不仅保障了薪酬分配的公平性，也保障了薪酬分配的差异性。

定薪

　　设计薪酬体系最关键的是确定薪酬水平，也就是薪酬策略的选择。薪酬策略是员工定薪的基础，在选定薪酬策略时，往往结合现有人员的薪酬水平和竞争对手的薪酬水平来确定。但单纯依据现有薪酬水平和竞争对手的薪酬水平定薪，会导致定薪有失偏颇。

　　越来越多的企业会在定薪时参考人效因素。任正非说："一个企业最重要、最核心的就是追求长远地、持续地实现人均效益增长。企业间的竞争不仅仅是规模的竞争，更是发展质量的竞争。"本书第5章也提到，人效指标综合考虑了产出规模与人力成本投入两大指标，同时也衡量了企业短期冒进和长期可持续发展的关系，更加全面和客观地反映了企业的实际发展情况。如果企业不顾人效，盲目对标行业内竞争对手的薪酬水平，虽然解决了薪酬外部竞争力的问题，但一旦员工收入的增长超过了企业价值的增长，企业所获得的人力剩余价值就会逐步萎缩直至消失。所以通常企业在定薪时，相对合理的做法是参考人效。

　　在参考人效的同时要结合企业的发展阶段、发展战略、成功因素等客观原因，对关键序列、关键岗位和关键人才也不能完全依据人效，避免过度考虑现有人效而不对应该激励的人员进行激励。正如比尔·盖茨所说，"一个公司要发展迅速，得力于聘用好的人才，尤其是需要聪明的人才。"而聪明的人才值得企业花费投入加以吸引和保留，向他们发放高于市场水平的薪酬是吸引和保留的第一步。

华为在海思研发上"超越人效"

中兴2018年4月受美国打压的惨痛经历仍历历在目。一年过去，美方对于华为的种种忌惮与打压，终于落实到了行动上。外界最关心的问题无疑是华为会不会成为下一个中兴。2019年年初，任正非接受外媒采访时强调，华为绝不会遭遇中兴那样的情况，"我们多年来在研发上大量投入……中兴遭遇的事情不会发生在华为身上。"

而真正让国人振奋的是，面对美国商务部工业与安全局（BIS）将华为列入所谓"实体清单"的决定，5月17日凌晨，华为旗下芯片公司海思半导体总裁何庭波发布了一封致员工的内部信，信中表示海思将启用"备胎"计划，兑现公司对客户持续服务的承诺，以确保公司大部分产品的战略安全、大部分产品的连续供应。"这是历史的选择，所有我们曾经打造的备胎，一夜之间全部'转正'！"

众所周知，芯片研发是一笔无法取得短期成效的投入，华为内部曾将其比喻为"烫手的吸金娃娃"。但在任正非心中，海思芯片的地位要比手机更高，他曾对海思女掌门何庭波说："我给你每年4亿美元的研发费用，给你2万人，一定要站起来，适当减少对美国的依赖。就算芯片暂时没有用，也还是要继续做下去，这是公司的战略旗帜，不能动掉的。"海思于2004年成立，云集国内外高级半导体专家，前后投入大概1600亿元（占华为研发总投入的40%），才把芯片做到现在这个地步，才有了海思的一夜转正。

如果只是关注人效，华为就会把更多精力放在高利润额的通信设备设计和手机市场，但极限生存的假设，让华为多年前已预计到美国的打压，所以华为一直都在做着最坏的打算。正是为了应对美国的制约，华为才会在研发上做"超越人效"的投入，在芯片研发人员的薪酬上采用绝对领先策略，这种投入最终换来了海思芯片的崛起，华为这几年的投入终于见到了回报。

就如海思的做法，对于薪酬策略而言，不仅要有人效，更要超越人效，追求人效达到最优状态。相比短期内较高的人效，更应该看重的是长期的人效价值，一方面将人力成本控制在合理的范围内，另一方面，薪酬对应的策略要符合企业未来战略发展的需要，以免影响未来业务的发展。另外，也不能因短期的人效而在客户满意度、项目关键点突破、提升团队凝聚力等方面产生负面影响。

根据 20/80 法则，公司前 20% 的员工创造了 80% 的价值，在制定薪酬策略时，不仅需要参考外部的薪酬水平和现有人员的薪酬水平，还要参考人才盘点得出的人才九宫格定位以及关键岗位和关键人才名单。企业对关键岗位和关键人才给予较高的薪酬，可以尽可能吸引到最好的人才，充分激发优秀人才的潜力，那创造的绩效将是翻倍的。不同岗位及人员定薪策略如表 11-4 所示。

表 11-4 不同岗位及人员定薪策略

岗位 \ 薪酬分位 \ 人才	一般人才	关键人才
职能	50 分位	75 分位
研发	75 分位	90 分位
销售	75 分位	90 分位
操作工	50 分位	>50 分位

调薪

关于薪酬的调整，最常遇到的问题就是：给谁调？调多少？不同类型岗位的人有何差异？为了解决这些问题，很多公司像英石公司一样，采取一刀切的形式对人进行调薪。这种大锅饭的形式，虽然支付了薪酬成本，但发挥不了薪酬的激励效果，反而"吃力不讨好"。

德锐咨询建议在调薪时借助"薪酬调薪矩阵"。矩阵的横向是薪酬渗透率（PR 值），主要体现了员工薪酬在对应职级薪酬范围内的相对位置。

正常情况下，员工薪酬的 PR 值在 0 至 100% 之间。如果员工当前的薪酬过低，不在所处职级薪酬范围内，那么 PR ＜ 0；如果员工当前的薪酬高于所处职级薪酬的最大值，则 PR 值超过 100%。PR 值越高，说明员工的现有薪酬在当前职级中的水平越高，竞争力越强；同理，PR 值越低，说明员工的现有薪酬在当前职级中的水平越低，竞争力越弱。使用 PR 值作为调薪依据，是为了在以价值创造为调薪导向时兼顾公平性。

纵向是人才盘点九宫格定位，以人才盘点九宫格定位为依据体现了以价值创造者为导向进行薪酬调整。两者相互组合形成调薪矩阵（见表 11-2），指导调薪的具体操作，当然调薪矩阵中的具体调薪比例主要是根据人效来确定。

以表 11-2 为例，在 PR 值一定的情况下，人才盘点九宫格的结果越好，即员工在当前岗位上创造价值的能力越强，其调薪的比例就越高。当然，参考定薪的原则，如果企业期望薪酬资源向价值创造者进一步倾斜，可以拉大不同人才盘点结果之间调薪的比例。在人才盘点结果一定的情况下，PR 值越低，调薪的比例越高。因为同样的人才盘点结果说明员工的价值创造能力趋同，那么对于现有薪酬水平较高的人员，其调薪比例可适当缩小，现有薪酬水平较低的人员调薪比例可适当拉大，最终使得同一职级上价值创造能力相近的人员薪酬水平趋同，从而保证薪酬分配的内部公平性。

根据《345 薪酬》一书中的理念，不合适人员的存在是对企业薪酬资源的最大浪费，及时将不合适的人请出组织，才能将有限的薪酬资源进行再分配，将优化不合适人员后节省出的激励资源向合适的人加以倾斜。这里不合适的人，主要包括四类人群——除了通过人才质量盘点发现的业绩不达标的 3 类人员、素质能力不符的 4 类人员以及业绩和素质能力都不达标的 5 类人员，还包括通过组织盘点和人才数量盘点后发现的冗员。对于 3 类、4 类、5 类不合适员工，很多企业的调薪比例都设置为 0，甚至降薪。对于冗员和不合适人员，在合法且协商一致的前提下，对部分人员可通过调岗降薪等形式进行调整，对调岗、培训后仍不能胜任岗位的人员，则需在符合劳动法规定的前提下及时优化淘汰。

在实际工作开展的过程中，调薪矩阵是调薪的指导原则，在确定公司或部门总额的基础之上，利用调薪矩阵，可以确定每个人员的调薪比例。为了让薪酬调整保持一定的灵活性，在保持调薪总额不变的前提下，往往会给直接上级一定的调整权限。直线经理可以在每个人员的调薪比例上进行二次修正，一般可以有 ±5% 的浮动范围，其修正的原则是参考人才盘点的综合评价结果，如员工潜力、特殊贡献、离职风险等。例如，员工 A 依据调薪矩阵确定的调薪比例为 9%，但其发展潜力高，且因前期定薪水平较低，导致离职的倾向较高，则此时直接上级可与人力资源部商定，将其调薪比例定为 14%。

基于薪酬向高价值岗位倾斜的原则，针对关键岗位的调薪比例往往高于企业总体的调薪体系，一般是在总体调薪体系的基础上做加法。以 C 公司为例，其研发岗位是关键岗位，C 公司研发序列调薪矩阵如表 11-5 所示。

表 11-5　C 公司研发序列调薪矩阵

薪酬渗透率 九宫格定位	<0	0～25%	25%～50%	50%～75%	75%～100%	>100%
1	20%	18%	16%	14%	12%	不调薪或者按特殊情况来实施个性化的薪酬调整
2+	18%	16%	14%	12%	10%	
2	14%	12%	10%	9%	7%	
3	10%	9%	7%	4%	2%	
4	3%	2%	1%	0	0	
5	0					

分配年终奖

年终奖，从公司角度出发，在公司整体目标实现的情况下要激励到真正创造价值的人，以激励其创造更大的价值；从员工的角度出发，在自己创造价值的同时，自己要比不如自己的人获得更高的收益。因此，若平时对人的管理不到位，发放年终奖时就很难平衡，一不小心就会造成薪酬的浪费，甚至是人员的流失。

基于此，年终奖的发放需同时考虑两大因素，一是公司整体业绩达成情况，二是个人价值贡献。在实际操作中，年终奖的发放可灵活参考以下两种办法（见表 11-6）。

表 11-6 年终奖发放办法

年终奖发放办法	年终奖计算方法
方法一	年终奖 = 团队业绩奖励基数 × 团队业绩系数 + 个人年终奖基数 × 个人价值贡献奖励系数
方法二	年终奖 = 个人年终奖基数 × 团队业绩奖励系数 × 个人价值贡献系数

方法一的年终奖由两部分组成：一部分与团队业绩奖励挂钩，以团队业绩奖励为基数乘以团队业绩系数。另一部分与个人价值贡献挂钩，以个人年终奖为基数乘以个人价值贡献奖励系数。其中，团队业绩奖励基数和个人价值贡献奖励基数可根据公司实际情况设定，通常团队业绩奖励基数根据团队销售额、利润或回款来确定，一般我们建议这个值越简单越好，让员工清晰明确，如可以是员工一个月的工资。个人年终奖基数一般以个人月薪的倍数为基数，团队业绩系数的设置也应该简单清晰（见表 11-7）。

表 11-7 团队业绩系数

×× 年全年业绩目标	团队业绩系数
销售额 ×× 万元 回款额 ×× 万元	两项目标全部达成，奖励系数为 1 仅完成 1 项目标，奖励系数为 0.5 两项目标都没有完成，奖励系数为 0

个人价值贡献系数应该与人才盘点九宫格定位结合起来。从表 11-8 可以看出，人才盘点结果越好，代表员工在过往一年的工作表现越好，价值贡献越大，所以对应的奖励系数越高。对于 3 类业绩不佳但素质尚可及 4 类素质不佳但业绩尚可者，考虑给予部分奖励，但 5 类价值观和业绩都不达标者，建议取消年度奖励，并及时进行淘汰优化。

表 11-8 个人价值贡献系数

九宫格定位	个人价值贡献系数	九宫格定位	个人价值贡献系数
1	2	3	0.5
2+	1.5	4	0.5
2	1	5	0

比如小张所在的 C 公司，今年公司销售额和回款都完成了，且其团

队绩效的基数为一个月的工资，本人年终人才盘点结果为 2+，按照公司规定，小张所在职级为 4 级，其年终奖基数为 3 个月工资，即 2.4 万元，则小张当年的年终奖为：$0.8 \times 1 + 2.4 \times 1.5 = 4.4$（万元）。⊖

方法二的年终奖发放方法为：以个体年终奖为基数，同样与团队绩效和个人价值贡献相关，且它们之间是乘数关系，发挥乘数效应，让个体与团队之间的关系更为紧密。有关团队绩效系数的设置越简单越好（见表 11-7），每家公司根据具体情况可以做调整，而个人价值贡献系数同样可以参考表 11-8 的方式规定。

比如小张所在的 C 公司，今年销售额和回款都完成了，本人年终人才盘点结果为 2+，按照公司规定小张所在职级为 4 级，其年终奖基数为 3 个月工资，即 2.4 万元，则小张当年的年终奖为：$2.4 \times 1 \times 1.5 = 3.6$ 万（元）。

不难看出，方法二对个人年终奖影响较大，这是一种个体价值贡献与团队业绩关联性较高的方式。两种方法可根据每家公司的管理特点进行灵活选择。上述英石公司的案例中，虽然没有将个人年终奖与团队目标直接关联，但是年终奖对应系数区间的最大值是根据团队目标的完成情况来确定的，若团队在当年度完成了较高的目标，其年终奖系数可采用年终奖系数的上限，反之则采用年终奖系数的下限。但无论是何种方式，都要体现个人价值创造，这样才能达到激励的效果，也让公司付出的薪酬有所值。

人才盘点的结果应用在定薪、调薪和年终奖分配方面，既保证了薪酬的公平性，也提高了薪酬差异性，从而提升了员工整体的满意度。根据全面薪酬的理念，激励员工除了为其提供具有竞争力的薪酬外，还需要有安全感的福利、有归属感的企业文化和具有成长感的职业规划。

在人才盘点的整个过程中，也体现着对员工的全面激励。为了确保人才盘点结果的准确性，企业花费了大量的精力开展人才盘点会议，并且结合 360 度测评报告对被盘点对象进行一对一的反馈和沟通。这样做，不仅可以帮助被盘点对象找到个人发展的定位和发展建议，也可以让员工感受

⊖　系数查阅表 11-8。

到被公平对待、被重视培养。被合议过的人才盘点九宫格定位和人才盘点的其他结果可作为评优、晋升和人才培养等非物质激励的重要参考依据，保障非物质激励的公平性。例如在评优工作中应用人才盘点结果可以有效减少"奖励一个，打击一片"或"轮流做庄"的现象。

此外，企业可以根据人才盘点结果加强对合适的人的培养，将培养资源向高质量人才倾斜，人才盘点工作在人才管理当中的价值可见一斑。

■ 关键发现

- 通过人才盘点找到合适的激励对象，并对激励对象加大激励，是薪酬公平性的重要体现。
- 人才盘点结果用于薪酬激励主要体现在定薪、调薪、分配年终奖等方面，尤其是在定薪和调薪方面要向高价值创造者倾斜。
- 人才盘点结果既可用于薪酬激励，也可用于评优、职级晋升、人才培养等非物质激励。

第 12 章

基于人才盘点的股权激励

> 股权激励成功的秘密不在激励，而在选人，
>
> 激励谁比如何激励更重要。
>
> ——《股权金字塔》

德锐咨询在《股权金字塔》一书中提到，从素质、业绩和潜力等多维度对人才进行全面评价的人才盘点工具对股权激励的实施起着重要的作用。

中国企业当前的股权激励方案可谓形形色色，根据不同的出发点所制订的股权激励方案，短期看或许能解决当前问题，激励个别人才，但很多企业在制订股权激励方式时由于激励机制设计不合理，采用了"高额、低频、间断"的激励方式，造成了"激励额度大，成本高""激励一批人，下批人不知要等到猴年马月""准备期和实施期大家积极努力，实施后急于变现走人"等问题。

为了避免"大额、低频、间断"模式导致的短期行为、激励过度、不可持续等问题，德锐咨询在《股权金字塔》一书中通过对股权激励的演进和发展的深入研究，提出了可以更好地发挥股权长期激励作用的"小额、高频、永续"的股权激励模式。这种模式的主要特点是：

- 小额——每次激励额度不高，个人得到的初始额度是几万、十几万或最多几十万元的股份。

- 高频——每年都进行激励，根据公司的业绩和个人的业绩授予股权，股权收益是个人薪酬总额的一部分。
- 永续——每次的激励额度延后三至五年分期授予，或延后三至五年分期解锁和行权，基于公司和个人业绩达成情况，滚动授予，循环激励。

这种股权激励模式已被众多世界领先的企业证明行之有效，通用电气、福特、谷歌、脸书已经运用成熟，中国的华为、阿里巴巴也已使用多年，近期美的、龙湖集团、旭辉地产也纷纷开始采用。

"小额、高频、永续"不只是一个方案，而是一个持续运行的机制。其兼顾了个人与整体、短期与长期、激励与保留、效果与成本，堪称"完美的股权激励模式"。实施"小额、高频、永续"股权激励模式的前提是以合理的标准定期选出合适的激励对象，并以一定的机制计算出激励对象的分配额度。但在实际操作中，很多企业缺乏这样行之有效的辅助工具，无形中增加了"小额、高频、永续"激励模式的实施难度。

从激励对象选择到分配额度计算、股权分配条件，再到股权退出等方面，人才盘点为股权激励提供了一定的参考依据，每年定期的人才盘点避免了股权激励变为"一次性工程"，使"小额、高频、永续"激励模式的运行成为可能，从而最大化地发挥股权激励的效果，不至于让企业一边想激励，一边又因为担心风险而想方设法进行控制，最后付出了成本却没能起到激励效果。

基于人才盘点的股权激励

原木公司（化名）是一家精品家具连锁企业，业务范围遍布以长三角地区为核心的全国20多个省市，近几年启动了平台孵化的业务模式。公司为门店提供启动资金、初期市场营销支持、核心产品及供应链支持、设计支持，各门店创始人团队负责开拓本区域市场，并根据区域特征进行个性化定制需求的收集与分析，做部分的定制化开发。

如何激励门店员工为门店的快速发展持续奋斗，成为原木公司目前最棘手的问题。在初期所考虑的方案中，公司准备对门店所有中层以上（含店长及经理）人员进行股权激励，激励总额占总股份的10%左右。德锐咨询与原木进行充分的沟通后，了解到由于门店扩张快，对店长的考察有限，因此建议在实施股权激励前，先对人员进行盘点，为股权激励选择合适的人选，确保激励的针对性和有效性。

第一步：利用素质模型，选择"志同道合"的激励对象

先选人，后激励，选对激励对象比激励方案更重要。在进行股权激励方案设计前，我们首先梳理了原木公司的战略发展方向，明确了核心价值观，在此基础上建立了原木公司素质模型（见图12-1）。

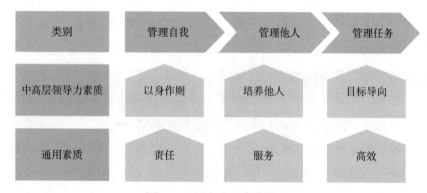

图 12-1　原木公司素质模型

在素质模型的基础上，德锐咨询对现有人员进行了全面的人才盘点，而盘点的结果大大出乎总经理的预料，原本计划授予股权的经理级以上的50多人中，竟然发现了三位5类人员，其中还有一位是高管（见表12-1）。

表 12-1　原木公司基于人才盘点结果选择股权激励对象

人才盘点结果	店长人数	经理级以上人数	结果应用
1	2	4	授予股权
2+	3	7	其中高层授予股权
2	3	20	不授予股权
3	1	6	不授予股权
4	1	4	不授予股权
5	1	2	淘汰
合计	11	43	—

最终，总经理放弃了对50多位经理级以上人员全部进行股权激励的想法，而是仅从中选择了最合适的员工作为激励对象，包括经理级层面

的四位1类明星员工，以及店长层面的两位1类明星员工和三位2+类优秀员工。经过德锐咨询测算，最终激励总额控制在3%左右，相比前期的10%，节约了7个百分点。

第二步：确定分配要素，计算分配额度

针对选出的九位激励对象，原木公司确定了用职位等级、司龄、岗位序列及人才盘点结果四个方面作为分配要素，并根据各个要素的重要性，分别设计了系数。其中，人才盘点结果系数对应的占比是最大的，通过这种方式，凸显了人才盘点结果对于股权额度分配的影响，解决了股权分配的公平性问题（见表12-2）。

表 12-2　原木公司首年股权激励

序号	姓名	职位等级	司龄	岗位序列	人才盘点结果	股权激励评估系数					
						职位等级系数	司龄系数	岗位序列系数	人才盘点结果系数	个人激励系数	每人激励额度占比（%）
1	蔡明	8	8	品牌	1	2.5	1.1	1.5	2	8.25	17.35
2	李超	7	5	商品	1	2	1.1	1.5	2	6.6	13.88
3	王兰	8	9	运营	2+	2.5	1.1	2	1	5.5	11.57
4	李钊	7	4	销售	2+	2	1	2.5	1	5	10.52
5	夏雨	8	4	设计	2+	2.5	1	2	1	5	10.52
6	赵辉	6	4	人事	1	1.5	1	1	2	3	6.31
7	尹亮	6	3	设计	1	1.5	1	2	2	6	12.62
8	周玲	5	6	财务	1	1	1.1	1	2	2.2	4.63
9	孙庚	6	3	设计	1	1.5	1	2	2	6	12.62

第三步：设定绩效约束，达成行权当年额度

按照"小额、高频、永续"的股权分配原则，对原木公司的限制性股权按照三年4/3/3的分配原则进行解锁，即当年授予的股份在当年达到绩效约束条件时解锁40%，第二年在达到绩效约束条件时解锁30%，第三年在达到绩效约束条件时解锁30%，未达到绩效约束条件时，失去当期解锁资格。

绩效约束条件从公司净利润和个人人才盘点九宫格两个方面进行设置，具体如下：

- 当年公司净利润目标达成，且没有导致方案无法实施的情况发生。
- 个人人才盘点九宫格为1类、2+类、2类中的一类。

第四步：提前约定机制，实现可进可退

最后，在股权退出条件中，将人才盘点结果是否达标作为判断员工是否胜任工作的标准，写进公平性退出的条款。若激励对象的人才盘点九宫格连续两年达不到"2"及以上的目标，则退出股权激励对象池。通过这种方式，激发被激励对象的持续奋斗意愿，既要让有能力的人随时参与，也要让没有精力、能力不足或者丧失奋斗意愿的人随时退出，保持企业的效率、公平及持续增长动力。

从以上案例可以看出，人才盘点结果贯穿股权激励实施中的关键环节，其主要应用在以下四个方面。

定对象

根据"先人后事"的理念，当人合适的时候，如何激励和管理都不是问题，而如果是不合适的人，那么不论发展方向、方法多么正确，都无法达到企业发展的目的。开展股权激励，同样需要考虑是否有合适的人，如果没有合适的人，那么即便投入了巨大的股权成本，也无法达到激励的目的。由此德锐咨询在《股权金字塔》一书中提出了"激励谁比如何设计股权激励方案更重要"的观点。结合股权金条说（股权是金条，不能用金条去做钢筋、水泥、木材做的事），我们不难得出这样的结论：股权激励对象的选择"宁缺毋滥"。

虽然有些企业也会结合当前的贡献，但我们发现很多企业在选择股权激励对象时，更多的是基于历史贡献。因为看"历史贡献"和"近期业绩"是相对简单的做法，只需要相关的数据统计就能完成，但这种做法的有效性值得商榷。一方面，这种做法在肯定过去的同时，忽略了对未来的激励，而股权激励的属性是激励未来，过去的贡献反而更适合用现金去激励。另一方面，这种做法很容易捆绑功臣，而忽视了未来之星。

德锐咨询通过对标杆企业股权激励对象选择及企业家关注点的研究发现，筛选合适的股权激励对象的四个因素按照重要程度依次为：价值认同、未来潜力、近期业绩、历史贡献。由此可见，"近期业绩"和"历史贡献"会影响到股权激励对象的选择，但绝不是首要筛选条件。很多企业就算认识到"价值认同"和"未来潜力"是选择股权激励对象的首要考量因素，但难以对其进行精准的评价和测量。此时，能从价值观、能力、业绩及潜力等方面进行全面考察的人才盘点就派上了用场。

在实际操作中，我们在选择股权激励对象时，除了在代表"历史贡献"的司龄、代表部分"近期业绩"的职级和人才九宫格等方面做出限定条件外，通常把人才盘点九宫格结果为 1 和 2+ 的人纳入股权激励对象池。若扩大范围，也可以考虑将人才盘点九宫格结果为"2"的人纳入其中。

对于通过人才数量盘点发现的存在人员缺口的关键序列、关键岗位，也可考虑适当放宽股权激励对象准入标准。如表 12-3 中的研发类岗位是企业目前紧缺又关键的岗位，则可以将人才盘点九宫格定位结果为 2 及以上的研发人员均纳入激励对象池。

表 12-3　股权激励对象标准

序列		管理	研发	销售	职能
股权激励对象标准	职级	6 级	5 级	6 级	6 级
	司龄	3 年	3 年	3 年	3 年
	人才盘点九宫格结果	1、2+	1、2+、2	1、2+	1、2+

定额度

多数股权激励是不会面向全员的，就算面向全员，也会有激励额度的差异。那么如何能够在激励核心团队成员的同时给其他人以希望，而不是抑制他们的积极性，就成了尤为关键的问题。

根据多年股权激励的实操经验，德锐咨询发现股权激励的公平合理性大多不在股权流程和方法的设计上，而在于操作过程应遵循的一些重要原则中。其中，股权激励额度计算参考哪些因素，便是体现激励公平合理性的重要一环。对此德锐咨询建议股权激励额度的计算参考因素要与股权激励对象的选择因素一致，并通过前者占比的差异突出后者的重要性。

具体操作中，在确定了总的股权激励额度后，不同的股权激励对象的额度需要在总额度的基础上乘以相应的股权激励系数，股权激励系数建议根据职位等级、司龄、岗位序列及人才盘点九宫格结果确定。企业可以对人才盘点九宫格结果赋予不同的系数，盘点结果越好，说明当前的贡献越大，未来创造高业绩的潜力越高，因此股权激励额度系数也越高。对于盘点得出的关键序列和关键岗位，股权激励系数要更高。人才盘点九宫格结果与职级是影响股权激励额度最重要的因素，两者所占权重最高。股权激励系数如表 12-4 所示。

表 12-4　股权激励系数

职级系数		司龄系数		岗位序列系数		九宫格定位系数	
职级	系数 A	司龄	系数 B	岗位序列	系数 C	九宫格定位	系数 D
8	2	5 年及以上	1.1	研发	2	1	4
7	1.5	3～4 年	1	管理	1.7	2+	2
6	1	2 年及以下	0.8	销售	1.5	2	1
5	0.8			生产	1.2		
				职能	1		

个人激励额度计算公式如下：

$$Y_1 = \frac{G \cdot A_1 \cdot B_1 \cdot C_1 \cdot D_1}{\sum (A_i \cdot B_i \cdot C_i \cdot D_i)}$$

式中　Y_1——个人激励额度。

　　　G——激励总额度。

　　　A_i——职级系数。

　　　B_i——司龄系数。

　　　C_i——岗位序列系数。

　　　D_i——人才盘点九宫格定位系数。

当然根据企业的实际情况，在股权激励实践中，有时还会考虑创业风险系数、特殊贡献系数等。创业风险系数的存在是为了给那些创业早期加入、承担了更多风险的员工以回报。特殊贡献系数则是给予那些在企业发展过程中做出了特殊贡献的人员，使其贡献得到对应的回报。同时也会参考人才盘点结果的离职风险、敬业度等设置股权激励的调节系数。

定约束

设定股权激励的约束条件是股权激励的另一关键要素，股权激励计划实质上是企业为了达成业绩目标而做出的长期激励行为，最终目的是"做大蛋糕而不是分蛋糕"。没有绩效约束条件的激励等同于奖励，是只顾分蛋糕却不去做大蛋糕，违背了激励的初衷。设置绩效约束条件时，一般要包括企业业绩目标与个人人才盘点结果。

企业业绩目标结合企业 3 到 5 年战略目标设定，一般设定一两项指标即可，最多不超过 4 项指标，以确保战略导向的聚焦。上市公司统计数据显示，2015 年股权激励业绩指标平均数量约 1.4 个，采用 1 个指标作为绩效约束条件的占到 40%。90.9% 的企业会选择以净利润为股权激励绩效约束条件，25.5% 的企业会选择以营业收入作为约束条件。指标的设定结合多方面的因素综合考虑，例如高于行业平均增长率、满足公司的战略需求、平衡财务业绩与人才发展等。

而个人人才盘点结果由人才九宫格定位确定。一般九宫格定位为 1 类、2+ 类、2 类的员工才有资格对限制性股份解锁或对股份期权行权。定位为 3 类、4 类、5 类的人员视为当期盘点不合格，一般会约定其限制性股份或股份期权不得解锁或行权。

通常来讲，业绩达不到行权或解锁要求的激励对象应失去当期行权或解锁的资格，该部分股权企业会按原授予价格进行回购或注销。

定退出

企业实施股权激励是为了通过这一举措让被激励对象创造更大的价值，是为了做大蛋糕而非分蛋糕。因此我们也将股权激励称为"金手铐"，既有强激励性，又有高约束性。强激励性体现为股权激励给予激励对象决策参与权、分红权和股份的增值权等权利，而高约束性则既体现在业绩条件达标方能启动股权激励以及股权分期授予上，也体现在股权激励的退出方式上。在设计股权分配方案时，需事先约定退出的情形，避免对经营控制权的影响。

　　股权激励的退出机制一般分为正常退出（公平性回购）与不再符合激励条件退出（惩罚性回购）。正常退出的公平性回购适用于激励对象正常离职、达到股权激励协议中所约定的退出条件等情况，退出价格需要结合授予价格进行设定。对于不再符合激励条件的激励对象，公司可实施惩罚性回购，如激励对象出现违反法律法规、损害公司利益等行为时，可采用惩罚性回购的方式收回股权。

　　而在惩罚性退出约定的条件中，除了法律规定的相关内容，非常关键的是判断个人价值创造是否满足岗位工作的需要。因此，很多企业会将人才盘点的结果约定在退出机制中。比如若激励对象人才盘点九宫格连续两年达不到"2"及以上的目标，说明激励对象在本周期内素质能力或业绩未达到岗位要求，要么变成了业绩下滑、无法为企业做出相应贡献的"3类"人员，要么变成了素质能力跟不上企业发展步伐的"4类"人员，更有甚者成为躺在"功劳簿"上不思进取的"5类"人员，以上人员都应退出股权激励对象池。通过这种方式，一方面能不断激发激励对象持续奋斗的动力，另一方面能营造企业的良性竞争氛围。

　　用人才盘点九宫格结果来选择股权激励对象、计算股权激励额度、设定股权解锁条件及约定股权退出情形，在不同阶段里，从不同方面为股权激励的实施提供了有效的参考，帮助"小额、高频、永续"的股权激励模式的实施，确保激励到合适的激励对象，在充分发挥股权激励价值的同时，确保实现股权激励的目的。

■ 关键发现

- 结合价值观、素质、潜力等进行的人才盘点的综合评价能保障"小额、高频、永续"股权激励模式的有效运作。
- 人才盘点用于股权激励主要体现在定对象、定额度、定约束和定退出四个方面。

第 13 章

基于人才盘点的人才培养

> 企业的核心竞争力不是人才，而是培养和保有人才的能力。
>
> ——任正非

从普通企业和优秀企业的人才供应链的对比来看，普通企业的人才选择都是外部招聘为主，内部培养为辅，而优秀企业则与之相反，以内部培养为主，外部招聘为辅（见图 13-1 和图 13-2）。第一种人才供应链方式的企业人才获取成本高，外部依赖性大，常常处于被动的发展境地；而第二种人才供应链方式则确保了企业在人才选择上的主动性、稳定性、可靠性，以及人才供应的数量和质量。

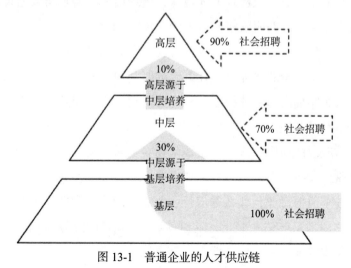

图 13-1　普通企业的人才供应链

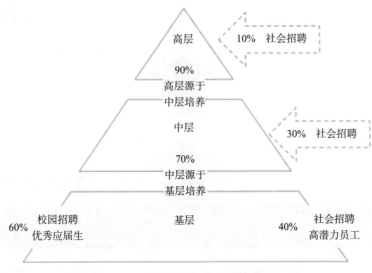

图 13-2   优秀企业的人才供应链

据调研发现，这些倾向外部选择人才的普通企业认为培养内部员工短期看不到价值，因此不愿意投入时间和精力，但最重要的原因是，这些企业人才培养的目标不明确，对于企业需要培养多少人、培养什么人、培养什么能力、通过什么方式培养、培养周期多长等问题含混不清，因此造成了人才培养工作无法有的放矢，无法有效支撑组织运转和战略实现。

人才盘点从战略梳理和组织诊断出发，通过人才数量盘点和人才质量盘点帮助企业全面系统梳理人才现状，梳理出人才需求与人才现状之间的数量和质量缺口，并明确培养人才的数量。企业从现有员工中选择符合企业价值观、素质能力高、业绩佳且有发展潜力的培养对象，针对值得培养的能力，采用正确的培养方式在既定的时间内不断地输入培养对象和输出人才，从而实现内部人才持续、稳定的供给，实现企业"找人才，向内看"的良性发展循环。

我们一般说的向内找人才，主要是指企业需要的一般通用型人才，比如纺织企业进行纺织工人的培养。如果企业实行业务多元化战略，比如从纺织行业进军通信行业，那么通信行业所需要的人才和能力可能就无法由纺织行业的内部培养体系满足，这时就应更多通过外部招聘解决新业务、新行业的人才需求。

挖掘中基层"人才宝藏"

很多企业家一直在大力发现、培养和重用内部人才，但其人才发掘范围一直限于自身周围，培训课程、挑战性的任务等培养资源全部投入到了这些人身上。然而，这些人才数量和企业的用人需求相比还是有限的，他们即使满负荷工作，也难以支撑业务的迅速发展。正如本书前面提到的华原纵横公司薛永华董事长的故事，在公司进行人才盘点前，他总是习惯盯着几位副总、总监以及熟悉的经理和骨干，但是这些人已经身兼数职，不能再承担更多的工作，这就是薛董事长用人路径单一造成的无奈。

整个人才盘点的过程就是对员工进行全方位、立体式扫描的过程。无论是360度测评报告，还是人才盘点会议对一个员工的充分讨论，企业家可以借这些机会发现更多自己视野之外的人才，特别是从众多的中基层员工中发现更多的明星人才、骨干人才。"宰相必起于州部，猛将必发于卒伍"，他们具备丰富的中基层工作经验，有很大的成长空间，对组织高度认同，对他们进行充分的培养，可以最大限度地挖掘中基层的"人才宝藏"，为企业输送更多人才，甚至培养出未来的高级管理者，解决企业内部人才不足的问题。

关键能力、关键岗位优先

培养相比其他管理动作而言具有长期才能看到价值的特点，因此需要将培养资源花到"刀刃上"。在培养资源有限的情况下，应优先对创造价值的20%人员和未来创造价值的人才进行培养，当然，培养的内容需要根据企业的需要从最紧急、最关键的入手。人才盘点需求的分析必须基于战略和组织分析，并通过组织分析厘清支撑战略实现的组织关键能力和承接关键能力的关键岗位，这些关键能力和关键岗位对战略的实现起着核心作用。

在完成人才盘点之后，企业就可以很清晰地知道目前组织关键能力的优势与不足、关键岗位的设置以及人才的配置情况。无论是迫于战略的推动，还是出于资源有限的压力，企业都应该将培养资源优先集中在组织的关键能力和关键岗位上。比如，一个传统的零售企业要在战略上实现从线下零售向线上零售的转型，就应该优先打造线上运营、信息系统建设等能力，优先培养新媒体运营、活动策划、产品经理等关键岗位人才。

我们说关键能力、关键岗位优先，并不是说忽视其他能力和岗位，而是在优先满足关键能力的打造和关键岗位人才的培养后，再投入资源进行其他能力的打造和其他岗位人才的培养，从而实现人才培养"重点论"和"两点论"的统一。而"重点论"和"两点论"的统一培养，是指企业在人才盘点之后，一般会针对人才盘点现状，进行人才盘点结果反馈以及对业绩不佳者进行针对辅导等保留和激励员工的人才培养措施；此外，会基于战略长远发展的需求实行领导接班人计划、关键岗位继任计划、管培生计划等，为业务发展不断输送优质人才，进行人才的储备。

反馈是礼物

"秘而不宣"损伤组织

企业最容易忽视的培养动作是对员工本人反馈人才盘点的结果。很多HR担心员工知道人才盘点结果后，会对人才盘点结果产生异议、不满甚至争执，为了规避这些风险，他们选择对人才盘点结果保密。这种做法其实是和人才盘点的发展目的背道而驰的。对于人才盘点结果，除了人才盘点九宫格定位、离职风险、继任者计划等对员工保密之外，员工的360度测评报告、性格测评报告、任用计划和发展优劣势需要向员工反馈，否则人才盘点的作用将大打折扣。

员工本人失去自我认知的机会。人才盘点前期组织上级、同级、下级以及自己进行的多维度人才测评，就是为了更好地促进员工的自我认知，并寻找自我与他人认知的不同之处，从而明确个人未来发展的方向。而人才盘点结果不反馈就使员工失去了这样一次开放沟通和表达意愿的机会，使其对于自我和他人的认知仍然深陷自己的固有思维，存在很多盲点和误区，无法清晰找到未来发展的方向和目标。这样发展下去，员工本人会对组织的人才盘点动作失去兴趣，觉得人才盘点和自己的发展并无关系，在后续的人才盘点过程中则抱着事不关己的态度参与，这不利于人才盘点文化的打造。

直接上级失去培养下属的机会。 直接上级作为培养下属的第一负责人，应该担负起下属成长的责任，而对下属人才盘点结果反馈就是一次很好的培养下属的机会。人才盘点结果不向下属反馈，不利于就下属的优劣势和个人特点达成一致，这会增加员工对盘点结果的猜疑，在工作沟通中就会导致很多因为不了解造成的误会；人才盘点结果不向下属反馈，不利于进一步了解下属的发展需求，也就无法在工作过程中有针对性地提高下属的工作效率和个人能力。长此以往，会导致直接上级逐渐失去培养下属的意识、责任感和能力。

科学反馈有方法

为了避免人才盘点结果束之高阁、"秘而不宣"，管理者需要掌握科学的反馈方法。在进行人才盘点结果反馈时，我们的反馈内容一般包括各个评价者（上级、同级、下级、自己）对员工的素质测评分数以及优劣势和发展建议。需要注意的是，员工的人才盘点九宫格定位是严格保密的，只限于 HR、经营层以及员工的直接上级知晓，因为员工对于九宫格的价值和意义认识不一定到位，让员工知晓自己的九宫格定位容易导致员工的不满情绪和不公平感，引起员工和组织之间的矛盾。针对需要反馈的内容，我们一般采用 360 度评估反馈的方法来对员工进行反馈。

360 度评估反馈是直接上级就素质测评自评、他评（上级、同级、下级）的结果告知下级，并和下属一起探讨本人的优势、不足和改进方法的一次正式面谈。一般在人才盘点结束后，每个员工的直接上级会结合员工的 360 度测评报告进行一次正式反馈面谈。建议按照下述原则开展反馈工作，尽最大可能用员工可接受的方式，让其认识到自己的优势和不足，这是帮助员工改进和提升的第一步。

提前计划，充分准备

360度反馈要想取得成功，反馈前充足的计划和准备是必不可少的。

- 提前通知下属：直接上级不要临时找下属进行360度反馈，这样会影响员工的工作节奏，让员工无所适从，而且会让员工感觉直接上级对反馈面谈很随意，有不被尊重的感觉，造成反馈的效果不佳。直接上级应在反馈面谈前一两天通知下属，让下属能提前做好工作安排，同时感受到直接上级对自己的尊重，提高反馈面谈的效果。

- 充分掌握信息：直接上级在反馈前应准备好下属的360度测评报告、人才盘点会上讨论出的优缺点、过去一年实际工作表现和业绩、习惯和发展愿望等个人材料，并充分掌握下属的特点，这样可以帮助直接上级面谈时有的放矢，紧紧围绕下属的个人特点和发展期望，制定针对性的个人发展建议，避免由于不了解下属情况而带来的反馈盲目性。

- 准备相关表格：直接上级应准备好相关反馈的表格，主要包括360度素质能力反馈流程和注意事项以及人才发展相关的表格，比如IDP（个人发展计划）或PIP（业绩改进计划），在反馈面谈结束后及时指导员工进行相关表格的填写和提交。

- 选择安静环境：反馈面谈属于比较正式和私密的管理活动，直接上级应选择一个安静的、不被打扰的面谈地点，让下属能够安心地表达自己的真实感受。

- 合理控制时间：直接上级应提前做好反馈面谈的时间评估，根据反馈的内容，面谈时间一般控制在30分钟到1小时，因为如果时间过短，反馈会不充分，会遗漏很多反馈的内容，而如果时间过长，就会导致员工疲惫和不耐烦，也会影响其他工作安排。

强调优点，并举不足

直接上级在给下属反馈的过程中，首先要对下属进行优点反馈，鼓励下属，增强下属的信心，帮助他们继续发挥优点。在反馈优点时，需要遵循以下几条原则：

- 尽量多地帮助下属发现优点（不少于五条优点）。
- 不要遗漏下属的重要优点。
- 上级要主动把发现的优点告诉下属——"我认为这是你最重要的优点。"
- 肯定下属的这些优点对公司的价值——"你的阳光正直增强了公司正气正义的氛围。"
- 建议下属多去发挥这些优点（广度、深度、频度）。
- 可以重复下属的优点，好话多说不为过。

在反馈完优点之后，直接上级要同时针对下属的不足进行反馈，帮助他们认识到自己的短板，明确在未来工作中需要提升的重点。在反馈不足时，需要遵循以下几条原则：

- 一次不要指出过多的缺点（不超过三条）。
- 很多下属不知道自己有某个方面的缺点，可以同事的评价建议引导他去思考分析。尤其是个人评价与他人评价差异较大的部分，重点强调。
- 让下属谈谈对某个缺点的认识——"你认为是这样吗？"
- 对于下属可能不愿意接受的缺点，引导他思考——"为什么大家会有这样的评价？"
- 引导下属本人说出他的缺点。
- 鼓励下属培养认识与接受自己不足的胸怀和积极心态。

确定目标，给出方法

直接上级在反馈完优点和不足后，要引导员工根据自己的优点和不足明确下一阶段的工作改进目标，改进目标主要围绕如何进一步发挥优势和如何有效弥补短板进行，其中弥补短板是制定改进目标的主要考虑因素。直接上级一般需要引导员工认识到不足给自己和公司带来的危害，并确立改进的目标和预期的收获。

在确定改进目标之后，直接上级要进一步引导员工考虑实现目标的方法，让下属尽可能靠自己想出改进方法，并适时给予肯定和鼓励，比如"你的方法很好啊""其实你自己有正确的方法"。最后，直接上级结合下属自己提出的改进方法，给出补充建议，方法一定要具体可行，并和下属达成一致。

让领导班子"后继有人"

在组织中一个特殊的关键岗位群体是高管团队，其培养周期长、难度大，对其后备人才的培养启动时间提早多久都不为过。尤其是在人才盘点后，对于离职风险高、继任者缺失的岗位，应该加大对领导班子的培养。

例如，曾担任通用电气（GE）董事长兼CEO的雷吉·琼斯刚上任三年，便开始考虑选择自己的继任者，此时离他退休还有八年。他根据管理者必备素质和考察对象的经历背景，挑选了包括杰克·韦尔奇在内的20位候选人，在培养的整个过程中不断考察与盘点，由长名单逐步缩为短名单，并最终选择了与自己管理风格截然不同的杰克·韦尔奇作为通用电气的接班人。杰克·韦尔奇选择伊梅尔特作为继任者也经历了很长时间。

若发展的过程中不关注对领导班子继任者的培养，那么不管是通过临时竞聘还是利用评价中心等人才盘点方式挑选继任者，都带有一定的"赌性"。即使非常幸运选到了合适的人员，也很有可能公司会需要很长的时间、交很多学费才能让其真正胜任这个岗位。能令公司从容不迫的方式是，根据每年的人才盘点结果制订领导接班人计划，建立领导梯队，提早发现，提早有针对性地培养，这是培养资源效用最大化的方式。

识别可培养的高管

培养高管梯队投入的资源和精力是非常大的，因此挑选合适的人培养非常重要。具体标准如表13-1所示。

表 13-1 识别可培养的高管

类别	要素	具体标准
冰山上	司龄	在司工作不少于一年
	业绩标准	人才盘点九宫格定位始终在 2 及以上
	其他	根据具体岗位确定
冰山下	价值观	先公后私等
	素质能力	战略执行、全局意识、团队管理、组织塑造（根据需要）
	潜力	聪慧敏锐、学习成长、成就动机

价值观高度认同。我们常说一个人的工作成绩等于价值观和能力的乘积，其中价值观决定方向，能力决定速度，只有认同企业价值观的员工才能对企业具有高度责任感和认同感，真正创造价值并帮助企业走向成功彼岸，一般称其为"同路人"。高管接班人作为未来企业的舵手，肩负着企业的经营重任和安危荣辱，应该比一般员工更加认同企业的价值观，而价值观中最重要的一点就是先公后私。

吉姆·柯林斯在《从优秀到卓越》中指出，卓越公司的第一大成功因素就是拥有先公后私的第五级经理人，这些经理人相比其他级经理人，永远把公司的利益放在第一位，坚持公司的成功高于个人的财富和名誉。《领导力》作者詹姆斯·库泽斯和巴里·波斯纳对领导者发出忠告："如果有人不愿意牺牲个人的利益，他就不应该坐在领导者的位置上。即使他们现在坐在了领导者的位置上，最终也会带来企业的失败。"总之，不能够做到先公后私的员工，不应该成为高管接班人人选。

每家企业侧重点不同，对于员工的素质能力有差异化的要求，企业应关注培养对象的素质能力，如表 13-2 所示。战略执行体现的是员工理解战略并获得业绩的能力；全局意识体现的是员工能否从企业的利益出发，有更高的站位开展工作；团队管理体现的是带领团队、帮助团队成员共同成长的能力；组织塑造体现的是组织架构打造、流程梳理和组织能力打造的能力。通过这些因素，判断员工是否具备相应的领导技能、工作理念和工作技能，以利于在目标岗位上取得全面绩效。

表 13-2 关注培养对象的素质能力（示例）

要素	具体含义
战略执行	认同企业战略目标，敏锐洞察内外部环境，通过规划、部署各方资源和行动，有力落实各项决策，实现战略目标

（续）

要素	具体含义
全局意识	从企业整体的、长期的利益出发，做决策，开展工作
团队管理	善于发现并使用团队成员的优势与不足，营造良好的协作氛围，激发团队成员潜能，促进团队成员与团队组织能力的快速提升
组织塑造	通过组织架构、流程、人才发展机制等，打造组织能力，塑造企业管理机制

具备高潜力。2017 年《哈佛商业评论》中提道，"科学发展人才的方式，重点在于发现高潜力人才，要充分理解他们在关键能力上的成长潜力，提供成功所需的经验和支持。在未来几十年中，这将成为企业极大的竞争优势。同时，这将帮助更多管理者释放潜力，成为伟大的领导者。"就如第 9 章提到的，潜力代表着员工未来的成长空间，使梯队人才选择更准确。且潜力是冰山下更底层的标准，很难通过后天培养获得，因此，关注领导班子接班人的潜力尤为重要，具体标准为聪慧敏锐、学习成长、成就动机（详细解释见第 9 章）。

在实践中培养高管

"721 学习法则"是指：70% 的学习是在工作与生活实践中完成的，20% 的学习是在接受指导或交流的过程中实现的，10% 的学习是通过课堂培训或阅读完成的。戴维·尤里奇提出了领导力发展的"532 法则"："50% 的领导力技能是在岗位上学到的，员工如果是高潜力的话，你可以给他们分配一个工作，然后给他们一些指导，通过工作经验来学习，这是学习最好的方法。但与此同时，我们还要做很好的培训。教育培训占到30%。教育培训是一个体验的过程，要让他们作为团队来学习，而不是个人。我们要在培训的过程当中寻找到业务现实的解决方案，以业务为导向学习。还有 20% 的领导力技能是通过我们的生活经验学到的。"

对于高管的培养，固然可以通过领导力培训、领导力书籍阅读、导师带教等方式提高其领导理论知识和领导技巧，但最重要的还是在工作实践中锻炼和成长，尤其是对战略执行、全局意识、团队管理和组织塑造能力的提升。在实践中培养是最有效的方法，且这些能力提升需要培养的周期比较长，基于此，对于高管最有效的培养方法有赋予挑战性的任务、轮岗等。

赋予挑战性的任务。正如美国哈佛大学教授威廉·詹姆斯对员工的激励研究所说，"按时计酬的员工每天一般只需发挥20%到30%的能力就足以保住饭碗，但是他们的潜力能发挥到80%到90%。对有强大学习能力的高潜力人才赋予挑战性的任务，能够使其在压力下激活内在的动力和潜力，使其在不断挑战新任务的过程中，脱胎换骨，实现能力的突破。"对于被选为高管接班人的候选人来说，赋予其挑战性的任务能够最大限度地激发他们的潜力，将潜力转化为绩效产出。

赋予高管接班人的挑战性任务一般有横向工作调动、工作组任务、拓展当前任务、设立新岗位、短期海外/外地任务、临时代理任务、客户和销售任务、逆境选择等，各公司可以结合自己的业务实际进行选择。

针对全局意识提升，可以安排横向工作调动和临时代理任务；针对战略执行和团队管理能力，可以选择让候选人带领团队完成公司新市场的开拓；针对组织塑造能力，可以让候选人担任部门或条线的负责人等。

杰克·韦尔奇创造的"爆米花摊"单位

在通用电气，培养企业领导人是一把手的主要工作。韦尔奇曾经说过，领导人是我们最重要的产品，他花费至少一半的时间用于培养领导人。韦尔奇为员工的行动学习找到了很好的实践场所："爆米花摊"单位。

所谓"爆米花摊"单位，就是对企业的核心业务没有直接影响的这样一些经营单位，简而言之就是一个实习单位，是一个用来锻炼员工领导能力，使其完成挑战性任务的单位。

在一个偶然的机会中，以技术出身的M员工被韦尔奇看重，于是韦尔奇让他到印度的公司去当CEO。然而M员工却高兴不起来，因为大家都知道印度公司较差，谁上那儿去都不会有好的结果，不过M员工还是硬着头皮上任了。在任职的三年期间，M员工想尽办法扭亏为盈，做了各种可能的尝试，但是直到自己被召回，公司还是存在亏损。出人意料的是，一回到总部，他竟然被任命为欧洲公司的老总。直到这时，M员工才明白印度公司是一个"爆米花摊"单位。

资料来源：http://www.sohu.com/a/235949811_506143.

　　可以看到，这种培养方式练就了战略执行、全局意识、组织塑造以及带领团队一起扭亏为盈的团队管理能力，可谓一举四得。每一家公司都有属于自己的爆米花摊，找出你的爆米花摊，将那些地方作为试验田，作为领导候选人锻炼的场所，只有这样才能避免在核心领域犯错。为了避免让在那些地方担任领导工作的人感觉到不舒适，爆米花摊的具体所在应该是保密的，只能有为数不多的几个领导知道。同时，要允许在该单位的人犯错，犯错误是领导力学习的基本构成部分。

　　轮岗。不同的岗位面临的工作难题、团队风格、团队成员都有所区别，因此对每一个人解决问题的能力要求是不一样的。通过轮岗，可以帮助被培养对象在广度及难度不断递增的工作岗位上历练自己的领导力。高层管理人员通过轮岗工作能够对企业的整体运营有个全面的理解，在做重大决策时就能站在更高的视角上有全局意识，逐步由战略执行转向战略思维。跨部门的轮岗能够让员工了解企业不同部门的工作重点，换位思考，培养多元化思维，拥有更多的团队管理经验。

　　表 13-3 是联想一位高级副总裁对一位基层管理者成长为高层管理者所需经历的岗位设计。同时，他也指出在一个岗位轮岗的时间会根据每个员工的特质，做差异化的设计，不难看出联想培养一位高层管理者所花费的精力是非常多的。

表 13-3　联想高层管理者的轮岗经历

经验类型	典型岗位
前端	销售、营销、一线服务
后端	职能类、产品研发类
P&L	区域总经理、地区经理
扭亏为盈	亏损企业总经理
新市场开拓	区域总经理、新产品市场负责人
国际外派	海外岗位
带团队	高级经理、副 / 总经理
全球项目	商务谈判、兼并收购
总部战略岗位	战略规划、人才培养

　　轮岗的设置一般都是定制化设计，投入的精力比较多，对被培养对象素质能力的提升非常有益，且培养成功后所创造的收益也是巨大的。正如

武相家纺用了五年的时间培养出一位事业部负责人，该负责人带领了新产业的快速发展。

武相家坊

武相家纺（化名）是长三角地区家纺出口行业的前十甲。凭着集团黄总经理（化名）在行业内积累的经验和人脉以及对市场的敏锐判断，近年来武相家纺以每年30%以上的速度稳步递增。近年来，黄总看好国内市场，现在"国外奢侈品家纺"和"国内智能家纺的线上及线下"两条线发展得非常好。当问到黄总秘诀时，黄总很自豪地说，我选到了一位智能家纺的"好领导"。

后来，我们了解到，这位好领导不是选出来的，而是黄总用了五年多时间培养出来的，也就是现在国内事业部的负责人周响（化名）。国内事业部刚成立三年时，虽然进行了巨大的经济投入和人力投入，并且其业绩一直向好，但始终没有见到收益。即使这样，黄总还是坚持自己的决定。黄总很相信这个市场，所以认为前期不赚钱没关系。最关键的是，黄总非常信任周响，周响入职以来在国际市场上做出了巨大的贡献，且非常认同公司的价值观，有着巨大的发展潜力，因此黄总坚信周响缺少的只是锻炼。黄总一开始并没完全放手给周响，因为这两个板块前期的战略方向、品牌定位、市场策划和客户等都有较大的区别。头三年，黄总安排周响在销售、市场、采购等不同的岗位上锻炼，逐步锻炼其战略执行、全局意识，且周响每年都有很大的进步，得到了很多同事的认可。后来黄总逐步放手，国内事业部在周响的带领下，仅经过五年的发展就成为行业的佼佼者。

让关键岗位人才"活水不断"

关键岗位和战略目标密切相关，关键岗位的任职人员一旦离职，若短时间内无法快速找到替代者，就会影响企业关键业务的正常运转。在关键岗位进行人才需求规划时，建议采用"饱和配置"。一是关键岗位的人才在岗率为 100%，即所有关键岗位都有胜任的人担任；二是关键岗位要推行 AB 角管理，即关键岗位要有明确的后备继任者，且建议有明确继任人选的岗位不低于 50%，确保关键岗位有合理的人才继任梯队建设。进行人才盘点可以比较清晰地了解到哪些关键岗位是空缺的，哪些关键岗位的继任者是缺失的，尤其需要关注不胜任和离职风险较高的关键岗位的继任者的培养，这样才能让"活水不断"。

培养对象的选拔。关键岗位的具体选拔标准需要结合关键岗位的特点设定，岗位不同，选拔的条件也不尽相同。基于"培养值得培养的人"的原则，在选拔培养对象时需要关注：①例行人才盘点九宫格定位近两年保持在 2+ 及以上的员工，如果本岗位可选择的培养对象有限，且人才盘点九宫格定位最佳者为 2，那么也可以挑选这个 2 类人选。若不满足该条件，建议外聘。②离职风险低，年龄适中的持续奋斗者。③满足相关岗位专业知识和技能基本要求的员工。④潜力等级为中及以上，有成长可能性的员工。

培养内容的设计。由于关键岗位通常对任职者的复合型技能要求较高，因此针对培养对象的培养更多是基于关键岗位的岗位职责以及所需要的关键能力而设计。例如，对于连锁店店长的培养，可以针对客户管理、团队管理、安全管理、资源整合、营销策划等关键能力设计培养方案。

培养方式的确定。除了常规的技能培训之外，主要通过在实际岗位进行历练来提高培养对象对工作技能的应用和对业务场景的把握，常见的培养方式有轮岗、影子高管、行动学习等。在整个培养周期或关键阶段，企业也会给培养对象配备专业导师，及时进行指导与评估。

培养周期的确定。培养周期一般根据企业的性质和关键岗位的特点来确定，比如对于传统连锁门店的店长培养，由于店长的技能相对不是很复杂，且标准化程度较高，一般培养周期为半年至一年。对于管理咨询公司的项目经理，由于管理咨询行业对知识和技能的专业度，以及逻辑思维、沟通演讲等能力要求较高，因此项目经理的培养周期比店长要长，一般两三年。

当然，人力资源部在整个培养周期期间，会定期组织专业评估小组对培养对象进行业绩考核和人才盘点等人才评价，并及时与薪酬、人员的任免挂钩，对于考核不合格的培养对象，取消培养对象资格，保持后备人才库的动态优化。

源源不断的项目经理助力德锐咨询持续发展

德锐咨询聚焦于人力资源领域，业务模式以管理咨询为主，以培训和人才测评为辅。基于这样的业务模式，德锐咨询更多是以项目的形式开展管理咨询工作，那么项目经理对于一个项目的质量、口碑就起着关键性作用。因此，项目经理是德锐咨询的关键岗位之一。

随着这几年业务规模的逐步扩大，德锐咨询对于项目经理的需求越来越大，如何保证满足这与日俱增的人才需求呢？德锐咨询凭借自己多年的人才培养经验，建立了独特的项目经理后备人才培养体系，为业务的发展输送了充足的项目经理，保证了咨询项目的开展。

要成为德锐咨询项目经理后备人才，基本条件是掌握公司全面诊断、人才盘点、薪酬管理、绩效管理等知识模块和技能，并且年度人才盘点结果为"2+"及以上。在此基础上，公司会进一步通过性格测评、人员访谈等方式深入了解后备人才的性格特征、人格特质、团队意识等，最终确定是否为项目经理后备人才。

对于后备人才，德锐咨询遵循721原则，为其量身打造了"钻石培养计划"，每个月跟踪和了解每个后备人才的成长情况。由于德锐咨询实行全面导师制，所以每位后备人才都由公司安排一位高级合伙人担任其导师。每年年初，导师会与弟子一起商讨确定当年的发展目标，每个月导师也会找弟子面谈，帮助其解决思想、工作、生活上的困惑，重点给予缩短差距、提升能力的建议。

德锐咨询主要通过轮岗和扩大工作职责的方式锻炼培养对象的工作技能和综合能力，比如会让后备人才在内部承担研发、招聘等内部管理的职责，培养其组织能力、管理能力等综合能力；也会在项目上赋予其更多独立承担方案设计、与客户沟通的机会，培养其逻辑思维能力、方案撰写能力以及沟通能力等。同时，德锐咨询还鼓励人才多出去参加行业分享和论坛，锻炼其公众表达和演讲的能力。

不仅如此，德锐咨询还持续关注外部的学习机会，每年都坚持让内部的人才参与外部的培训。德锐咨询坚信，只有应用实践才是最好的学习方式。因此，所有的外部培训都要在内部进行转培训，同时还要与现有的产品应用结合起来，给出相应的提升建议方案并推动实施，从而锻炼人才"学以致用、深度思考"的能力。除了培训，德锐咨询还会鼓励有潜力的人才进修。

通过这样的培养方式，项目经理后备人才一般一两年就可以成为项目经理，优秀的人才甚至半年就可以成为项目经理。这样的方式也帮助德锐咨询建立了充足的项目经理人才储备。

从源头打造领导力

管培生计划原是外企里"以培养公司未来领导者"为主要目标的特殊项目，后来发展为企业为了满足对高级管理人才的长期需要而实行的一种新型的人才培养制度。很多公司都实施了比较成功的管培生计划，比如百威英博、沃尔玛、苏宁、金鹰等。之所以这么多公司青睐管培生计划，主要还是优秀应届毕业生可塑性高，有更强的归属感，培养的投入产出比高，而且应届毕业生工作经历相对比较简单，容易从源头上保证公司的"同路人"培养，造就"根正苗红"的未来高级管理人员。针对管培生的培养在企业内部很受重视，往往被当作一个项目操作，尤其是在其成长路径的设计和培养方式的选择方面尤为关键。

管培生的甄选。管培生计划要想实施成功，首先要从源头上选择优秀的应届毕业生。只有对优秀的管培生进行培养，才是有价值的选择。

管培生的甄选标准既包括冰山上的标准，也包括冰山下的标准。冰山上的标准包括学历、学校表现、社会实践、工作技能等，其中很多公司比较青睐211或985学校的毕业生，以及有班委任职、学校社团或社会实践经历的毕业生，因为这体现了毕业生的智商和领导管理潜质，而这两点是高级管理者应该具备的基本要素。

冰山下的标准主要包括价值观和潜力。价值观是选择公司"同路人"的标准，就像阿里专门设置"闻味官"来选择符合阿里企业文化的同事。倍智人才研究院研究指出，管培生的价值观倾向包括多样性、权力导向、积极性，潜力标准则包括学习能力和成就动机等。

管培生的培养方式。培养管培生仍然遵循我们熟知的"721"原则：有70%的实战部分，包括赋予挑战性任务、跨部门轮岗；有20%的导师带教，对管培生设置一对一或一对多的导师，通过导师对管培生的指导，传播公司文化理念、价值观；最后的10%是自我学习部分，包括MBA线上线下培训课程、高层管理者分享管理经验等。

下面重点介绍一下导师制。

导师制是管培生培养阶段非常重要的一种方式。一般情况下，管培生被选择进入公司的那天起就配备有导师。

作为管培生的导师需要具备管理专业工作经验，了解认同公司文化，具有培养他人的意愿和能力。通常，企业为了提高导师的积极性，会建立导师的激励机制，激发导师带教管培生的积极性。如设置导师津贴，设立"钻石导师""金牌导师""银牌导师"等导师荣誉称号，增强导师的荣誉感。

在培养的过程中，导师要在管培生培养期间承担起制订辅导计划、跟踪辅导、反复评估等关键职责。辅导计划包括辅导目标、辅导内容、辅导时间等，导师应结合部门职责、业务流程、管理要求、项目需要以及管培生本身特点来制订，要确保辅导期间各项活动能使管培生得到全面的锻炼和培养。导师可针对制订的辅导计划，通过发展面谈、书面反馈、5R教练技术等跟踪辅导，帮助管培生寻找差距，并缩小差距。培养期结束，导师可通过管培生的个人述职以及评估小组集体讨论，形成管培生的人才评估报告，作为定岗的依据。

管培生的培养周期。管培生的培养同期一般根据每个企业实际培养需求来定，一般1~8年不等，比如百威英博的管培生培养周期为2~3年，沃尔玛为2年，苏宁为5~8年。

管培生的考核与激励。针对管培生，一般结合能力和业绩两个维度，按照时间节点（月度、季度、半年度）进行考核，能力主要考核工作期间的培训效果，业绩主要考核在任职岗位时是否完成业绩标准，绩效考核的评估由导师负责。根据考核结果决定下一轮的轮岗、培训等计划，对于表现较差的管培生一般会予以劝退或解除劳动关系。而通过全部考核的管培生可以进入定岗阶段，开展定向岗位的职业发展。

管培生的定岗。在管培生完成所有轮岗及培训的培养计划后，可进入岗位配置阶段。一般情况下，公司会从人才储备角度，综合评估管培生的兴趣、能力和个人条件三方面的因素来对其定岗，目的是满足未来发展岗位的需要。管培生可根据个人的能力特点及兴趣申请希望从事的岗位，人力资源部根据岗位编制及管培生实际情况进行职位安排。

从源头培养管理者：苏宁"1200工程"

从1993年起，苏宁开始注重高素质人才的引进，从应届毕业生中招聘精英。2002年，苏宁电器进入新一轮高速发展期，迅速展开全国布局。在此过程中，苏宁意识到零售人才的重要性和紧迫性。于是，在当年年底，苏宁电器董事长张近东亲自批示了一笔当时看来数字惊人的3000万元作为首批大学生招聘的启动资金。当年共在全国范围内招聘了1200名2003届本科毕业生，"1200工程"也就由此而来，而通过"1200工程"招聘的大学生被称作"1200人员"。

"1200工程"作为苏宁规模最大、管理最规范、引进和培养人才最多的专项人才工程，目标在于通过全面、系统、专业的培养，使应届毕业生在两三年内成长为苏宁中层管理团队的核心骨干，成为苏宁未来发展的中流砥柱。为此，苏宁建立了从招聘选拔、轮岗实习、培训培养到考核激励、晋升提拔的完善的制度和体系，专门成立了"1200工程"项目组，全面负责"1200人员"的招聘、引进、培训、培养、选拔和任用，实现系统全面、专业专项的梯队和人员发展管理。

苏宁"1200人员"发展阶段路径如图13-3所示。

苏宁"1200人员"职位晋升路径如图13-4所示。

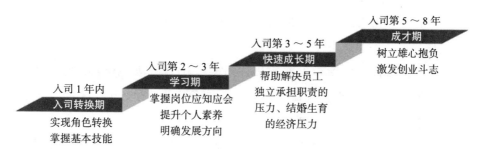

图 13-3 苏宁"1200 人员"发展阶段路径

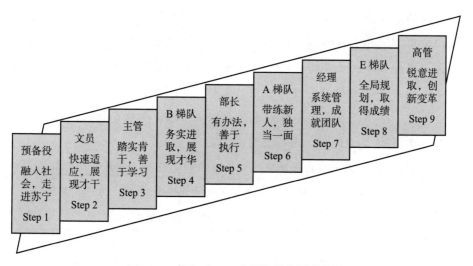

图 13-4 苏宁"1200 人员"职位晋升路径

苏宁"1200 人员"任用与晋升路径如表 13-4 所示。

表 13-4 苏宁"1200 人员"任用与晋升路径

时间	1～2 年	3～4 年	5～6 年	7～8 年	8～10 年
职级	L2 起步	平均 1 年升迁一级,升至 L4～L5	平均 1～2 年升迁一级,升至 L6～L7	平均 2～3 年升迁一级,升至 L8～L9	升至 L10～LA
职务	基层员工	小团队负责人牵头人	部门负责人及以上,优秀者成为中心、分公司负责人	高层管理人员,中心、分公司负责人	总经理、副总裁
职责	承担部门基础工作,协助参与业务工作	独立承担相应工作	独当一面,独立承担业绩指标	负责核心业务模块、产品线或者片区	成为公司 COO、CFO、CHO、CEO

"1200 工程"主要面向 211、985 高校，并根据招聘岗位的不同确定本科或研究生等学历条件。

"1200 工程"的培养周期最长持续 8 到 10 年，表现优异的应届毕业生可以在 8 到 10 年内，从一个初级文员，慢慢成长为主管、部长、经理，最后成长为高管甚至总经理、副总裁。

"1200 工程"以高起点、高责任、高管带教"三高模式"为培养原则，一方面会对"1200 人员"进行技术、研发、市场、管理等专业培训以及业务应知应会培训，让他们掌握基本知识和技能；另一方面，还会让他们轮岗苏宁的三大终端一线，包括跨部门、跨地区的轮岗，通过这种方式快速了解苏宁的业务模式特点。当然最重要的是，苏宁会给每个"1200 人员"配备一对一导师，进行思想、工作、学习的指导。在"1200 工程"创立初期，很多成员甚至由张近东亲自培训带教。如今，张近东再忙，也会抽出时间和"1200 们"进行面对面沟通。

"1200 工程"为了激励未来的核心管理者和接班人，设置了具有市场竞争力的全面激励体系（见表 13-5），这也是很多管培生青睐苏宁的一个重要原因。

表 13-5 苏宁"1200 工程"激励体系

激励项目	标准
薪酬	工资｜行业领先的薪资水平 调薪｜年度固定调薪计划，年均两位数增长
短期激励	奖金｜X 奖金模式 项目｜项目任务激励 荣誉｜精神荣誉激励 表彰｜年度评优
长期激励	股权｜累计三期覆盖近 6000 人次股权激励
福利	福利｜礼品礼金、驻外福利、补贴福利 住房｜目前已累计贷出 1 亿元 关爱｜结婚、生活、学习等方面
员工发展	晋升｜普通员工晋升达 30%，中高层达 60%

资料来源：https://www.sohu.com/a/260157801_781083, http://www.hrsee.com/?id=1167.

苏宁"1200 工程"从源头遴选"根正苗红"的应届毕业生，为苏宁培养了大量的管理者和接班人，取得了丰硕的人才培养成果。随着苏宁收购万达百货、家乐福中国，向零售深度进发，越来越多的 90 后"1200 工程"管培生独挑大梁。

辅导业绩不佳者

人才盘点九宫格定位中的 3 类、4 类和 5 类人员一般被称作组织利润的消耗者。一般建议在 3 ～ 6 个月内淘汰 5 类人员。对于 3 类和 4 类人员，需要具体问题具体分析，若判断这两类人员还有提升的空间，则从营造组织氛围的角度建议给予一定的机会帮助其成长。采取的方式是由直接上级任导师，与其一起制订业绩改进计划。

所谓业绩改进计划（PIP）是专门针对业绩和能力不佳的员工制定的培养方式。PIP 的首要目标是增强岗位业绩产出，完成组织设立的目标，因此培养周期较短，一般持续 30 ～ 90 天。针对人才盘点九宫格定位为 3 类的人员，PIP 的制订侧重本岗位业绩的提升；针对 4 类人员，PIP 的制订侧重员工个人素质能力的提升。业绩改进计划表如表 13-6 所示。

表 13-6　业绩改进计划表

员工信息					
姓名：张三		部门：金陵花园案场	岗位：置业顾问		绩效等级：C
入职日期：2018 年 7 月			直接上级：李四		
改进期限					
开始日期：2019 年 2 月			结束日期：2019 年 4 月		
改进计划					
改进项目	行动计划	衡量标准	完成时间	完成结果	达标状况
房产销售	1. 和销售精英学习销售技巧	2 次	2019 年 3 月	完成房产销售 2 套	达标
	2. 做好新客户蓄水，提高来访登记新增客户数量	30 组	2019 年 3 月		
	3. 传单发放	500 份	2019 年 3 月		
文案撰写	1. 阅读行业分析报告	3 份	2019 年 3 月	提交房地产行业分析报告 2 份	达标
	2. 阅读房地产图书	2 本	2019 年 3 月		
	3. 向案场销售前辈请教房地产市场趋势	3 位	2019 年 3 月		
改进回顾					
回顾阶段	直接上级反馈			直接上级签字及日期	员工签字及日期
30 天	完成			李四	张三
60 天					
90 天					

PIP 的制订。PIP 的制订由直接上级和待改进员工进行正式沟通后，最终确定待改进的事项和改进期限。接着，要根据待改进事项，设定衡量标准，衡量标准一般根据工作岗位的产出性质确定，包括时间、成本、数量、质量等角度。衡量标准须满足 SMART 原则，即具体的、可衡量的、可达到的、与公司相关的、有明确的截止日期。

PIP 的实施跟踪。待改进员工根据制订的 PIP 进行改进执行，其间有任何问题可与直接上级沟通，寻求支持。直接上级作为 PIP 的监督者，要监控计划的执行情况，定期（一般是每月一次）与待改进员工进行沟通反馈，如遇到工作情况变动和组织调整等特殊情况，可以进行 PIP 的微调。只有将 PIP 的跟踪反馈落实到位，PIP 才能真正发挥作用。

PIP 在改进期限内顺利完成，则关闭 PIP；改进期限内未完成改进目标，则延长至 60 天直至 90 天。改进期满后，完成改进目标的，则关闭 PIP；若仍未完成改进目标，则公司与待改进员工协商解除劳动关系。

■ 关键发现

- 企业要通过人才盘点发现更多的内部人才，特别注意挖掘中基层"人才宝藏"，通过针对性的培养构建稳定的内部人才供给体系。
- 人才培养要重点向组织盘点出的关键能力和关键岗位倾斜，提高培养的战略支撑能力。
- 企业主要通过挑战性任务、轮岗等实战方式进行高管接班人的培养。
- 关键岗位人才库要通过业绩考核和人才盘点保持动态优化。
- 企业对管培生的甄选要注重潜力、素质能力、价值观等隐性条件。
- 企业通过导师制的培养方式可以加快管培生的工作技能提升和职业发展。
- 企业可以通过 PIP 帮助人才盘点九宫格定位为 3 类和 4 类的部分人员进行提升。

第 14 章

人才盘点是提升人效的必经之路

管理是一个过程，通过它，
大量互无关系的资源得以结合成为一个实现预定目标的总体。
——弗里蒙特·卡斯特

人才盘点是所有管理工作中的一个关键环节，影响着整个人才管理体系的有效运转，可以说人才盘点对组织内部的人才管理动作有着承上启下的枢纽作用：对上可以支撑业务发展需要，对内部的人才存量进行精准盘点；对下指引各项人才管理工作的开展，其结果可以运用于人才优化、人才选择、人才激励、人才培养、组织瘦身及人岗匹配等一系列管理工作中，从而形成有效的人才管理链接，在打造健康的人才供应链的同时，也提升了人员的敬业度（见图 14-1）。因此，人才盘点能直接或间接地对人效产生正面影响。

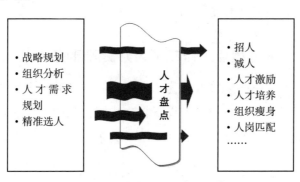

图 14-1　人才盘点承上启下的作用

规避人才盘点偏差

优秀企业的人才盘点做法和前文介绍的人才盘点模型不谋而合，但很多企业在此之前对人才盘点的体系还没有认识，在了解到人才盘点的价值和完整的人才盘点操作方法之后，很多企业可能会心中窃喜，认为只要按照前文讲到的人才盘点机制执行就能达到人才盘点的效果。事实上并非如此，很多企业在德锐咨询的帮助下构建完人才盘点体系后，在后续企业自己运行的过程中会发现执行效果不理想的现象。总结起来，有以下关键问题需要规避。

规避人力资源部成为接"盘"侠

从前文中我们了解到，人才盘点的责任主体是企业家、直接上级和人力资源部。但由于很多牵头组织的工作是放在人力资源部，因此在执行的过程中，无论是企业家还是直接上级会很自然地认为这是人力资源部的工作职责，极易逐步演变为企业家和直接上级只按照人力资源部的安排参与人才盘点工作。在阶段性的工作结束之后，企业家和直接上级就将人才盘点后续工作抛于脑后，最终人才盘点工作发挥不了应有的作用。

人才盘点的最终目的是盘活组织，实现人才与组织的共同发展，人才评价与盘点仅仅是手段和过程，人才盘点后续工作的执行是否到位将最终影响人才盘点的价值。如果只有人力资源部组织参与人才盘点工作，相关成果就只能作为人力资源部"工作汇报"的材料，人才盘点结果没办法直接应用到后续的管理工作过程当中。

人才盘点工作成了人力资源部的 KPI

思享（化名）是一家国内民营 500 强企业下设的全资子公司，这天他们的人力资源总监王总（化名）找到我们谈到他们的一个管理困惑。他们感到人才断档严重，尤其是这几年的业务发展很快，但是总感觉人才池里的人不行，老板也看不上，而且这两年一到年关就有人在拿到年终奖后离开，认为在其他公司可以找到更高的职位，市场上的人都称思享为"黄埔军校"。王总也意识到了问题的严重性，因此找到我们。在沟通过程中我们了解到：

- 他们每年都在做校园招聘，由于他们的雇主品牌很有吸引力，所以每年都有足够多的人才进来。
- 他们的薪酬处于 75 分位，每年都在做薪酬调整，和竞争对手相比有一定的竞争力，不存在由于薪酬问题造成员工不满意的情况。
- 加入公司前三年的员工普遍有一定的积极性，但三年之后出现疲态，大部分员工觉得工作比较稳定，上升空间有限，没有必要太过拼命。

进一步交流后我们发现，公司没有主动做过人员的优化工作，认为工作上差不多就可以，因为他们对自己挑选来的人才非常自信。当我们追问公司是否定期进行人才盘点来对人才进行分类管理时，答案也是肯定的，而且他们有自己的素质模型和业绩考核标准。但王总补充到，人才盘点最开始是从集团引进的管理工具，集团要求必须执行该项工作。

在实施的第一年，思享的总经理也很重视，当人才盘点结果出来时，这项工作得到了总经理的认可，且在第一年执行时将人才盘点结果显示不合适的人员进行了淘汰，内部的氛围有了较大的改观。因此，公司决定在第二年将人才盘点这项工作作为人力资源部的 KPI 放入王总的年度绩效责任书当中。但是在后面执行的过程中，总经理再也没参与进来，只有王总带领其团队的三个人在每年的 2 月份执行该工作，且只需要将人才盘点的结果呈报给总经理和集团就可以了。当我们进一步追问人才盘点结果是否有持续用到人员优化、人才培养等方面时，王总给的答案是：由于总经理和直接上级没有充分参与人才盘点过程，这个盘点的结果他们心里没底，没办法进行应用。

规避关键环节打折扣

对于有些企业来说，人才盘点是老生常谈的话题，也是每年例行的工作，它们都比较有自信能做得很好，甚至为了追求效率会将人才盘点这项工作进行一定的变形。对人才盘点工作不理解或有疑问的员工，会被界定为不了解公司文化，并且强制要求其执行，这个时候人才盘点的效果就会大打折扣。事实上，组织在不断发展变化，员工和业务的发展都是动态的，一味追求效率而省略其中的关键环节，反而会弄巧成拙。

（1）脱离业务。当年度业务变化不大时，会默认为可以不进行战略分析，事实上，企业基本的商业逻辑每年不会发生大的变化与调整，但每年业务的目标在变化，员工素质能力也在变化，因此组织与人才应该要随之调整。不基于业务发展进行分析和盘点，久而久之会脱离业务，以至于不能很好地支撑业务发展。

（2）素质模型平时被"保护"。当人才盘点成为公司"例行"的工作后，会逐步默认为全员对人才盘点的评价标准都有了认识，在其他时间不会对其进行宣传学习和强化。但事实上，通过本书前面的章节内容可以了解到，人才盘点的标准是由人力资源部牵头，协同企业家、直接上级和部分员工代表参与完成的，所以很难让全员都对其有充分的理解和认知。且对于很多人来说，人才标准在第一次使用后很难保证对其含义能否充分理解，若平时将素质模型"保护"起来，不应用到日常工作中，如素质模型考试、员工故事或企业文化宣传等，待第二次进行盘点时，素质模型对于很多人来说又是"熟悉的陌生人"。

（3）简化人才盘点校准会议参与者。人才盘点校准会议一般由直接上级、间接上级、斜线上级、人力资源部代表和记录者（这两者可以为同一个人）几方组成，我们建议企业家至少参与向下两级的人才盘点会议。但在执行的时候，为了提高效率，间接上级和斜线上级有时会不参与人才盘点会议，因此就失去了多方参与和全面准确判断评价对象、清晰了解相关业务条线人才结构的机会。更重要的是，因没有多方的讨论和校准，导致不同评价者的尺度很难得到统一，这就让人才盘点结果的准确性无法得到保障。

（4）对参与盘点管理人员不带教。即使构建了素质能力评价标准和业绩评价标准，很多直接上级还是希望能有一套更简单的标准，不用人参与就能够对被评价对象有全面的认识。一方面，直接上级对下属做盘点有畏难情绪；另一方面，直接上级缺少对下属判断的能力。但没有哪个机械式的评价能够代替人的评价，直接上级是识人与用人的第一责任人，如果现有的直接上级管理能力比较薄弱，且不对其进行带教与指导，那么人才盘点结果的可靠性可想而知。

（5）**只做评价不做改进**。评价只是过程和手段，通过人才盘点实现组织与个人提升是目的，但是很多企业本末倒置，只注重盘点的结果，忽略了改进的过程，例如不胜任人员的淘汰、关键人才的激励、组织的调整、360度测评的反馈面谈等。这些改进的动作实质是通过盘点的工作一次次不断地提升整个组织的能力，缺少这些动作不仅会丧失提升组织能力的机会，还会让员工失去对人才盘点工作的信心，误认为这只是例行的形式流程，进而使人才盘点工作陷入被动的局面。

规避照搬所有

眉毛胡子一把抓

齐盛（化名）是一家有20多年历史的民营企业，在过去的发展过程中，凭借着创始人张总（化名）的勤奋努力与个人人脉资源在家具制造行业有了不小的成绩。但近年来张总感知到业务发展的瓶颈，虽然外部市场环境的变化给他们家具智能化的转型提供了机遇，但张总感到力不从心，因为这个时候张总发现无人可用。一些一起创业的元老有自己的团队圈子，即使有合适的人也不愿意放手，而且他们大多因循守旧，没办法跟上张总的发展思路。眼看着市场逐步被切分和占领，张总痛下决心，决心从"人"入手，所以张总紧急让人力资源部开展了人才盘点的工作。

通过人才盘点确实帮助张总选择了一批还不错的苗子，为了快速布局新兴业务，张总在人才盘点后即刻启动了人才的外部选择、薪酬激励和内部培养等工作。轰轰烈烈的一年过去了，人员紧缺的销售团队虽然进来了一批人，但很多在试用期就发现不合适，并且有不少员工在实习期选择主动离开。公司在内部培养环节请了外部的老师进行大量的课程培训，也对所有1类和2+类人员制作了IDP，但在第二年人才盘点后发现情况并没有得到改善。

　　一年下来，张总在人的方面投入了大量的时间和资金成本，但并没有起到应有的效果。其实，齐盛除了需要对合适的人激励外，最关键的是要对管理干部梯队的人才进行培养与优化，因为当管理者能力不足时是无法有效承接人才的管理工作的。而齐盛完全照搬书中的做法，眉毛胡子一把抓，最后自然产生不了价值，更多的是劳民伤财。

　　优秀企业无论是在人才盘点的需求分析方面，还是在人才需求规划、人才招聘与人才淘汰、人才激励和人才培养等方面都做得非常到位，这样才能做到人才管理的正向循环，如阿里巴巴和华为。事实上，优秀企业的人才盘点能够发挥如此大的作用，也是经历过多次的打磨与迭代。试图"依葫芦画瓢"，照搬它们的操作方法，很容易出现水土不服的现象，甚至起到反效果。

　　人才盘点的每个环节都有其适用的场景，其创造的价值同样遵循循序渐进的规律（见图 14-2）。对于很多企业来说，第一次操作人才盘点能够达到 70 分就是比较理想的状态了，随着人才盘点机制的逐步完善，人才盘点创造的价值也逐渐增加。所以对于有些企业来说，没有必要照搬所有，可以从大处着手、小处着眼，在遵循一致性的原则下找到适用自身的人才盘点方式。

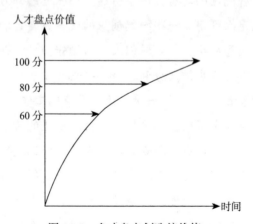

图 14-2　人才盘点创造的价值

规避一成不变

人才盘点模型描述了完整的人才盘点操作内容，目的是指引企业构建合适的人才盘点体系。但需要强调的是，每家企业在构建人才盘点体系的过程中，需要根据各自的行业特征、业务发展阶段等因素对人才盘点模型当中的要素进行调整和组合使用，而不是一成不变。例如随着外界环境的变化，阿里巴巴不断升级价值观（见图14-3），确保更能指向当下业务发展所需要的行为标准，也更加凸显出阿里在不同阶段文化的重点。

随着人才队伍的提升以及当期评价方式弊端的凸显，阿里会不断地调整评价方式，比如2013年阿里的价值观评价是按照ABC三个等级进行的，这种评价的意义在于持价值观A的人应该弘扬，B可以给开放讨论留下弹性空间，对C应该严打。这版考核方式在出台后颇受公司员工欢迎，但没过多久，"ABC制"的缺点就暴露了出来：大多数人都是B，慢慢失去价值观考核那种"把价值观落到行为里面，对一言一行塑形"的作用，也放松了约束和训练。基于此，阿里改为采用拒绝中庸的"0—1"打分方式，即针对每一项都进行0或1打分，做到是1，没有做到就是0，最后20项相加，得出员工的价值观分数。

企业在人才盘点落地执行的过程中，可以根据出现的问题进行人才盘点体系的灵活变通和调整，避免因僵化地使用盘点工具而大大降低人才盘点的价值。

人才盘点工作地图

人才盘点实施的成功，除了需要科学的人才盘点体系做支撑，人才盘点执行与参与过程中的角色也非常重要，尤其是直接上级、人力资源部和企业家起着关键作用，他们的职责是否充分发挥出来，直接影响人才盘点是否成功。其中，直接上级是人才盘点的主要责任人，人力资源部是人才盘点的组织推动者，而企业家是人才盘点工程的一把手。

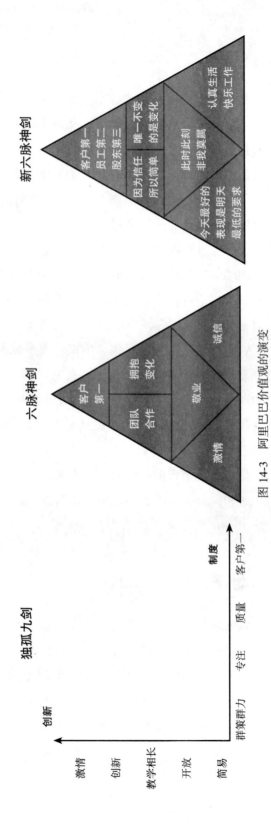

图14-3　阿里巴巴价值观的演变

直接上级是主要责任人

管理大师戴维·尤里奇指出，直接上级对公司中的人力资源管理负主要责任，在人才盘点的过程中更是直接作用者。在例行人才盘点执行的过程中，直接上级需要参与战略审视与讨论，同时会对基于战略的组织架构的调整与优化给出相应的建议，并指导相关工作领域的人力资源需求规划；参与人才盘点标准的制定，并将标准对相关人员进行宣贯；对直接下属的素质和业绩打分；参与人才盘点会议，并主导直接下属的人才盘点结果；在人才盘点后续的管理工作过程中，对下属进行一对一的360度反馈，对直接负责团队中的不合适人员进行优化与岗位调整；对空缺岗位人员进行选择与培养，不仅直接参与面试，而且会承担部分被培养对象的导师职责等。直接上级在"临时性"人才盘点中也发挥着不可替代的作用，因此直接上级胜任岗位、满足岗位的管理要求是至关重要的。总结来说，我们认为直接上级需要满足以下素质能力要求，一旦发现不符合相应的标准，就需要进行培训或替代：

（1）认同公司价值观。所谓认同公司价值观，其中很重要的一点是具备先公后私（详见《聚焦于人》中关于"先公后私"的论述）的特质，且将不认同公司价值观作为否决项。如果直接上级与公司的价值观不符，那么由其参与的人才盘点结果就是不准确的。

（2）先人后事。从直接上级在人才盘点过程中承担的职责来看，他需要具备先人后事的理念，才会愿意花更多的时间与精力对人进行管理。

（3）业务思维。直接上级开展的人才管理动作紧紧围绕业务目标的实现，因此直接上级需要具备相应的业务思维，才能让人才管理的工作更有价值。

（4）培养他人的能力。直接上级在整个人才盘点的过程当中，需要对下属有清晰的判断。且对于需要改进和提升的地方，不仅要明确提出，也需给予辅导和支持，同时也需对岗位继任者与优秀人才给予指导，使其不断进步，创造更大的价值。因此，直接上级需具备培养他人的能力。

人力资源部是组织推动者

在人才盘点中，人力资源部在整个过程当中起着穿针引线的作用，不仅推动人才盘点体系的设计，也推动着人才盘点工作的启动及过程推进，其主要的职责包括以下四个方面（见表 14-1）。

表 14-1　人力资源部在人才盘点当中的作用

制定人才标准	确定人才评估方式	建立人才盘点管理机制	建立配套人才管理机制
• 人才数量标准 • 能力评价标准 • 业绩评价标准	• 直接上级评价 • 360 度测评 • 业绩评价 • 评价中心 • 述能会	• 战略审视机制 • 人才盘点方式机制 • 人才盘点会议机制 • 人才管理委员会	• 人才九宫格规则 • 全面人才激励体系 • 人员优化与选择 • 高潜人才库发展体系 • 关键岗位培养计划 • 岗位继任者计划

（1）制定人才标准。这里的人才标准包括人才数量标准、能力评价标准和业绩评价标准，在本书的前面章节对这些标准都有详细的介绍，这里不再赘述。值得注意的是，这些标准是由人力资源部牵头组织确定的，不是单方面确定的。

（2）确定人才评估方式。根据人才盘点的目的不同，选择人才评估的方式也不相同。无论是例行的人才盘点，还是以选拔和培养为目的的临时人才盘点，通常情况下的人才评估方式就如本书第 7 章所提到的，包括直接上级评价、360 度测评、业绩评价、评价中心等，人力资源部需对目前内部人才管理的现状做出一定的判断，提前确定人才评估的方式，以便更好地支撑用人部门和业务的发展需要。

（3）建立人才盘点管理机制。盘点过程中机制的设立是盘点效果的重要保障，其中战略审视机制是为了更好地理解业务规划，指导人才盘点标准的制定；人才盘点方式机制确保了盘点方向的准确性；人才盘点会议机制是保障人才盘点结果准确性的最后一道防线。另外，有些组织会根据需要设立相应的人才管理委员会，其目的是更好地推进人才盘点工作。通常情况下，人才管理委员会的成员由总经理、高管和人力资源部的同事组成，人才盘点整个过程机制的制定与执行由人才管理委员会决定。人力资源部则在人才盘点工作开展之前，负责建立与完善这些机制（人才管理委员会除外，根据需要确定是否建立）。

（4）建立配套人才管理机制。除了构建盘点工作的管理机制外，还需建立配套的人才管理机制，如人才盘点九宫格规则，即九宫格切分的标准是什么、应用机制是什么等，从而确保对人才分类有统一的标准。

此外，在人才盘点主体工作完成之后，检验人才盘点工作是否有价值，还需看对应的人才管理措施是否得到贯彻执行，包括：①全面的人才激励体系，即基于人才盘点结果的激励原则、激励对象、激励水平及其他激励方式的制定；②人才优化机制，即如何淘汰3类、4类、5类不适合人员，如何对关键和空缺岗位进行补充，如何基于未来业务需要确定招聘策略和招聘计划，进行人员补充；③对于高潜人才、关键岗位和岗位继任者的完整培养机制。这些配套人才管理机制的成熟度，决定了人才盘点结果发挥作用的程度。

人才盘点是一把手工程

德锐咨询在《聚焦于人》一书中强调：有竞争力的企业的企业家可以是营销高手、融资高手或并购高手等，但人力资源高手才是企业家角色的第一定位。优秀企业的企业家在整个人力资源管理的过程中扮演着重要的角色，这决定了人力资源管理动作在组织当中的地位和价值，因此可以说人才盘点是一把手工程，其主要参与的活动包括以下几个方面：

（1）将公司人才盘点管理工作视为公司层面的重要管理事项，对人力资源部的人才盘点工作提出要求和标准，通常还担任人才管理委员会成员的代表。

（2）参与战略共识会，并对未来及当年度战略方向和战略目标提出明确的要求，是战略共识会的核心贡献者。

（3）参与公司人才数量盘点，提出人效要求，并对人才需求规划提出要求和建议。

（4）参与人才盘点素质能力标准的制定，且素质能力行为标准体现着企业家的核心思想和经营理念。

（5）主导向其直接汇报高管的素质能力和业绩的打分与人才盘点会议，且参与向下一级人才盘点会议，了解整体团队的状态和素质水平，以便更好地排兵布阵。

（6）监督并掌握后续人才盘点管理动作的整体执行情况，参与核心人员的选择与任命，掌握科学的激励理念对合适的人进行激励，且承担起对下属的培养职责，是他们的发展导师，定期对其进行面谈。

直接上级、人力资源部和企业家在人才盘点整个过程中的角色不可替代，且人才盘点工作不是一次性动作，是贯穿全年度的人才管理工作（见表14-2）。

一般情况下，人才盘点工作在上一年度的12月份启动，此时会进行战略目标共识的探讨、人力资源的需求规划、人效分析与人才结构分析，这也为次年人才盘点工作的全面展开提供了依据。

次年的2月份开展人才盘点标准的优化与宣贯及人才盘点数据的全面搜集。

3月份组织人才盘点会议及人才盘点整体结果的分析。

4月份即可将人才盘点结果用在年度的薪酬调整上（德锐咨询建议，企业年度薪酬调整放在每年的3月或4月）。

后续将人才盘点后的行动计划进行落地时，需要关注以下几点：

首先，加快淘汰不合适的人。这里需要指出的是，人才优化不是要等到年度盘点时才去考虑，在日常工作过程中，一旦发现其不胜任工作岗位的要求就需要及时止损，因此人才淘汰是持续的管理动作。

其次，依据人才盘点的结果将合适的人放到合适的位置上，这就会涉及内部的招聘与外部人员的招聘，尤其是对于关键性岗位和难以招聘的岗位进行持续的招聘，因此招聘工作是持续性工作。

最后，无论是为了对合适的人进行激励，还是为了业务的发展，都需要对合适的人加大培养，但人才培养动作不是一蹴而就的，尤其是对公司发展至关重要的战略性岗位和关键岗位的人才更是如此，因此该工作也是全年持续的管理动作。

表14-2　人才盘点工作地图

主题	12月	1月	2月	3月	4月	5月	6月	7月	8月	9月	10月	11月
战略共识	战略回顾与规划											
人才需求规划	人才需求规划											
人才数量盘点	人效分析 人才结构分析											
人才标准建立与优化			标准优化与宣贯									
人才质量盘点			测评数据搜集									
人才盘点会议				人才盘点会议、人才盘点分析								
人才盘点结果应用					薪酬调整 360度反馈							
	招人、减人、人才培养	招人、减人、人才培养	招人、减人、人才培养	招人、减人、人才培养		招人、减人、人才培养	招人、减人、人才培养	招人、减人、人才培养	招人、减人、人才培养	招人、减人、人才培养	招人、减人、人才培养	招人、减人、人才培养

人才盘点工作的开展不完全拘泥于人才盘点工作地图所展示的内容，每家公司可根据每个管理动作的成熟度做灵活调整，对于人才管理动作不到位的公司，按照此体系运转则是指导性最强的操作方式，谨记避免上文提到的在执行过程中的偏差。

健康人才盘点体系自查表

人才盘点的价值在企业内部逐步凸显，被越来越多的企业所推崇。基于完整的人才盘点操作模型，德锐咨询总结出健康人才盘点体系自查表（见表14-3），帮助企业每年去审视内部人才盘点体系是否健康，以便让人才盘点工作起到应有的作用。

表14-3　健康人才盘点体系自查表

序号	题目	选择	
1	定期组织所有管理人员参与战略业务研讨	是	否
2	定期进行组织架构的梳理	是	否
3	公司清晰基于战略所需要的组织能力	是	否
4	公司清晰内部的关键岗位是什么	是	否
5	公司每年进行科学的人才数量结构分析	是	否
6	公司每年进行科学的人效分析	是	否
7	公司有科学合理的人才需求规划	是	否
8	公司有完整的素质评价标准	是	否
9	公司有完整的业绩评价标准	是	否
10	员工清晰并掌握人才盘点素质能力标准	是	否
11	员工清晰并掌握人才盘点业绩标准	是	否
12	公司有清晰的人才盘点方式界定机制	是	否
13	公司有清晰的人才盘点会议机制	是	否
14	人才盘点结果用于招人	是	否
15	人才盘点结果用于减人	是	否
16	人才盘点结果用于人才激励	是	否
17	人才盘点结果用于人才培养	是	否
18	直线经理重视且参与完整的人才盘点过程	是	否
19	人力资源部有能力构建完整的人才盘点机制	是	否
20	企业家认为人才盘点是一把手工程	是	否

若1～17题中有13题以上选择的答案是"是"，则说明你公司的人

才盘点体系比较健康，问题不大。

若1～17题中有9～13题选择的答案是"是"，则说明你公司的人才盘点体系需要完善。

若1～17题中有少于9题选择的答案是"是"，则说明你公司现在执行的人才盘点体系还不是真正意义上的人才盘点。

若18～20题中有一项选择的是"否"，那么对人才盘点能否发挥作用应予以重视。

人才盘点是一个完整的人才管理体系，每一个实施步骤都环环相扣，让人才管理动作之间咬合得更加紧密，发挥的正是撬动整个组织能力的建设作用。人才盘点从战略出发到人才需求规划，再到厘清内部人才数量和质量现状，进一步优化消耗利润者，对利润创造者加大激励和培养，进而创造出更多的利润，实现人效最优的状态。创建企业人才盘点的文化机制十分重要，它是提升人效的必经之路。

参 考 文 献

［1］ 李祖滨，汤鹏.聚焦于人：人力资源领先战略 [M].北京：电子工业出版社，
2017.

［2］ 李祖滨，刘玖锋.精准选人：提升企业利润的关键 [M].北京：电子工业出版社，
2017.

［3］ 李祖滨，胡士强.股权金字塔：揭示企业股权激励成功的秘诀 [M].北京：中信
出版集团，2018.

［4］ 李祖滨，汤鹏，李志华.345 薪酬：提升人效跑赢大势 [M].北京：电子工业出版
社，2019.

［5］ 李祖滨，胡士强，陈琪.重构绩效：用团队绩效塑造组织能力 [M].北京：机械
工业出版社，2019.

［6］ 北森人才管理研究院.人才盘点完全应用手册 [M].北京：机械工业出版社，
2019.

［7］ 吴军.浪潮之巅 [M].北京：中信出版集团，2019.

［8］ 李常仓，赵实.人才盘点：创建人才驱动型组织 [M].北京：机械工业出版社，
2018.

［9］ 戴维·迈尔斯.社会心理学 [M].北京：人民邮电出版社，2016.

［10］ 詹姆斯 M 库泽斯，巴里 Z 波斯纳.领导力：如何在组织中成就卓越 [M].北京：
电子工业出版社，2018.

［11］ 拉姆·查兰，斯蒂芬·德罗特，詹姆斯·诺埃尔.领导梯队 [M].北京：机械工
业出版社，2011.

［12］ 杰克·韦尔奇，苏茜·韦尔奇.赢 [M].北京：中信出版集团，2017.

［13］ 吉恩·保罗·艾森.人力资源管理大数据 [M].北京：机械工业出版社，2018.

［14］ 帕蒂·麦考德.奈飞文化手册 [M].杭州：浙江教育出版社，2018.

［15］ 贝克尔.人才保卫战 [M].北京：中国人民大学出版社，2010.

［16］ 罗伯特·卡普兰，大卫·诺顿.平衡计分卡：化战略为行动 [M].广州：广东经
济出版社，2013.

［17］ 孙未，齐卿.每家公司都有 8% 的员工是"职场囚徒"，如何避免他们拖垮你？
[J].中欧商业评论，2017（4）.

[18]　德博拉·安科纳，伊莱恩·贝克曼，凯特·艾萨克斯 . 机敏领导力 [J]. 哈佛商业
　　　评论，2019（8）.

[19]　王晓燕 . 中国企业人力资源管理人员胜任力模型研究 [J]. 中国电子商务，2014
　　　（22）：121.

[20]　汤鹏 . 定岗定编已被颠覆：先定员、再定岗、最后定编 [EB/OL].（2018-07-27）.
　　　https://mp.weixin.qq.com/s/LepRVdBY50T16EpqbjkKXw.

[21]　北京青年报 . 追求公平是人的天性 [EB/OL].（2014-03-15）. http://news.ifeng.
　　　com/gundong/detail_2014_03/15/34788111_0.shtml.

[22]　中国经济网 . 一夜转正的华为海思：原来你是这样的 "备胎"[EB/OL].（2019-05-18）.
　　　https://baijiahao.baidu.com/s?id=1633853782686015726&wfr=spider&for=pc.

[23]　敲敲格 . 新东方年会节目疯狂吐槽公司，俞敏洪乐得合不拢嘴？ [EB/OL].（2019-
　　　01-25）. https://www.huxiu.com/article/282854.html.

[24]　万鸣宇 . 腾讯组织架构的新调整与这背后的三次转身 [EB/OL].（2018-10-01）.
　　　http://www.geekpark.net/news/233519.

[25]　Elaine Pulakos, Tracy Kantrowitz. Choosing Effective Talent Assessments to
　　　Strengthen Your Organization [M]. SHRM Foundation, 2017.

[26]　Tracy M Kantrowitz, Kathy A Tuzinski, Justin M Raines.Global Assessment Trends
　　　Report 2018 [R], 2018.

[27]　Kantrowitz T M. Global Assessment Trends Report 2014 [R], 2014.

南京德锐企业管理咨询有限公司介绍

南京德锐企业管理咨询有限公司成立于 2012 年，是一家专注于<u>人力资源管理领域，提供管理咨询、管理培训及人才测评服务的</u>领先管理咨询企业。客户涵盖制造业、房地产、化工、汽车、医药、金融、互联网等多个重点行业，累计咨询服务 500 余家企业，其中包括世界 500 强、中国 500 强、中国民营 500 强及众多高成长企业。<u>目前是正和岛、苏商会等企业家平台首席战略合作商。</u>

管理咨询业务

致力于为企业提供<u>人才激励、人才选择、人才培养、组织文化、组织变革</u>等系统性解决方案。

畅销书籍

《人力资源转型》《聚焦于人：人力资源领先战略》《股权金字塔：揭示企业股权激励成功的秘诀》《精准选人：提升企业利润的关键》《345 薪酬：提升人效跑赢大势》《重构绩效：用团队绩效塑造组织能力》《找对首席人才官》。

德锐咨询 CEO 课程

CEO 精准选人班、企业家领导力班、CEO 股权激励班、CEO 团队绩效班、人才盘点与 345 薪酬设计等。

德锐商学院"人力资源 MBA 班"(HRMBA) 课程 & 线上管理微课

业务型 HR 转型、人才盘点、组织结构设计、任职资格、企业文化塑造、绩效管理体系设计、薪酬体系设计、金牌面试官、华为等知名企业的人力资源管理等。

德锐咨询
人才领先战略系列丛书

ISBN	书名	作者
978-7-111-62897-2	重构绩效：用团队绩效塑造组织能力	李祖滨 胡士强 陈琪
978-7-111-64298-5	找对首席人才官：企业家打造组织能力的关键	李祖滨 刘玖峰
978-7-111-65619-7	人才盘点：盘出人效和利润	李祖滨 汤鹏 李锐
978-7-111-66986-9	人效冠军：高质量增长的先锋	李祖滨 汤鹏
978-7-111-68974-4	人才画像：让招聘准确率倍增	李祖滨 陈媛 孙克华
978-7-111-70895-7	3倍速培养:让中层管理团队快速强大	李祖滨 李锐
978-7-111-74113-8	双高企业文化：让企业文化简单有效	李祖滨 刘星 刘刚
978-7-111-65512-1	数商：工业数字化转型之道	顾建党 俞文勤 李祖滨

最新版

"日本经营之圣" 稻盛和夫经营学系列

任正非、张瑞敏、孙正义、俞敏洪、陈春花、杨国安　联袂推荐

序号	书号	书名	作者
1	9787111635574	干法	【日】稻盛和夫
2	9787111590095	干法（口袋版）	【日】稻盛和夫
3	9787111599531	干法（图解版）	【日】稻盛和夫
4	9787111498247	干法（精装）	【日】稻盛和夫
5	9787111470250	领导者的资质	【日】稻盛和夫
6	9787111634386	领导者的资质（口袋版）	【日】稻盛和夫
7	9787111502197	阿米巴经营（实战篇）	【日】森田直行
8	9787111489146	调动员工积极性的七个关键	【日】稻盛和夫
9	9787111546382	敬天爱人：从零开始的挑战	【日】稻盛和夫
10	9787111542964	匠人匠心：愚直的坚持	【日】稻盛和夫 山中伸弥
11	9787111572121	稻盛和夫谈经营：创造高收益与商业拓展	【日】稻盛和夫
12	9787111572138	稻盛和夫谈经营：人才培养与企业传承	【日】稻盛和夫
13	9787111590934	稻盛和夫经营学	【日】稻盛和夫
14	9787111631576	稻盛和夫经营学（口袋版）	【日】稻盛和夫
15	9787111596363	稻盛和夫哲学精要	【日】稻盛和夫
16	9787111593034	稻盛哲学为什么激励人：擅用脑科学，带出好团队	【日】岩崎一郎
17	9787111510215	拯救人类的哲学	【日】稻盛和夫 梅原猛
18	9787111642619	六项精进实践	【日】村田忠嗣
19	9787111616856	经营十二条实践	【日】村田忠嗣
20	9787111679622	会计七原则实践	【日】村田忠嗣
21	9787111666547	信任员工：用爱经营，构筑信赖的伙伴关系	【日】宫田博文
22	9787111639992	与万物共生：低碳社会的发展观	【日】稻盛和夫
23	9787111660767	与自然和谐：低碳社会的环境观	【日】稻盛和夫
24	9787111705710	稻盛和夫如是说	【日】稻盛和夫
25	9787111718208	哲学之刀：稻盛和夫笔下的"新日本 新经营"	【日】稻盛和夫

"日本经营之圣"稻盛和夫经营实录
（共6卷）
跨越世纪的演讲实录，见证经营之圣的成功之路

书号	书名	作者
9787111570790	赌在技术开发上	[日]稻盛和夫
9787111570165	利他的经营哲学	[日]稻盛和夫
9787111570813	企业成长战略	[日]稻盛和夫
9787111593256	卓越企业的经营手法	[日]稻盛和夫
9787111591849	企业家精神	[日]稻盛和夫
9787111592389	企业经营的真谛	[日]稻盛和夫